U0687164

珞珈管理评论
Luojia Management Review

2015 年卷 第 2 辑（总第 17 辑）

武汉大学经济与管理学院主办

武汉大学出版社

图书在版编目(CIP)数据

珞珈管理评论.2015 年卷.第 2 辑:总第 17 辑/武汉大学经济与管理学院主办 . —武汉:武汉大学出版社,2016. 1

ISBN 978-7-307-17545-7

Ⅰ.珞⋯　Ⅱ.武⋯　Ⅲ.企业管理—文集　Ⅳ.F270-53

中国版本图书馆 CIP 数据核字(2016)第 018735 号

责任编辑:柴　艺　　　责任校对:李孟潇　　　版式设计:韩闻锦

出版发行:**武汉大学出版社**　　(430072　武昌　珞珈山)

（电子邮件:cbs22@whu.edu.cn 网址:www.wdp.com.cn）

印刷:武汉中科兴业印务有限公司

开本:787×1092　1/16　印张:13　字数:301 千字

版次:2016 年 1 月第 1 版　　　2016 年 1 月第 1 次印刷

ISBN 978-7-307-17545-7　　　定价:28.00 元

目　　录

CONTENTS

网络特征、战略导向与创业企业绩效[*]

● 罗超亮[1] 符正平[2] 刘 冰[3]

(1，2 中山大学管理学院 广州 510275；3 中山大学旅游学院 广州 510275)

【摘 要】在创业企业的发展过程中，网络成长机制的重要性已逐渐为学术界和企业界所重视。然而创业企业如何通过自身的战略行为来有效地发挥这一机制作用的研究却较为鲜见。本文利用社会网络分析方法和管理学相关理论构建了创业企业连锁股东网络特征、战略导向和企业绩效之间的影响机制模型，并以2012 年创业板上市企业为样本，基于连锁股东构建了新创企业网络并对之进行了实证分析。研究结果表明：（1）网络中心度、结构洞和创业企业绩效存在正向的线性关系，网络凝聚性和创业企业绩效存在倒 U 形的非线性关系；（2）前瞻者战略导向正向调节这些网络特征和创业企业绩效之间的关系，防御者战略则负向调节这些关系。本文研究结论增进了我们对创业企业网络特征与绩效关系的了解，也为实践中构建与企业网络特性匹配合适的企业战略提供了参考依据。

【关键词】连锁股东网络 战略导向 创业企业绩效

1. 引言

随着经济全球化趋势的加强和行业竞争的日益激烈，同时创业企业又存在内部资源匮乏和外部合法性不足等"新创弱性"（liability of newness），其仅靠通过自身和内部化来获取资源、把握市场机遇的传统成长机制已经难以为其带来市场竞争优势①。在现实中，许多创业企业之间存在着诸如连锁股东、连锁董事和战略联盟之类的联系，基于此形成的关系网络使得这些企业具备了一定的网络特征。对于创业企业而言，这种关系网络特征有助于它快速获取资源（Peng 和 Heath，1996），灵活应对环境变化和把握市场机遇（Gulati 和 Sytch，2007），同时还可以降低经营风险，是维持企业竞争优势、促进企业绩效增长的

---

* 基金项目：国家自然科学基金项目（71302098）、国家自然科学基金项目（71372141）、广东省自然科学基金项目（S2013040016692）、中央高校基本科研业务费专项资金中山大学青年教师培育项目（1209040-40000-3161112-12wkpy66）、2015 年广州市哲学社会科学"十二五"规划课题（15Q02）。

通讯作者：刘冰，E-mail：liub33@ mail. sysu. edu. cn。

① 徐勇，陈晓慧. 企业网络位置、战略导向和企业绩效：一个交互效应模型 [J]. 中大管理研究，2013，8（4）.

重要来源（Dyer 和 Hatch，2006；Gulati 和 Sytch，2007）。因而，许多创业企业开始转向外部寻求成长助力，逐渐重视企业外部关系网络带来的网络资源和市场机遇，并将网络视为推动自身成长的一种动力机制。随着越来越多的企业嵌入各种类型的网络之中，当前这种基于网络的新型成长机制（network-based growth）已成为推动创业企业发展和壮大的重要助力，而企业自身的网络特征则是这种成长机制赖以发挥作用的基础。

然而现实中尽管关系网络促进了创业企业的快速发展，也有学者们开始分析网络环境下新创企业的成长机理问题，但通过梳理国内外社会网络视角下的创业企业成长研究发现，这些研究大都是通过实证分析来验证企业所处的网络位置和企业成长绩效之间的直接影响，此类研究虽有助于我们理解外部网络环境对于促进创业企业成长的重要性，但是它并没有更深入地探讨网络对于创业企业绩效的作用机理。此外，学者们注意到企业战略是影响创业企业成长的重要因素，并逐渐开始将战略因素引入网络环境下的创业企业成长研究，例如有学者基于组织二元性理论（ambidexterity theory）的观点指出新创企业在关系网络和创新上资源分配的战略平衡有助于提升其成长绩效（郑丹辉、李新春和李孔岳，2014），Koka 和 Prescott（2008）的研究也表明只有企业的整体战略和其网络位置类型相匹配，才能强化其自身的竞争优势。这些研究充分说明了创业企业自身战略导向下的战略行为对于能否有效地发挥网络成长机制的作用有着重要影响，然而它们并没有明确地阐述战略行为和网络成长机制之间的关系。而实质上战略导向指导了企业主动构建或调适自身网络的过程，创业企业的战略导向和自身外部网络特性的相互作用影响着创业企业的网络收益，当前却鲜有研究关注这一点。因而本文拟对创业板上市企业基于连锁股东形成的网络进行实证研究，来探讨创业企业网络特征、自身战略导向对于企业绩效的影响，以期更深入地解释创业企业的网络成长机理。

2. 理论基础与研究假设

2.1 创业企业网络特征与成长绩效

当前，许多创业企业因为已存在的各种正式或非正式的关系而嵌入关系网络之中，这赋予了它们一定的网络属性，而这种网络属性又与其和网络中其他成员之间的联系息息相关。企业的网络属性不仅为企业带来了发展机遇，同时也伴随着经营风险，制约着企业的一些战略选择（Vanhaverbeke 等，2002）。Yang 等（2010）在其研究中利用网络中心度和结构洞位置来描述企业的网络特征，然而这些因素仅仅描述了企业在网络中的位置，强调的是企业在网络中的结构嵌入性，忽略了企业作为网络中的行为主体与网络的联系是否紧密，即企业在网络中的关系嵌入性。企业的网络凝聚性（network cohesion）指一关系受到三方强联结的程度（Reagans 和 McEvily，2003），主要用于考察网络中的小团体（罗家德，2005），因而凝聚性常用来分析"较强、紧密、经常以及积极"等关系的属性（刘军，2009），在社会网络分析中非常重要。因而本文在研究中利用网络中心度、结构洞位置和网络凝聚性三个变量来描述创业企业的网络特征。

不少学者指出，企业所处网络位置越靠近网络的中心，越有助于企业获取信息资源用于创新和发展（Powell 等，1996；Tsai，2001）。一方面，靠近中心位置的企业因其和其他网络成员的直接联系较多，有助于创业企业和网络成员合作关系的形成，从而帮助企业获得所需的资源（Gulati，1999）。另一方面，中心位置赋予了企业信息内容的多样性，有利于保证企业对关键信息的把握，而且中心位置的企业还能够通过比较和辨识不同渠道来源的信息，增强获取信息的准确性，降低企业的经营风险（Yang 等，2010）。此外，中心位置有助于提高企业声誉，强化企业伙伴之间的信任关系，提升企业的合法性（Koka 和 Prescott，2008）。可见，网络中心度这种独特的网络特征可以为企业带来资源优势、风险优势和制度优势。

结构洞是衡量网络中介位置的重要指标，处于结构洞位置的网络成员是网络内部无直接联系的成员之间联系的桥梁（Burt，1992），占据结构洞位置的企业成员可以通过控制资源和信息流来获取利益（Li 和 Shipilov，2008）。在企业网络中，不可能所有个体之间都存在直接联系，因此结构洞在网络中普遍存在，这种中介位置又赋予了创业企业另外一种独特的网络属性，这种属性能最小化网络成员之间的冗余联系，有助于提高企业以最低的成本来构建有效且信息富足的网络（钱锡红、杨永福和徐万里，2010）。在创业企业网络中，占据结构洞位置对提高企业绩效非常有利：一是创业企业先天的"新创弱性"使得它难以同时兼顾与其他成员之间的联系，而占据结构洞位置则有助于它识别那些值得维系的联系，剔除冗余联系（Gnyasali 和 Madhavan，2001；Soda 等，2004）；二是结构洞作为网络内部成员之间沟通的"桥梁"，能帮助创业企业获得丰富的信息和知识资源，进而提高企业的学习能力和创新能力；三是帮助创业企业更好地识别和回应潜在的威胁和机会（Zaheer 和 G. Bell，2005）。

在社会网络理论中，个体的网络凝聚性常被用来衡量子群（sub-group）中的成员相对于网络中的其他行动者来说是否比较紧密，是否具有较高的凝聚力（刘军，2009）。在企业网络之中，个体网络凝聚性的高低意味着企业与网络中其他成员之间的联系是否紧密，而这种紧密程度又决定着企业能否有效地获取和运用网络资源（Yu、Gilbert 和 Oviatt，2011），从而又影响着企业的成长。一方面，网络凝聚性的逐渐提高，不仅有利于降低成员之间的合作风险，形成一种较为透明的合作环境，增强网络成员之间交换意愿（Schilling 和 Phelps，2007），还能促进成员之间的互相了解（Milanov 和 Shepherd，2013），帮助它们更好地识别自身所需资源，加强成员之间的良性沟通，促进资源的有效转移，此外，还能增加网络内部的学习机会，有利于个体对网络内部知识资源的吸收和利用（Burt，2000）。另一方面，当创业企业的网络凝聚性过高时，说明它已经嵌入过多的联系紧密的子群当中，这造成了企业的网络构建和维系成本的上升（Burt，1992），而"新创弱性"的特征又决定了创业企业无法充分利用这些关系带来的网络资源，网络资源利用效率的降低和成本的上升最终导致创业企业绩效的下降。

综上所述，本研究提出如下假设：

假设 H1：网络中心度和创业企业绩效之间存在正相关的线性关系。

假设 H2：结构洞和创业企业绩效之间存在正相关的线性关系。

假设 H3：凝聚性和创业企业绩效之间存在倒 U 形的非线性关系。

2.2 战略导向及其调节作用

2.2.1 战略导向

战略导向本质上反映了企业的经营管理理念，不同的战略导向决定了企业对于如何获取竞争优势的不同理解，进而决定了企业不同的战略决策。对战略导向比较经典的分类是Miles 和 Snow（1978）提出的，他们从企业家问题、技术流程和经营管理三个维度出发，基于领导者自身对外部环境的认知和判断，将组织战略导向分为四种类型：防御者（defender）、前瞻者（prospector）、分析者（analyzer）和反应者（reactor）。防御者战略导向强调维持现有的产品和市场份额，积极构建"进入壁垒"阻止竞争者进入，以期在稳定的环境中通过降低企业经营成本和提升效率来维持自身的市场地位。前瞻者战略导向倡导新产品和新市场的开发，重视创新和变革，通过组织结构的扁平化和多元的分散管理来提升企业的应变能力和创新能力，以适应动态的、剧烈变化的外部环境。分析者战略导向介于防御者战略和前瞻者战略之间，既强调"稳定"也兼顾"变化"，通过分析前瞻者开拓市场的经验，维持已有市场，开发新市场，追求多元目标来实现风险的最小化和利润的最大化。反应者战略是一种"剩余"战略，即当上述三种战略均失败时才采取的一种被动战略，该战略只是一种外部环境压力或竞争者威胁下的被动反应，缺乏前后一致性和前瞻性。

在这四种战略导向中，分析者战略只是企业在证实开发新产品或进入新市场会获利的情况下才会采用（郑晓博等，2011），而在当今经济快速发展、技术革新迅速的经营环境下，分析者战略很难在现实中实现，对于创业企业来说尤其如此，因为"新创弱性"和市场进入壁垒的存在，它很难进入前瞻者开拓的新市场。因而在当今经济快速发展、技术革新迅速的经营环境下，创业企业很难采取分析者战略。反应者战略则是一种失败战略，很难长期执行，缺乏持续性特征。而防御者战略和前瞻者战略均具备持续的战略构想，而且在现实中也很普遍，因此，基于本文的研究目的，我们只考虑防御者和前瞻者两种战略导向。

2.2.2 战略导向对网络特征和创业企业绩效之间关系的调节作用

在企业战略层面，前瞻者战略的核心在于如何定位和开发新的产品和市场；在技术层面，前瞻者战略的关键在于开展技术多元化；在经营层面，其重点在于管理秩序上的灵活性（Miles 和 Snow，1978）。因此，前瞻者战略有助于创业企业充分识别市场空隙并把握市场机遇、建立更多的弱关系和间接联系来摄取网络资源以不断扩展自身的资源域并迫使创业企业不断加强自身的学习和创新。弱关系和间接联系的建立以及资源域的拓展，可以有效地降低以往创业企业对拥有关键资源的成员企业的依赖程度，有助于创业企业规避这些企业的"敲竹杠"行为。而管理秩序的灵活性则有利于创业企业快速应对技术革新和市场环境变化，提升网络中心度较高创业企业的风险感知能力。相反，防御者战略的核心在于巩固现有市场地位，并不鼓励冒险和创新，实施防御者战略会使网络中心度较高的创业企业进一步强化固有联系，而忽视新关系的建立，这会导致创业企业陷入更为封闭的网络之中，从而阻碍创业企业的学习和创新，不利于创业企业的成长。

March（1991）将学习分为探索式（exploration）和利用式（exploitation）两种，可是处于结构洞位置的企业并不一定具备较大的网络权力，难以使用利用式学习方式，但这些企业却可以更多地接触具有不同信息背景的行为主体，获得更多的信息（Koka 和 Prescott，2002）和学习机遇。前瞻者战略有助于这些企业通过获取新颖、多样、非冗余的信息和知识来实现企业的探索式（exploration）学习，培育新产品、研发延伸产品或服务的市场领域（于晓宇，2011），帮助企业克服"新进入者缺陷"（杨隽萍、唐鲁滨和于晓宇，2013）并识别更好的外部机遇（Yang 等，2010）。结构洞位置带来的优势和收益很容易消失，难以长期维持（Soda、Usai 和 Zaheer，2004），前瞻者战略则可以帮助创业企业占据更多新的结构洞位置，获得更持久、更丰富的中介优势。但防御者战略会弱化创业企业和其他成员之间的一些既有联系，难以充分利用网络资源，因而不利于创业企业的成长。

重视学习、寻求创新并富于冒险精神的前瞻者战略，期望通过新产品的高回报来加强企业自身持续创新的能力（吕鸿江，2012），其实施不仅有助于创业企业提升其网络资源的利用效率，还能在其学习和追求创新的过程中增强和网络其他成员之间的交流和合作，进一步提高自身的学习效率（Zaheer 和 Soda，2009），同时这种交流和合作还能强化双方之间的信任，进而降低合作伙伴的机会主义行为风险（Echols 和 Tsai，2005）。然而强调稳定、更为保守的防御者战略很少开发新的产品和市场，难以为企业营造创造性的空间，不利于企业的学习和创新，难以发挥网络凝聚性提升为企业带来的外部优势。因此，前瞻者战略有助于创业企业更好地发挥网络凝聚性为之带来的优势，而防御者战略则相反。但是，当企业网络凝聚性过高时，创业企业仍然采取前瞻者战略会导致企业背负更高的关系构建和维系成本，而"新创弱性"的特征使得创业企业很难同时兼顾和网络成员之间的新旧联系，这一方面会造成网络资源利用效率的下降，另一方面还会导致网络成员机会主义行为风险的增加，从而加剧网络凝聚性过高而导致的负面效应。而采用防御者战略则有助于创业企业专注必要联系，剔除冗余联系，帮助创业企业降低网络关系维系成本，从而减弱网络凝聚性过高的负面作用。

综上所述，本研究特提出如下假设：

假设 H4：前瞻者战略导向正向调节网络中心度和企业绩效的正相关关系，防御者战略导向负向调节这一关系。

假设 H5：前瞻者战略导向正向调节结构洞和创业企业绩效的正相关关系，防御者战略导向负向调节这一关系。

假设 H6：前瞻者战略导向正向调节网络凝聚性和创业企业绩效的倒 U 形关系，防御者战略导向负向调节这一关系。

2.3 概念模型

基于上述假设，本研究的概念模型构建如下，见图 1。

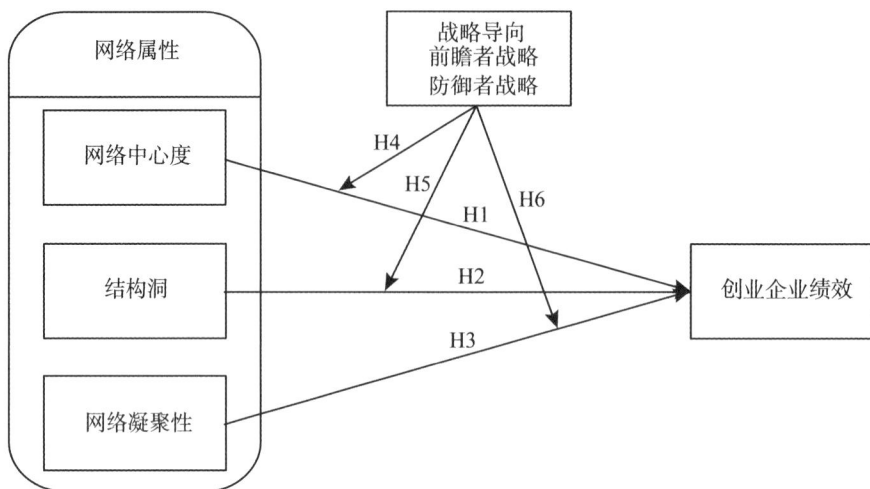

图 1　网络特征、战略导向和创业企业绩效的概念模型

3. 数据搜集和变量测量

3.1　数据来源

　　本文以 2012 年的 356 家创业板上市企业为样本选取范围，本研究的数据来源于 CSMAR 数据库。通过搜集这 356 家创业企业的前十大股东数据，发现了 136 个符合连锁股东定义的股东，形成了一个规模为 356×136 的企业—股东关系矩阵，该矩阵的每个格值用二进制"1"或"0"表示，若某一股东出现在某企业中，则相应的格值为"1"，若没有则为"0"。利用 UCINET 软件将企业—股东关系矩阵转化为企业—企业关系矩阵（矩阵规模为 356×356）。

　　为了能更清晰和直观地认识基于连锁股东形成的创业企业网络，需要利用成分分析来发现这 356 家创业企业形成的网络中的"子群"（sub-group），其中每个子群便构成了一个真正意义上的关系网络。利用 UCINET 软件对上述企业——企业关系矩阵进行成分分析发现，这 356 家企业形成了 3 个"成分"（每个成分中最少包含 3 家企业），其中最大的一个成分包含 283 家企业。故本研究就以此 283 家企业为样本来进行假设检验。

3.2　变量指标选取

3.2.1　因变量

　　本研究的因变量为创业企业绩效。企业绩效的评价指标有很多种，但本文以创业板上市企业为研究对象，其市场表现更能真实地反映创业企业绩效，故在本研究中，将托宾 Q 值（TQ）作为评价创业企业绩效的指标。

3.2.2 自变量

（1）网络中心度。在社会网络中，位于中心位置的个体具有一个最主要的地位，它与其他个体的直接联系较多（刘冰，2011）。中心度是衡量网络结构中心位置的重要指标，可以有效评价网络中行动者的重要程度和地位优越性。接近中心度是以距离为概念来计算一个节点在整体网络中的中心程度，其值越大，节点在网络中的中心性就越高（罗家德，2010）。故在本研究中，我们以接近中心度来作为创业企业网络中心度的衡量指标。

（2）结构洞。在 Burt（1992）给出的结构洞指数中包含有效规模、效率、限制度和等级度 4 个指标。在本研究中，利用效率作为结构洞的衡量指标，企业在网络中的有效规模指的是该企业的个体网络规模减去网络的冗余度，即网络中的非冗余因素，而企业在网络中的效率则是指它的有效规模和实际规模之比（刘军，2014）。

（3）网络凝聚性。在网络之中，彼此之间联系没有十分紧密的小群体被称作"凝聚子群"（刘军，2009）。这样的子群成员之间不必然相邻，但彼此的距离不会太大。凝聚子群可以用 n-Cliques 来表示，子群中各成员的捷径距离最大不超过 n "；可见 1-Cliques 的所有成员相互之间都有联系，因而 1-Cliques 是网络中最为紧密的凝聚子群，也是本文所要研究的凝聚性所涉及的子群。本文中的凝聚性表示的是在连锁股东网络中成员企业所归属的 1-Cliques 凝聚子群的数量。

3.2.3 调节变量

本研究的调节变量为战略导向，对于战略导向的测量方法，Koka 和 Prescott（2008）在其研究中将战略导向视为一种连续变量，并用不同行业的销售比例来衡量企业的战略导向，其实质是通过分析企业的多元化程度来对其战略导向进行界定，若多元化程度高，则企业越倾向于采取前瞻者战略；反之若低，则更倾向于防御者战略。在许多研究中，行业营业收入赫尔芬德指数（HI）常被用于测量多元化指标（Santalo 和 Becerra，2008），$HI = 1 - \sum S_i^2$，$S_i =$ 某行业收入/总收入，其中的行业是国家统计局行业分类标准的二级行业。为了更好地区分创业企业多元化程度的差异，本研究将利用 HI 的平方根来衡量战略导向。

3.2.4 控制变量

（1）企业规模。创业企业在发展过程中会面临"小企业缺陷"（彭伟和符正平，2014），那些规模较小的创业企业通常会遭遇融资困境、人力资源困境等问题，进而影响创业企业的绩效（杜运周和张玉利，2012），因此，在创业企业的实证研究中，常常将企业规模作为控制变量，在本研究中使用企业资产规模的对数来测量创业企业规模。

（2）企业年龄。企业年龄越大，在其经营期间积累的社会关系越多，其可以利用的资源就可能越丰富（徐勇和陈晓慧，2013），会有效地缓解创业企业面临的内部资源匮乏和外部合法性不足的双重困境。因此，企业年龄也对创业企业绩效有着一定程度的影响，故本研究将企业年龄作为控制变量，并用 2012 年减去企业成立时间来对企业年龄进行测量。

4. 实证分析和结论

4.1 相关性检验

表 1 提供了企业绩效（Performance）、网络中心度（Close）、结构洞（Hole）、凝聚性（Cohesion）、战略导向（SO）、企业年龄（Age）和企业规模（Size）等研究中所采用的变量平均值、标准差及变量之间的 Pearson 相关系数和显著性水平。从表 1 可以看出，企业的网络中心度、结构洞、凝聚性显著正向影响创业企业绩效，企业规模和企业的网络中心度、结构洞和网络凝聚性在 0.01 显著性水平上存在相关性，这说明本研究选择的控制变量具有一定的合理性。另外，由于企业的网络中心度、结构洞和网络凝聚性之间均显著相关，本文在之后的回归分析中检验了多重共线性水平，各因素的 VIF 值均小于 10，所以本文可进一步研究企业网络中心度、结构洞、凝聚性和企业绩效之间的关系。

表 1　　　　　　　　　　　　　**各变量的 Pearson 相关系数表**

	均值	标准差	Performance	Close	Hole	Cohesion	SO	Age	Size
Performance	1.546	0.450	1.000						
Close	1.350	0.008	0.151**	1.000					
Hole	19.541	19.934	0.151**	0.711***	1.000				
Cohesion	9.763	14.383	0.243***	0.508***	0.804***	1.000			
SO	0.149	0.223	0.017	−0.043	−0.099	−0.134**	1.000		
Age	12.770	4.065	−0.040	0.095	0.096	0.031	0.010	1.000	
Size	11.563	0.534	0.018	0.254***	0.284***	0.247***	−0.012	0.106*	1.000

注：$N = 283$，各变量间相关系数是基于有效样本计算的，下同；***、**、* 分别表示在 1%、5% 和 10% 的水平上显著，下同。

4.2 回归分析与假设检验

为检验研究假设，本文首先将控制变量、自变量、调节变量和因变量都进行了标准化，然后再建立 7 个回归模型进行分析，回归分析结果见表 2。根据 Cohen（2003）的观点，只要方差膨胀因子（VIF）小于 10 就说明各变量之间的多重共线性并不严重。本文对变量间的多重共线性问题的检查结果表明，最大 VIF 值为 7.745，表明本文的模型不存在严重的多重共线性问题。其中 Model1 只加入了控制变量；Model2 在控制变量的基础上增加了网络中心度及其平方项 2 个自变量；Model3 在 Model2 的基础上又加入调节变量以及调节变量和上述两个自变量的交互项。Model4 在加入控制变量后，重新放入结构洞及其平方项 2 个自变量，然后在 Model5 中再放入调节变量以及调节变量和新自变量的交互项。Model6 中放入控制变量和凝聚性及其平方项这两个自变量，然后在 Model7 中加入调节变量和调节变量和这两个自变量的交互项。在计算交互项时，我们先将标准化后的自变量和调节变量相乘以避免交互项和自变量、控制变量之间的多重共线性问题。

　　Model1 的结果表明创业企业年龄和规模对创业企业绩效的影响不显著；Model2 的结果显示，创业企业在连锁股东网络中的中心度和创业企业绩效之间存在显著的正相关关系（$\beta = 0.191$，$p < 0.05$），从而支持假设 H1；Model4 的结果显示结构洞位置和创业企业绩效之间存在显著的正相关关系（$\beta = 0.262$，$p < 0.01$），从而支持假设 H2。Model6 的结果显示，凝聚性和创业企业绩效之间存在倒 U 形的非线性关系（$\beta = -0.104$，$p < 0.01$），从而支持假设 H3。此外，Model3 的结果表明，战略导向显著正向调节网络中心度和企业绩效之间的正相关关系（$\beta = 0.187$，$p < 0.05$），从而支持假设 H4。Model5 的结果表明，战略导向显著正向调节结构洞和企业绩效之间的正相关关系（$\beta = 0.165$，$p < 0.05$），从而支持假设 H5。Model7 的结果显示，战略导向正向调节网络凝聚性和企业绩效之间的倒 U 形关系（$\beta = -0.294$，$p < 0.01$），从而支持假设 H6。综合上述假设检验结果可知，本研究关于网络特征影响创业企业绩效的假设均得到实证支持，战略导向的调节作用也得到实证支持。

5. 研究结论与启示

5.1　研究结果与讨论

　　本研究以 2012 年创业板的 355 家上市公司为研究对象，应用社会网络分析方法和管理学相关理论就企业网络特征、战略导向对创业企业绩效的作用机制进行了实证研究，取得了一定的研究成果。

　　首先，研究结果表明创业企业网络中心度、结构洞和创业企业绩效之间存在显著的正相关关系。这一结论与现有的一些研究成果一致（Wang 和 Fang，2012；钱锡红，2010；彭伟，2013）。本研究的不同之处在于以创业企业为研究对象检验了连锁股东网络中心度和结构洞对创业企业绩效依然有着显著的提升作用。其次，网络凝聚性和创业企业绩效之间是一种倒 U 形的关系。这一方面说明网络凝聚性的提升有助于创业企业绩效的提升，但是当网络凝聚性过高时反而削弱了创业企业的绩效，这就提醒创业企业在实际中应注重控制自身网络凝聚性的"度"。最后，战略导向对于调节创业企业网络特征和企业绩效之间的关系具有非常重要的意义。前瞻者战略能加强网络中心度和结构洞提升创业企业绩效的积极作用，防御者战略则会减弱这种积极作用。同时战略导向对网络凝聚性和创业企业绩效的倒 U 形关系也有着显著影响，即当创业企业战略导向倾向于前瞻者战略时，正向调节两者之间的倒 U 形关系，但当战略导向更倾向于防御者战略时，负向调节两者之间的倒 U 形关系。

表2

连锁股东网络特征、战略导向和创业企业绩效

	Model1	Model2	Model3	Model4	Model5	Model6	Model7
Constant	2.862^{-15}(0.000)	-0.017(-0.249)	-0.014(-0.203)	0.093(1.095)	0.096(1.132)	0.104(1.469)	0.199***(2.657)
Age	-0.042(-0.705)	-0.054(-0.906)	-0.054(-0.914)	-0.055(-0.919)	-0.051(-0.865)	-0.048(-0.829)	-0.035(-0.620)
Size	0.022(0.369)	-0.022(-0.022)	-0.016(-0.258)	-0.037(-0.592)	-0.030(-0.489)	-0.074(-1.209)	-0.083(-1.406)
SO		0.191**(2.213)	-0.022(-0.312)		0.056(0.687)		0.309***(3.594)
Close		0.017(0.505)	0.204**(2.360)				
Close_square			0.017(0.759)				
SO×Close			0.187**(2.194)				
SO×Close_square			0.066*(1.668)				
Hole				0.262***(2.911)	0.265***(2.948)		
Hole_square				-0.094(-1.512)	-0.080(-1.297)		
SO×Hole					0.165**(2.015)		
SO×Hole_square					-0.003(-0.044)		
Cohesion						0.483***(4.448)	0.583***(5.288)
Cohesion_square						-0.104**(-2.509)	-0.213***(-3.495)
SO×Cohesion							0.496***(4.515)
SO×Cohesion_square							-0.294***(-3.360)
R square	0.002	0.027	0.044	0.034	0.059	0.084	0.150
ΔR square	0.002	0.025	0.017	0.032	0.025	0.082	0.066
N	283	283	283	283	283	283	283

注:括号中的数字为双尾检验的 t 值。

10

5.2 理论意义和实践价值

本研究对现有理论的贡献在于：虽然目前有许多研究利用社会网络理论和分析方法来探讨创业企业的成长问题，但是却大都关注社会网络结构分析范式下网络对创业企业成长绩效的影响，仅强调网络成长机制的重要性，而忽视了创业企业作为行为主体，其绩效不仅与它的外部网络特征有关，同时其行为对于能否有效发挥网络成长机制效用具有关键性影响。基于此，本文通过引入"战略导向"这一重要因素变量，来探究其关于创业企业网络特征对创业企业绩效的影响机制，有助于深化对网络成长机制的认识。此外，关于企业的网络中心度和成长绩效关系的研究，许多学者的实证研究显示是一种正相关的关系，而本文提出了与之相反的观点，并得到了实证结果的支持。这说明在企业网络属性和企业绩效关系研究中，企业类型、网络形成机制和网络在某一时段的特征的不同也可能会导致研究结论的不同，这也启示我们在以后的研究中要充分考虑这类因素的影响。

本文的研究结论对创业企业的管理实践也提供了一些有益的启示。首先，本研究发现高网络中心度和结构洞有利于创业企业绩效的提升，但过高的网络凝聚性会导致创业企业绩效的下降。因此，创业企业一方面应逐渐提高自身在网络中的中心性和占据更多更好的网络结构洞位置以促进自身的成长，另一方面则应避免自身因网络凝聚性过高而背负过多关系维系成本。其次，本研究还发现前瞻者战略可以帮助创业企业进一步发挥网络中心度、结构洞和网络凝聚性等网络特征对企业绩效的正向效应，但是当网络凝聚性过高时，企业采取更为冒险的前瞻者战略会导致创业企业嵌入更多的子群当中，进一步加剧网络凝聚性的负面效应，而采取保守的防御者战略则有助于创业企业专注必要联系剔除冗余联系，从而缓解网络凝聚性的负面效应。这从另一个角度反映了企业自身的战略导向和其外部网络特性相匹配对创业企业绩效提升的重要性。

5.3 研究局限和未来研究方向

本研究还存在一定的局限性，有待未来进一步完善。一是本研究采用的是横截面数据，更为严谨的网络属性与创业企业绩效之间的相关关系和因果关系还需利用面板数据来加以验证。二是本研究结论是通过对基于连锁股东构建的关系网络进行分析得出的，实际上创业企业之间还存在其他各种联系，有着许多不同的网络形成机制，而不同的网络中这一结论是否依然成立，值得商榷。因此，在未来的研究中，应考虑更多的创业企业网络特征，也应搜集面板数据来进一步验证创业企业网络特征与创业企业绩效之间的相关关系以及战略导向对该关系的影响。另外以其他的网络形成机制为基础，例如连锁董事、合作关系等，来分析不同网络中的研究结论有何差异也是未来值得深入研究的重要方向。

◎ 参考文献

[1] 杜运周，张玉利. 互动导向与新创企业绩效：组织合法性中介作用 [J]. 管理科学，2012，25（4）.

[2] 刘冰.社会网络视角下中国企业网络研究——演变、形成和作用［D］.广州：中山大学，2011.

[3] 吕鸿江，程明，刘洪.企业复杂适应性影响因素的实证研究：不同环境特征和战略选择的作用［J］.科学学与科学技术管理，2012，33（5）.

[4] 罗家德.社会网络分析讲义［M］.北京：社会科学文献出版社，2010.

[5] 彭伟，符正平.权变视角下联盟网络与新创企业成长关系研究［J］.管理学报，2014，11（5）.

[6] 钱锡红，杨永福，徐万里.企业网络位置、吸收能力和创新绩效——一个交互效应模型［J］.管理世界，2010，5.

[7] 徐勇，陈晓慧.企业网络位置、战略导向和企业绩效：一个交互效应模型［J］.中大管理研究，2013，8（4）.

[8] 于晓宇.基于知识默会性的先天学习对新创企业绩效的影响机理［J］.情报科学，2011，29（11）.

[9] 杨隽萍，唐鲁滨，于晓宇.创业网络、创业学习与新创成长［J］.管理评论，2013，25（1）.

[10] 郑丹辉，李新春，李孔岳.相对关系导向与新创企业成长：制度环境的调节作用［J］.管理学报，2014，11（4）.

[11] 郑晓博，朱振坤，雷家啸.社会网络与战略匹配及其对企业绩效影响的实证研究［J］.科学学与科学技术管理，2011，32（1）.

[12] Ahuja，G..Collaboration networks，structure holes，and innovation：A longitudinal study［J］.*Adimistrative Science Quarterly*，2000，45（3）.

[13] Burt，R.S..*Networks and organizaitons*［M］.Boston：Harvard Business School Press，1992.

[14] Burt，R.S..The network structure of social capital［J］.*Research in Organization Behavior*，2000，22.

[15] Cohen，J.，Cohen，P.，West，S.G.，et al.*Applied multiple regression/correlation analysis for the behavioral sciences*［M］.New Jersey：Routledge，2013.

[16] Dyer，J.H.，and Hatch，N.W..Relation-specific capabilities and barriers to knowledge transfers：Creating advantage through network relationship［J］.*Strategic Management Journal*，2006，27（8）.

[17] Echols，A.，and Tsai，W..Niche and performance：The moderating role of network embeddedness［J］.*Strategic Management Journal*，2005，26（3）.

[18] Ekeh，P.P..*Social exchange theory：The two traditions*［M］.NJ：Princeton University Press，1974.

[19] Gnyawali，D.R，and Madhavan，R..Cooperative networks and competitive dynamics：A structural embeddedness perspective［J］.*Academy of Management Review*，2001，26（3）.

[20] Gulati, R. , and Gargiulo, M. . Where do interorganizational networks come from [J]. *The American Journal of Sociology*, 1999, 104 (5).

[21] Gulati, R. . Network location and learning: The influence of network resources and firm capablilities on alliance formation [J]. *Strategic Management Journal*, 1999, 20.

[22] Gulati, R. , Sytch, M. . Dependence asymmetry and joint dependence in interorganizational relationships: Effects of embeddedness on a manufacturer's performance in procurement relationship [J]. *Administrative Science Quarterly*, 2007, 52 (1).

[23] Hambrick, D. C. . Some tests of the effectiveness and functional attributes of miles and snow's strategy types [J], *Academy of Management Journal*, 1983, 26 (1).

[24] Koka, B. R. , and Prescott, J. E. . Strategic alliances as social capital: A multidimensional view [J]. *Strategic Management Journal*, 2002, 23 (9).

[25] Koka, B. R. , Prescott, J. E. . Designing alliance networks: The influence of network position, environmental change, and strategy on firm performance [J]. *Strategic Management Journal*, 2008, 29 (6).

[26] Li, S. X. , and Shipilov, A. V. . Transferability of partnering experiences across networks: The impact of M&A advisory ties on the formation of public offering syndicates [J]. *Academy of Management Annual Meeting Proceeding*, 2008, 1.

[27] Lin, N. . Social networks and status attainment [J]. *Annual Review of Sociology*, 1999, 25.

[28] Lin, N. . Inequality in social capital [J]. *Contemporary Sociology*, 2000, 29 (6).

[29] March, J. G. . Exploration and exploitation in organization learning [J]. *Organization Science*, 1991, 2 (1).

[30] Milanov, H. , and Shepherd, D. A. . The importance of the first relationship: The ongoing influence of initial network on future status [J]. *Strategic Management Journal*, 2013, 34 (6).

[31] Miles, R. E. , Snow, C. C. , Meyer, A. D. , et al. Organizational strategy, structure, and process [J]. *Academy of Management Review*, 1978, 3 (3).

[32] Peng, M. W. , and Heath, P. S. . The growth of the firm in planned economics in transition: Institutions, organizations, and strategic choice [J]. *The Academy of Management Review*, 1996, 21 (2).

[33] Reagans, R. , and McEvily, B. . Network structure and knowledge transfer: The effects of cohesion and range [J]. *Administrative Science Quarterly*, 2003, 48 (2).

[34] Santalo, J. , and Becerra, M. . Competition from specialized firms and the diversification-performance linkage [J]. *The Journal of Finance*, 2008, 63 (2).

[35] Schilling, M. A. , and Phelps, C. C. . Interfirm collaboration networks: The impact of large-scale network structure on firm innovation [J]. *Management Science*, 2007, 53 (7).

[36] Snow, C. C., and Hrebiniak, L. G.. Strategy, distinctive competence, and organization performance [J]. *Administrative Science Quarterly*, 1980, 25 (2).

[37] Soda, G., Usai, A., and Zaheer, A.. Network memory: The influence of past and current networks on performance [J]. *The Academy of Management Journal*, 2004, 47 (6).

[38] Uzzi, B.. The sources and consequences of embeddedness for the economic performance of organizations: The network effect [J]. *American Sociological Review*, 1996, 61 (4).

[39] Uzzi, B.. Social structure and competition in interfirm networks: The paradox of embeddedness [J]. *Administrative Science Quarterly*, 1997, 42 (1).

[40] Vanhaverbek, W., Duysters, G., and Noorderhaven, N.. External technology sourcing through alliances or acquisitions: An analysis of the application-specific integrated circuits industry [J]. *Organization Science*, 2002, 13 (6).

[41] Wang, M. C., and Fang, S. C.. The moderating effect of environmental uncertainty on the relationship between network structures and the innovative performance of a new venture [J]. *Journal of Business & Industrial Marketing*, 2012, 27 (4).

[42] Yang, H. B., Lin, Y., and Lin, Y.. A multilevel framework of firm boundaries: Firm characteristics, dyadic differences, and network attributes [J]. *Strategic Management Journal*, 2010, 31 (3).

[43] Yu, J., Gilbert, B. A., and Oviatt, B. M.. Effects of alliances, time, and network cohesion on the initiation of foreign sales by new ventures [J]. *Strategic Management Journal*, 2011, 32 (4).

[44] Zaheer, A., and Bell, G. G.. Benefiting from network position: Firm capabilities, structural holes, and performance [J]. *Strategic Management Journal*, 2005, 26 (9).

[45] Zaheer, A., and Soda, G.. Network evolution: The origins of structural holes [J]. *Administrative Science Quarterly*, 2009, 54 (1).

Network Characteristics, Strategic Orientation and New Venture's Performance

Luo Chaoliang[1]   Fu Zhengping[2]   Liu Bing[3]

(1, 2 Sun Yat-Sen Business School, Guangzhou, 510275;

3 School of Tourism Management of Sun Yat-Sen University, Guangzhou, 510275)

Abstract: The importance of network-based growth mechanism in the process of the development of new ventures has received increasing attention from both academic and business world. But the researches of how to effectively take advantage of this mechanism are relatively uncommon. This paper develops a model that strategic orientation moderates the relationship between network characteristics and the performance of new venture by bridging the strategic view and social network perspective. Using the data from 2012 GEM companies, we analyze the new venture network based on chain of shareholders. Results indicate that: （1） network centrality and structure hole have a positive linear relationship with the performance of new venture, and network cohesion has an inverted U-shape relationship with the performance of new venture; （2） the prospect strategy strengthen these relationships between network characteristics and the performance of new venture, but the defender strategy weaken them. These conclusions extend the past understandings on relationship between new venture network and firm performance, meanwhile, provide reference to build and organize strategic fit in practice.

Key words: Shareholders chain network; Strategic orientation; New venture's performance

专业主编: 陈立敏

企业支持与民主监督对公仆型
领导行为的影响研究*

● 凌茜¹ 郭键怡²

（1，2 华南师范大学旅游管理学院 广州 510631）

【摘 要】服务管理学术界普遍认为，公仆型领导是适用于服务性企业的最佳领导方式。在以往的研究中，研究人员已对公仆型领导在服务性企业中的作用进行了理论探讨和实证研究，但极少探讨公仆型领导的影响因素。在本次研究中，作者对广州市4家客运站、45个服务班组的248名服务人员和45名班组负责人进行了一次问卷调查，探讨服务性企业针对基层领导者采取的管理措施对其公仆型领导行为的影响机制。多层次线性模型和分层回归分析结果表明，企业对团队负责人的支持和民主监督制度都会通过团队负责人的情感性归属感，间接影响团队负责人针对员工个人和团队集体的公仆型领导行为。

【关键词】公仆型领导 企业支持 情感性归属感 多层次线性模型

1. 引言

"什么是有效的领导者"和"如何培养有效的领导者"是领导学理论研究的两个重要命题。从以往的领导学理论研究成果来看，研究人员主要侧重于从员工、团队和企业发展的角度，通过研究领导者的个性特征、行为方式、领导风格等对其领导效果的影响，探讨"什么是有效的领导者"问题。然而，大多数领导学理论工作者极少关注领导者的形成过程和领导行为的影响因素，忽略了"如何培养有效的领导者"问题①。

尽管早期的领导学理论研究人员认为"领导者多半是天生的，而非后天发展而成

---

* 基金项目：国家自然科学基金项目"服务性企业公仆型领导者的培养机制研究：基于领导者发展的视角"（71202081）、"服务性企业内部服务质量构建与作用机制：基于新生代员工管理的视角"（71102062）、"服务性企业授权型领导的培养与作用机制研究"（71402059）。

通讯作者：凌茜，E-mail：lingqian219@ 163. com。

① Day, David V. , and Halpin, Stanley M.. Growing leaders for tomorrow：An introduction. In：Day, David V. , Zaccaro, Stephen J. , and Halpin, Stanley M. , eds.. *Leader development for Transforming Organizations*［M］. Mahwah, NJ：Lawrence Erlbaum Associates, 2004：3-22.

的"，但近年来以美国组织行为学者 Luthans 和 Avolio 为代表的正面领导学理论研究工作者指出，与领导者的性格特点相比较，领导者的一些类似心理状态的特点与他们周围的环境更可能影响他们的发展。例如，领导者的信心、希望、乐观、达观等正面心理能力是可以培育的，会对领导者的领导风格产生重要的影响。他们认为，组织应为领导者的发展营造良好的环境，提高领导者的正面心理能力，改变他们目前的自我概念，把他们培养成为具有正面心理能力和正面领导行为的领导者。

近年来，国内外领导学者和服务管理学者针对服务性企业的特征，对适用于服务性企业的领导方式进行了大量的理论探讨和实证研究。根据服务利润链理论，服务性企业的领导者能否为员工提供优质的内部服务，是决定员工能否为顾客提供优质的外部服务，从而决定服务性企业能否长期获利的关键性因素[1][2]。因此，学术界普遍认为，以服务他人为首要动机的公仆型领导者是最适合以提供优质服务为使命的服务性企业的[3][4]。公仆型领导者以服务员工为宗旨，他们关心员工的利益，相信员工的工作能力，为员工指明工作方向，制定优质服务标准，支持员工的优质服务行为，授予员工适当的工作自主权，鼓励、激励、帮助员工为顾客提供卓越的服务，为所有员工树立优质服务的榜样，并向广大员工宣传企业的服务愿景，是服务性企业增强广大员工为顾客提供优质服务的愿望的重要途径[5]。鉴于公仆型领导对服务性企业的重要作用，当前，服务管理学术界已经围绕公仆型领导的概念内涵、特点、计量方法、作用等方面，对公仆型领导理论展开了一系列研究。但是，现有的研究成果仍局限于探讨公仆型领导的后项变量，尚未探讨过公仆型领导的前项变量；仍局限于探讨公仆型领导者的有效性问题，尚未涉及公仆型领导者的培养问题，也就很难为服务性企业改进领导方式、提高领导效果提供切实可行的建议。

根据 Van Dierendonck（2010）提出的公仆型领导概念模型，企业文化、领导者为他人服务的意愿、领导者的个人特质等因素都会影响领导者的公仆型领导行为。从企业管理的角度来看，企业文化和领导者的个人意愿都会受到企业管理措施的影响。根据组织支持理论[6]，企业为员工提供工作和生活上的支持，会满足员工的情感需求，增大员工回报企业的义务感。我们认为，该理论同样适用于领导者，如果服务性企业能够给予领导者充分的

① Heskett, James L., Jones, Thomas O., Loveman, Gary W., Sasser, Jr., W. Earl, and Schlesinger, Leonard A.. Putting the service-profit chain to work [J]. *Harvard Business Review*, 1994, 72 (2): 164-174.

② Heskett, James L., Sasser, Jr., W. Earl, and Schlesinger, Leonard A.. *The service profit chain: How leading companies link profit and growth to loyalty, satisfaction and value* [M]. New York: The Free Press, 1997: 120.

③ Berry, Leonard L., Parasuraman, A., and Zeithaml, Valarie A.. Improving service quality in America: Lessons learned [J]. *Academy of Management Executive*, 1994, 8 (2): 32-52.

④ Brownell, Judi. Leadership in the service of hospitality [J]. *Cornell Hospitality Quarterly*, 2010, 51 (3): 363-378.

⑤ Berry, Leonard L., Parasuraman, A., and Zeithaml, Valarie A.. Improving service quality in America: lessons Learned [J]. *Academy of Management Executive*, 1994, 8 (2): 32-52.

⑥ Eisenberger, R., Huntington, R., Hutchison, S., and Sowa, D.. Perceived organizational support [J]. *Journal of Applied Psychology*, 1986, 71 (3): 500-507.

关怀和支持，领导者便会通过帮助服务性企业实现优质服务的目标来回报企业的支持，而公仆型领导行为则是实现优质服务的最佳途径。此外，我国优秀服务性企业的管理实践表明，企业在领导干部的选拔和考核中坚持民主监督原则，充分听取和采纳群众的意见，是激励和督促领导者走群众路线，把员工利益放在首位，把服务作为领导的首要动机的重要举措①。在本次研究中，我们将对以上观点进行实证检验。我们采用多层次理论，同时探讨团队层次的公仆型领导行为（即团队负责人针对团队成员集体的公仆型领导行为）和个人层次的公仆型领导行为（即团队负责人针对员工个人的公仆型领导行为）的影响因素，对企业针对团队负责人所采取的管理措施（包括企业支持和民主监督制度）、团队负责人的情感性归属感与其公仆型领导行为之间的关系进行实证检验，以便为学术界进一步深入开展"如何培养有效的领导者"这一命题的研究提供初步的实证依据，并为实业界着手提高领导者的领导效果、培养公仆型领导者提供指导。

2. 文献综述与研究假设

2.1 公仆型领导

1970 年，美国电话电报公司前执行官 Greenleaf 在《扮演公仆角色的领导者》一文中首次提出公仆型领导的观点。与传统的领导者相比较，公仆型领导者的自我概念和工作动机截然不同。传统的领导者的自我概念是"他人的领导和主人"，因此，他们的主要动机是"领导他人"；公仆型领导者的自我概念是"他人的公仆和管家"，因此，他们的主要动机是"为他人服务"。公仆型领导者认为领导职位是他们为他人服务、帮助他人发展的机会，而不是表明自己具有某种地位或身份②。因此，他们会尽力满足服务对象的需要。公仆型领导者具有倾听、移情、治愈、知晓、劝说、构思、预见、代管、帮助员工发展、社区建设等十类特点③。

在欧美学术界，研究人员对公仆型领导者的自我概念和工作动机已形成共识，但是，他们对公仆型领导的定义和计量方法还存在一些分歧。在我国学术界，研究人员结合我国企业的管理实践，对我国企业公仆型领导的定义和计量方法进行了一些探索。汪纯孝等人（2009）在文献研究和定性研究的基础上指出，我国企业的公仆型领导者是有崇高的理想，高尚的道德品质，强烈的事业心，全心全意为员工、组织和社会服务，带领广大员工不断提高企业的社会效益和经济效益的领导者。他们还编制了一个由 44 个计量项目组成的公仆型领导量表，从领导者构思愿景、开拓进取、承担社会责任、指导员工工作、尊重

---

① 凌茜，汪纯孝，张秀娟等. 公仆型领导对服务氛围与服务质量的影响［M］. 广州：中山大学出版社，2009：54.

② Sendjaya, Sen, and Sarros, James C.. Servant leadership：Its origin, development, and application in organizations ［J］. *Journal of Leadership and Organizational Studies*, 2002, 9（2）：57-64.

③ Spears, L. C., and Lawrence, M.. *Practicing servant-leadership：Succeeding through trust, bravery, and forgiveness* ［M］. San Francisco, CA：Jossey-Bass, 2004：65.

员工、关心员工、帮助员工发展、授权、平易近人、甘于奉献、清正廉洁等 11 个方面计量我国企业管理人员的公仆型领导风格。

现有关于公仆型领导理论的实证研究成果的主要特点是：一是研究人员侧重于探讨公仆型领导的后项变量（即公仆型领导在企业管理工作的作用），极少关注公仆型领导的前项变量（即公仆型领导的影响因素），因此，现有的研究成果无法揭示公仆型领导的形成过程。二是研究人员侧重于研究个人层次的公仆型领导行为，较少探讨团队层次的公仆型领导行为。管理人员的领导行为既包括他们针对整个组织或团队的领导行为（即组织或团队层次的公仆型领导行为），也包括他们针对员工个人的领导行为（即个人层次的公仆型领导行为）①。这两类领导行为都会对员工的工作结果产生重要影响②。如果研究人员只研究其中一类领导行为，就很难全面揭示公仆型领导的作用。针对现有研究的不足之处，本次研究将从公仆型领导的前项变量着手，同时探讨个人层次和团队层次的公仆型领导行为的影响因素，这是本次研究的主要创新点。

2.2 企业支持对团队负责人的情感性归属感和公仆型领导行为的直接效应

组织支持是社会交换理论研究中的一个重要课题。许多欧美学者认为，组织与员工的雇佣关系是一种交换关系，组织为员工提供物资和社交性情感支持，员工就会努力工作，对组织忠诚。组织善待员工，员工就更可能在情感上忠诚于组织③④，主动履行组织没有明确要求他们承担的工作职责，并灵活地应对组织面临的问题和机会⑤。根据美国心理学者 Eisenberger 等人的定义，组织的支持（即员工感知的组织支持）指员工对组织重视他们的贡献、关心他们的福利的总体感觉。Eisenberger 等人认为，员工往往把组织看成一个整体，把组织人格化。他们会根据组织规范他们角色行为的政策和准则、组织的管理措施、组织给予他们的待遇，推断组织是否关心他们的康乐、支持他们的工作。如果员工认为组织愿意奖励努力工作的员工，关心他们的情感需要，愿意为他们提供必要的帮助，以便他们有效地做好工作，员工就会觉得组织重视他们的贡献，关心他们的康乐，也就会加倍努力工作，帮助组织实现目标，回报组织的支持。

在现有的文献中，国内外企业管理学者侧重从员工的角度，研究组织对员工的支持对

① Walker, Alan G., Smither, James W., and Waldman, David A.. A longitudinal examination of concomitant changes in team leadership and customer satisfaction [J]. *Personnel Psychology*, 2008, 61 (3): 547-577.

② Hackman, J. Richard. Group influence on individuals in organizations. In: Dunnette, Marvin D., and Hough, Leaetta M., eds.. *Handbook of Industrial and Organizational Psychology* [M]. Palo Alto: Consulting Psychologists Press, 1992: 199-267.

③ Meyer, John P., and Allen, Natalie J.. *Commitment in the workplace: Theory, research, and application* [M]. Thousand Oaks, CA: Sage, 1997: 55.

④ Mowday, Richard T., Porter, Lyman W., and Steers, Richard M.. *Organizational linkages: The psychology of commitment, absenteeism, and turnover* [M]. San Diego, CA: Academic Press, 1982: 74.

⑤ George, Jennifer M., and Brief, Arthur P.. Feeling good-doing good: A conceptual analysis of the mood at work-organizational spontaneity relationship [J]. *Psychological Bulletin*, 1992, 112 (2): 310-329.

员工工作结果的影响，却极少从领导者的角度，探讨组织对领导者的支持对领导者的领导行为和领导效果的影响。我们认为，领导者也是企业的成员之一，与普通员工一样，领导者的情感同样需要得到企业的关心，领导者的工作同样需要获得企业的支持。因此，组织支持理论同样适用于领导者。根据社会交换理论和互惠原则，得到企业支持的领导者更可能觉得自己有义务关心企业的利益，帮助企业实现目标。领导者的这种回报企业支持的责任感有助于提高他们的角色内与角色外工作绩效[①]。对以提供优质服务为目标的服务性企业而言，领导者回报企业支持的主要途径就是通过为服务人员和服务团队提供优质的内部服务来激励他们为顾客提供优质的外部服务，因此，服务性企业给予领导者的支持有助于激励他们表现服务他人的公仆型领导行为。此外，企业的支持就像朋友和亲人的支持一样[②][③]，能够满足领导者在情感支持、与他人保持联系、得到他人的尊重和认同等方面的需要，从而满足领导者的情感需求，增强他们对企业的依恋程度。根据上述观点，我们提出以下假设：

假设 1：企业对团队负责人的支持对团队负责人的情感性归属感有显著的正向影响。

假设 2：企业对团队负责人的支持对团队负责人针对团队的公仆型领导行为（假设2a）和针对个人的公仆型领导行为（假设2b）有显著的正向影响。

2.3 民主监督对团队负责人的情感性归属感和公仆型领导行为的直接效应

根据凌茜等人（2009）在优秀服务性企业的定性研究结果，民主监督制度是影响公仆型领导行为的一个重要因素。根据美国社会心理学者 Lewin 的人类行为模型，人们的行为会同时受到个人内在因素和外部因素的影响。因此，领导者为他人服务的行为不仅取决于个人的内在意愿，还取决于外部环境的督促与约束。如果企业在选拔和考核领导者的过程中，重视群众的意见，把"群众满意不满意"作为衡量领导者是否称职的最重要依据，那么，领导者在管理工作中也会自觉地把群众的利益放在首位，把为群众服务、让群众满意作为最主要的领导工作目标。此外，根据员工服务行为评估理论，企业根据员工的优质服务行为评估他们的工作绩效，可增强员工对工作绩效评估结果的控制感[④]。员工觉得自己努力做好服务工作，可影响绩效评估结果，才会认为组织的绩效评估方法是公平的，才会认同与接受组织的绩效评估方法。在绩效评估结果与员工的服务行为挂钩的情况下，员工认为自己的优质服务行为会得到组织的认可和奖励，就更愿意努力做好服务工作，为顾客提供优质的服务。我们认为，该理论同样适用于领导行为的评估。换言之，对公仆型领导者而言，广大员工是他们的服务对象，理应同时作为他们领导行为的监督者和评估者。

---

① Eisenberger, R., Armeli, S., Rexwinkel, B., Lynch, P. D., and Rhoades, L.. Reciprocation of perceived organizational support [J]. *Journal of Applied Psychology*, 2001, 86（1）：42-51.

② Cobb, S.. Social support as a moderator of life stress [J]. *Psychosomatic Medicine*, 1976, 38（5）：300-314.

③ Cohen, S., and Wills, T. A.. Stress, social support, and the buffering hypothesis [J]. *Psychological Bulletin*, 1985, 98（2）：310-357.

④ Hartline, Michael D., and Ferrell, O. C.. The management of customer-contact service employees：An empirical investigation [J]. *Journal of Marketing*, 1996, 60（4）：52-70.

只有当企业根据广大员工的意见评价领导者的领导绩效，领导者才会认为自己为员工服务的行为会得到企业的认可，领导者也才会认同企业的价值观，形成对企业的归属感，并愿意做好对员工的服务工作。因此，我们提出以下假设：

假设3：企业的民主监督制度对团队负责人的情感性归属感有显著的正向影响。

假设4：企业的民主监督制度对团队负责人针对团队的公仆型领导行为（假设4a）和针对个人的公仆型领导行为（假设4b）有显著的正向影响。

2.4 团队负责人的情感性归属感对其公仆型领导行为的直接效应与中介效应

员工对企业的情感性归属感指员工在情感上和心理上认同企业的目标与价值观，喜欢企业，希望继续在企业工作①。员工对企业的情感性归属感能降低他们的离职意向和缺勤率，增加他们的组织公民行为，促使他们参与企业管理工作，支持企业的变革，提高他们的工作积极性和工作绩效②。员工的个人特征（如员工的人口统计特点、工龄、对自己工作的期望、工作动机等）、员工的工作特点（如工作的挑战性、工作的丰富性、工作目标的明确性、工作难度、工作经历等）、组织特点（如企业的人力资源管理措施、员工感知的组织支持、组织公平性、团队协作精神等）、环境特点（如企业管理部门与工会的关系、其他企业为员工提供的就职机会等）四类因素都会影响员工对企业的情感性归属感。从企业管理角度来看，企业的人力资源管理措施是影响员工情感性归属感的重要因素。

目前，学术界侧重于研究普通员工的情感性归属感，却较少探讨领导者的情感性归属感。我们认为，领导者也是企业的一员，他们对企业的情感性归属感也会对他们的领导行为产生重要影响。领导者对企业的归属感很强，表明领导者认同企业的目标和价值观念，愿意为企业的利益作出不懈的努力③。领导者会根据企业采取的人力资源管理措施，判断企业的动机。企业在人力资源管理工作中关心员工，可增强员工的情感性归属感④。根据社会交换理论与互惠原则，企业支持领导者的服务工作，关心领导者的康乐，领导者会产生回报企业支持的责任感，这种责任感有助于增强领导者对企业的情感性归属感，激励领导者为他人服务的行为。根据员工服务行为评估理论，企业根据领导者的服务行为评估他们的绩效，领导者才会认同和接受企业的评估方法，并积极表现为他人服务的领导行为。此外，根据组织行为理论，企业的人力资源管理措施会通过领导者的工作态度影响他们的工作行为。因此，我们提出以下假设：

① Meyer, John P., and Allen, Natalie J.. A three-component conceptualization of organizational commitment [J]. *Human Resource Management Review*, 1991, 1 (1): 61-89.

② 伍晓奕，汪纯孝，谢礼珊，张秀娟. 饭店薪酬管理公平性对员工工作绩效的影响 [M]. 广州：中山大学出版社，2006：40.

③ Morrow, Paula C.. Concept redundancy in organizational research: The case of work commitment [J]. *Academy of Management Review*, 1983, 8 (3): 486-500.

④ Meyer, John P., and Smith, Catherine A.. HRM practices and organizational commitment: Test of a mediation model [J]. *Canadian Journal of Administrative Sciences*, 2000, 17 (4): 319-331.

假设 5：团队负责人的情感性归属感对团队负责人针对团队的公仆型领导行为（假设 5a）和针对个人的公仆型领导行为（假设 5b）有显著的正向影响。

假设 6：团队负责人的情感性归属感中介企业支持对团队负责人针对团队的公仆型领导行为（假设 6a）和针对个人的公仆领导行为（假设 6b）的正向影响。

假设 7：团队负责人的情感性归属感中介民主监督对团队负责人针对团队的公仆型领导行为（假设 7a）和针对个人的公仆领导行为（假设 7b）的正向影响。

本次研究的概念模型如图 1 所示。

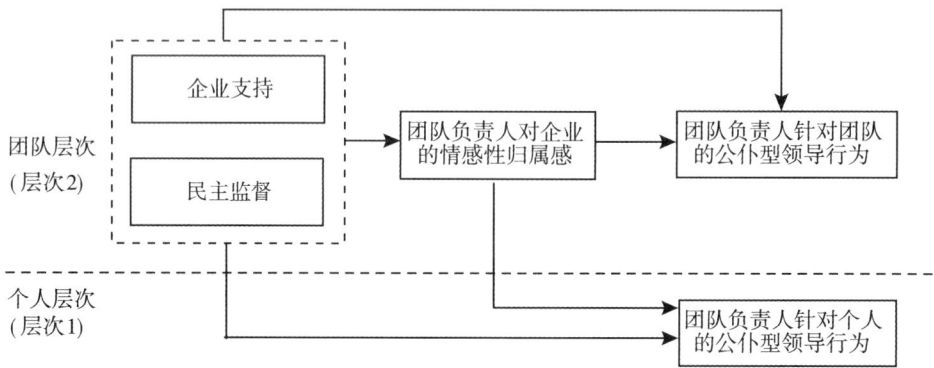

图 1　多层次概念模型

3. 问卷设计与调研过程

我们根据相关的文献、国内外学者的研究成果和定性研究结果，确定各个概念的操作定义与计量项目。

（1）企业支持（即企业对团队负责人的支持）：指团队负责人对企业是否支持他们的工作、关心他们的康安的看法。我们选用艾森博格等人的 7 个计量项目，从企业并不关心团队负责人、企业重视团队负责人的贡献、重视他们的工作目标、尽力帮助他们解决困难、关心他们的利益、乐意满足他们的特殊需要、为他们的工作成就感到自豪等方面，计量企业对团队负责人的支持。

（2）民主监督（即群众对团队负责人的监督）：指企业在选拔和考核团队负责人的过程中，充分听取和采纳群众的意见。我们根据定性研究的结果，设计了一个包括企业在选拔团队负责人的过程中充分考虑群众意见、企业安排员工代表参加团队负责人的选拔工作、企业在考核团队负责人的过程中充分听取群众意见、企业把"群众满不满意"作为衡量团队负责人是否称职的重要依据等 4 个计量项目的民主监督量表，并在本次研究中对该量表的有效性和可靠性进行实证检验。

（3）团队负责人对企业的情感性归属感：指团队负责人对企业的依恋程度。我们选用美国学者 Mowday 等人的 6 个情感性归属感计量项目，从团队负责人的自豪感、认同感、愉悦感、喜欢向亲友宣传组织、愿意继续留在组织工作、关心组织的发展前景等方面，计量团队负责人对企业的情感性归属感。

（4）团队负责人的公仆型领导行为：指团队负责人具有高尚的道德品质和强烈的事业心，全心全意为员工、顾客和企业服务。其中，"团队负责人针对个人的公仆型领导行为"指员工个人对团队负责人的公仆型领导行为的看法；"团队负责人针对团队的公仆型领导行为"指团队成员对团队负责人的公仆型领导行为的共同看法。我们使用凌茜等人（2009）设计的 28 个计量项目的公仆型领导量表，从团队负责人尊重员工、关心员工、帮助员工发展、授权、平易近人、清正廉洁、甘于奉献等七个方面计量团队负责人针对个人的公仆型领导行为，并采用"变换参照对象之后的共识模型"①，将同一团队各成员对团队负责人公仆型领导行为的评分聚合为团队负责人针对团队的公仆型领导行为。

2014 年 9—12 月，我们在广州市 4 家客运站的 48 个服务班组（包括服务班、票务班、调度班、安保班）进行问卷调查。我们请一线员工评估团队负责人（班长）的公仆型领导行为（员工问卷）；请团队负责人评估企业对团队负责人的支持、企业的民主监督机制和团队负责人对企业的情感性归属感（班长问卷）。我们共发出员工问卷 289 份，班长问卷 48 份，收回有效员工问卷 248 份（有效问卷回收率为 85.81%），有效班长问卷 45 份（有效问卷回收率为 93.75%）。最终，我们使用 45 个班组的 248 名员工数据，进行多层次线性模型分析。各个班组答卷的员工平均为 5.51 人。

4. 数据分析

4.1 确认性因子分析

为了检验各个概念计量尺度的有效性，我们使用 LISREL 8.8 软件，分别对班长问卷中的企业支持（7 个计量项目）、民主监督（4 个计量项目）、团队负责人的情感性归属感（6 个计量项目），以及员工问卷中的公仆型领导行为这个概念的 28 个计量项目进行确认性因子分析。数据分析结果（见表 1）表明：（1）所有计量项目在各自计量的概念上的因子负载都高度显著（T 值在 3.82~28.07），因子负载值在 0.56~0.99，表明各个概念的计量项目都有较高的会聚有效性。（2）各个概念模型与数据的拟合程度都是可以接受的②。

---

① Chan，David. Functional relations among constructs in the same content domain at different levels of analysis：A typology of composition models［J］. *Journal of Applied Psychology*，1998，83（2）：234-246.

② 在本次研究中，我们主要根据卡方值与自由度之比（x^2/df）、不规范拟合优度（NNFI）、比较拟合优度（CFI）、标准化均方根残差（SRMR）、近似均方根残差（RMSEA）等 5 个指标衡量模型与数据的拟合程度。x^2/df 值小于 5∶1，NNFI 和 CFI 值大于 0.90，SRMR、RMSEA 值小于 0.10，表明模型与数据的拟合程度是可以接受的。

表 1 确认性因子分析结果

概念	计量项目在概念上的因子负载/T 值	模型与数据的拟合程度				
		χ^2/df	NNFI	CFI	SRMR	RMSEA
企业支持	0.56~0.95/3.82~6.96	2.14	0.94	0.96	0.057	0.098
民主监督	0.69~0.99/6.15~12.02	2.15	0.95	0.98	0.030	0.095
团队负责人的归属感	0.71~0.91/5.96~11.82	3.75	0.90	0.93	0.052	0.100
团队负责人的公仆型领导行为	0.56~0.96/9.97~28.07	4.14	0.97	0.97	0.055	0.100

4.2 描述性统计分析、相关分析和可靠性分析

我们使用 SPSS 14.0 软件，分别计算了层次 1 和层次 2 所有变量的平均值和标准差，以及各层次控制变量、自变量与因变量之间的相关系数（见表 2）。

表 2 描述性统计分析、相关分析、可靠性分析结果

变量	平均值	标准差	1	2	3	4	5	6	7	8
层次 1										
1. 员工性别	1.44	0.50	—							
2. 员工年龄	1.95	0.77	-0.24**	—						
3. 员工受教育程度	2.37	0.70	0.26**	-0.08	—					
4. 员工月收入	2.92	0.37	0.10	0.17**	0.16*	—				
5. 员工工龄	2.49	0.66	0.05	0.47**	0.07	0.22**	—			
6. 团队负责人针对个人的公仆型领导行为	6.24	0.93	-0.28**	0.05	-0.24**	0.01	0.02	(0.98)		
层次 2										
1. 班长性别	1.38	0.49	—							
2. 班长年龄	2.53	0.76	-0.37*	—						
3. 班长月收入	3.29	0.46	0.11	0.20	—					
4. 班长工龄	3.27	0.54	0.04	0.31*	0.23	—				
5. 企业支持	5.88	1.07	-0.11	0.31*	-0.05	-0.13	(0.92)			
6. 民主监督	6.19	1.08	-0.01	0.23	-0.06	-0.02	0.67**	(0.95)		
7. 团队负责人的归属感	6.38	0.90	0.17	0.31*	0.02	0.19	0.55**	0.76**	(0.95)	
8. 团队负责人针对团队的公仆型领导行为	6.18	0.64	-0.36*	0.29	-0.01	0.03	0.27	0.23	0.33*	—

注：* 表示 p 值在 0.05 显著性水平上显著；** 表示 p 值在 0.01 显著性水平上显著。

此外，我们还计算了团队负责人针对个人和团队的公仆型领导行为、企业支持、民主监督、团队负责人的情感性归属感等 5 个概念的内部一致性系数（即 Cronbach α 值，如表 2 中括号内的数值所示）。计算结果表明，各个概念的 Cronbach α 值在 0.92~0.98，均大于 0.70，表明各个概念的计量项目都比较可靠[1]。

4.3 数据聚合的依据

在多层次数据分析中，学术界采用组内一致性系数（如 r_{wg}）、组内相关系数（ICC（1）和 ICC（2））等指标，判断个人层次的变量是否可聚合为团队层次的变量。学术界普遍认为，如果：①r_{wg} 值大于 0.6 或 0.7；②研究人员使用单向方差分析方法，计算 ICC（1）指标，F 检验结果表明组内方差是显著的；③ICC（2）系数大于 0.7（研究人员可勉强接受 0.5~0.7 的 ICC（2）系数），研究人员才能把个人层次的变量聚合为团队层次的变量。

我们计算了同一个团队的员工对团队负责人的公仆型领导行为评分的 r_{wg} 系数、ICC（1）系数和 ICC（2）系数。计算结果表明：①在 45 个团队里，员工对团队负责人的公仆型领导行为评分的 r_{wg} 值的平均数和中位数分为 0.82 和 0.94，均大于 0.70；② ICC（1）系数为 25.64%（$F=2.89$，$p=0.000$）；③ ICC（2）系数为 65.35%。因此，我们可以把员工个人对团队负责人的公仆型领导行为的评分聚合为层次 2 的变量值。我们把这个聚合后的变量称为"团队负责人针对团队的公仆型领导行为"。

4.4 假设检验

根据多层次理论，要研究员工个人的行为，不仅需计量员工的个人属性，而且需计量员工的工作环境属性。同样，要研究组织的行为，既需计量组织的属性，也需计量组织的环境属性。无论是哪种情况，研究人员都需收集较低层次与较高层次变量的数据。通常，研究人员需探讨较高与较低层次的自变量对较低层次的因变量的影响[2]。这就要求研究人员进行多层次数据分析。多层次线性模型分析的一个主要优点是研究人员既可分析某个层次变量之间的关系（层内分析），又可分析不同层次变量之间的关系（层间分析或跨层次分析）。

在我们的多层次线性模型中，层次 1（个人层次）控制变量包括员工的性别、年龄、受教育程度、月收入和本企业工龄，因变量为团队负责人针对员工个人的公仆型领导行为（ISL）。层次 2（团队层次）控制变量包括团队负责人的性别、年龄、月收入和本企业工龄，自变量包括企业对团队负责人的支持（OS）、企业的民主监督制度（DS）、团队负责人对企业的情感性归属感（OC），因变量为团队负责人针对员工团队的公仆型领导行为（GSL）。

---

① Hair, J. F. Jr., Black, W. C., Babin, B. J., Anderson, R. E., and Tatham, R. L.. *Multivariate data analysis* [M]. Upper Saddle River, NJ: Prentice Hall, 2006: 103.

② Mathieu, John E., and Taylor, Scott R.. A framework for testing meso-mediational relationship in organizational behavior [J]. *Journal of Organizational Behavior*, 2007, 28 (2): 141-172.

在本次研究中，我们使用多层次线性模型分析方法，检验层次 2 自变量对层次 1 因变量的跨层次影响；使用分层回归分析方法，检验层次 2 自变量与因变量之间的关系。

4.4.1 直接效应检验

首先，我们使用 HLM 6.08 软件的完全的极大似然估计程序，按照美国学者 Hofmann 论述的多层次线性模型分析步骤，使用"截距为结果的模型"，对企业支持和民主监督（层次 2 自变量）与团队负责人针对个人的公仆型领导行为（层次 1 因变量）之间的关系进行检验（即检验假设 2b、假设 4b、假设 5b）。

多层次数据分析结果（见表 3）表明：①在层次 1 的五个控制变量中，员工的性别和受教育程度与团队负责人针对个人的公仆型领导行为有显著的相关关系（$\gamma_{10} = -0.599$，$p<0.01$；$\gamma_{30} = -0.173$，$p<0.05$）。②在层次 2 的 4 个控制变量中，团队负责人的性别、年龄、月收入和工龄都与团队负责人针对个人的公仆型领导行为没有显著的相关关系。③我们控制层次 1 和层次 2 的控制变量之后，企业对团队负责人的支持对团队负责人针对个人的公仆型领导行为仍有显著的正向影响（$\gamma_{05} = 0.162$，$p<0.05$），支持假设 2b；但是，企业的民主监督制度对团队负责人针对个人的公仆型领导行为没有显著影响（$\gamma_{06} = 0.128$，$p>0.1$），不支持假设 4b。④我们控制层次 1 和层次 2 的控制变量，并控制企业支持和民主监督之后，团队负责人对企业的情感性归属感对团队负责人针对个人的公仆型领导行为仍有显著的正向影响（$\gamma_{07} = 0.305$，$p<0.05$），支持假设 5b。

然后，我们使用 SPSS 14.0 软件的分层回归分析程序，检验企业支持、民主监督、团队负责人的情感性归属感、团队负责人针对团队的公仆型领导行为等 4 个层次 2 变量之间的关系（即检验假设 1、假设 2a、假设 3、假设 4a、假设 5a）。数据分析结果表明，我们控制了团队负责人的性别、年龄、月收入、工龄等控制变量之后：①企业支持和民主监督对团队负责人的情感性归属感都有显著的正向影响（回归系数分别为 0.459 和 0.600，$p<0.01$），支持假设 1 和假设 3。②企业支持和民主监督对团队负责人针对团队的公仆型领导行为都没有显著（回归系数分别为 0.125 和 0.118，$p>0.1$），不支持假设 2a 和假设 4a。③我们控制了企业支持和民主监督之后，团队负责人的情感性归属感对其针对团队的公仆型领导行为仍有显著的正向影响（回归系数分别为 0.025，$p<0.05$），支持假设 5a。

表 3 　　　　　　　　　　　多层次线性模型分析结果

因变量：ISL	模型 1：虚模型	模型 2：随机系数回归模型（增加层次 1 控制变量）	模型 3：截距为结果的模型（增加层次 2 控制变量）	模型 4：截距为结果的模型（增加层次 2 自变量 OS）	模型 5：截距为结果的模型（增加层次 2 自变量 DS）	模型 5：截距为结果的模型（增加层次 2 自变量 OS、DS 和 OC）
截距（γ_{00}）	6.197**	6.196**	6.195**	6.195**	6.196**	6.201**
ESEX（γ_{10}）		-0.599**	-0.543**	-0.560**	-0.522**	-0.508**
EAGE（γ_{20}）		-0.109	-0.112	-0.131	-0.125	-0.127

26

因变量：ISL	模型 1：虚模型	模型 2：随机系数回归模型（增加层次 1 控制变量）	模型 3：截距为结果的模型（增加层次 2 控制变量）	模型 4：截距为结果的模型（增加层次 2 自变量 OS）	模型 5：截距为结果的模型（增加层次 2 自变量 DS）	模型 5：截距为结果的模型（增加层次 2 自变量 OS、DS 和 OC）
EEDU（γ_{30}）		-0.173^*	-0.163^*	-0.164^*	-0.153^*	-0.163^*
ESAL（γ_{40}）		0.228	0.237	0.266	0.247	0.243
EOT（γ_{50}）		0.016	0.009	-0.001	0.007	0.013
LSEX（γ_{01}）			-0.060	-0.077	-0.118	-0.229
LAGE（γ_{02}）			0.075	-0.020	-0.011	-0.076
LSAL（γ_{03}）			-0.033	0.002	0.012	0.047
LOT（γ_{04}）			-0.028	0.063	0.006	-0.025
OS（γ_{05}）				0.162^*		0.107
DS（γ_{06}）					0.128	-0.117
OC（γ_{07}）						0.305^*
方差组成成分						
σ^2	0.648	0.580	0.577	0.579	0.582	0.576
τ_{00}	0.232^{**}	0.134^{**}	0.133^{**}	0.107^{**}	0.112^{**}	0.090^{**}
D（NP）	642.927（3）	532.431（8）	531.840（12）	527.474（13）	529.239（13）	523.005（15）
$\Delta\chi^2$（Δdf）		110.496（5）**	0.591（4）	4.366（1）*	2.601（1）	8.835（3）*

注：ESEX＝员工的性别，EAGE＝员工的年龄，EEDU＝员工的学历，ESAL＝员工的月收入，EOT＝员工的本企业的工龄，LSEX＝团队负责人的性别，LAGE＝团队负责人的年龄，LSAL＝团队负责人的月收入，LOT＝团队负责人的本企业的工龄，OS＝企业对团队负责人的支持，DS＝企业的民主监督制度，OC＝团队负责人对企业的情感性归属感，ISL＝团队负责人针对个人的公仆型领导行为。σ^2 和 τ_{00} 分别指组内方差和组间方差，D 和 NP 分别指模型的偏差平方和估计的参数数量，$\Delta\chi^2$ 和 Δdf 分别指两个模型的偏差平方和之差和自由度之差。** 表示 p 值在 0.01 显著性水平上显著，* 表示 p 值在 0.05 显著性水平上显著。

4.4.2 中介效应检验

我们按照 Baron 和 Kenny（1986）、Mathieu 和 Taylor（2007）论述的中介分析方法，采用以下步骤，进行中介效应分析。我们先控制层次 1 和层次 2 的控制变量之后：①检验自变量对因变量的影响；②检验自变量对中介变量的影响；③检验中介变量对因变量的影响；④在第三步的模型中增加自变量，检验自变量和中介变量对因变量的影响。此时，如果自变量对因变量不再有显著的影响，表明中介变量完全中介了自变量对因变量的影响；如果自变量对因变量仍有显著的影响，但是与①相比较，γ系数减小，表明中介变量部分中介了自变量对因变量的影响。我们按照美国社会统计学者索伯尔（Sobel）论述的方法，检验间接效应的显著性。

我们的中介效应分析结果（见表4）表明：①团队负责人的情感性归属感完全中介了企业支持对团队负责人针对团队和个人的公仆型领导行为：索伯尔Z值分别为1.943（$p<0.05$）和2.024（$p<0.05$），支持假设6a和假设6b；②团队负责人的情感性归属感完全中介了民主监督对团队负责人针对团队和个人的公仆型领导行为：索伯尔Z值分别为2.316（$p<0.05$）和2.476（$p<0.01$），支持假设7a和假设7b。

表4 　　　　　　　　　　　　　中介效应分析结果

中介分析步骤　自变量和中介变量	① OC 对 OS 与 GSL 的中介效应	① OC 对 DS 与 GSL 的中介效应	③ OC 对 OS 与 ISL 的中介效应	④ OC 对 DS 与 ISL 的中介效应
第1步：自变量对因变量的影响	0.125	0.118	0.162*	0.128
第2步：自变量对中介变量的影响	[a]0.459（0.109）**	0.600（0.079）**	0.459（0.109）**	0.600（0.079）**
第3步：中介变量对因变量的影响	0.284*	0.284*	0.262**	0.262**
第4步：自变量和中介变量对因变量的影响 — 自变量对因变量的影响	−0.008	−0.128	0.078	−0.070
第4步：自变量和中介变量对因变量的影响 — 中介变量对因变量的影响	0.289（0.132）*	0.411（0.169）*	0.210（0.091）*	0.330（0.126）*
索伯尔Z值	1.943（$p<0.05$）	2.316（$p<0.05$）	2.024（$p<0.05$）	2.476（$p<0.01$）

注：OS＝企业对团队负责人的支持，DS＝企业的民主监督制度，OC＝团队负责人对企业的情感性归属感，GSL＝团队负责人针对团队的公仆型领导行为，ISL＝团队负责人针对个人的公仆型领导行为。a：第一个数值为回归系数，括号内数值为标准误。** 表示 p 值在 0.01 显著性水平上显著，* 表示 p 值在 0.05 显著性水平上显著。

5. 讨论与结论

5.1 本次研究的结论与贡献

第一，本次研究拓展了现有公仆型领导理论的研究范畴。与以往研究侧重于探讨公仆型领导行为的作用所不同的是，我们首次探讨了公仆型领导行为的影响因素，并采用多层次理论，同时检验了领导者针对团队和个人的公仆型领导行为的前项变量。我们的研究结果表明，企业对领导者的支持、企业的民主监督机制以及领导者对企业的情感性归属感是影响领导者针对团队和个人的公仆型领导行为的重要因素。该研究成果初步回答了公仆型领导理论研究中的另一个重要命题，即"如何培养公仆型领导者"，填补了现有公仆型领导理论研究的空白。

第二，本次研究首次应用组织支持理论研究领导行为。现有的组织支持理论侧重探讨企业普通员工感知的企业支持及其对员工工作态度和行为的影响，极少探讨领导者感知的企业支持对其领导行为的影响。本次研究的确认性因子分析和可靠性分析结果表明，现有的员工感知的企业支持概念和计量方法仍适用于领导者感知的企业支持。此外，假设检验的结果表明，企业对领导者的支持对领导者针对员工个人的公仆型领导行为有显著的直接影响，对领导者针对团队集体的公仆型领导行为则有显著的间接影响。该研究结果丰富了组织支持理论的研究内容，也为学术界进一步探讨企业针对领导者的支持的作用提供了初步的实证依据。

第三，本次研究对民主监督这一概念进行了初次探讨。基于我国优秀服务性企业的管理实践，广大员工作为公仆型领导者的主要服务对象，他们的意见和满意程度是评价公仆型领导者领导效果的最公平和最适合的依据，因此，企业的民主监督制度是影响公仆型领导行为的一个重要因素。本次研究首次对这一观点进行了实证检验。检验结果表明，尽管民主监督制度对领导者针对团队和个人的公仆型领导行为都没有显著的直接影响，但是，民主监督会通过领导者的情感性归属感，间接影响他们针对团队和个人的公仆型领导行为。换言之，服务性企业只有坚持民主监督原则，根据广大员工的意见选拔和考核领导者，领导者才会认同服务性企业以优质服务为使命的价值观，也才会积极表现为员工服务的公仆型领导行为。可见，民主监督制度是影响公仆型领导行为的一个重要前项变量，这一研究结果为学术界进一步深入研究公仆型领导行为的影响因素提供了新的思路。

第四，在本次研究中，我们不仅研究了公仆型领导行为的影响因素，还进一步探索了公仆型领导行为的形成路径。美国学者 Whetton 指出，理论应解释某种因果关系如何发生。要明确某种因果关系如何发生，理论研究人员应明确前因变量与后果变量的中介变量。根据组织行为理论，企业的管理措施往往不会直接影响员工的工作行为，而是会通过对他们工作态度的影响，间接影响他们的工作行为。本次研究应用该理论探索公仆型领导行为的形成路径。我们的中介效应分析结果支持上述观点，表明领导者的工作态度（即领导者对企业的情感性归属感）是连接企业针对领导者的管理措施（包括企业支持和民主监督）与公仆型领导行为之间关系的一个重要中介变量。服务性企业只有采取有效措施，支持公仆型领导者的工作和生活，并坚持民主监督原则，才能获得公仆型领导者对企业价值观的认可和情感依恋，进而激发公仆型领导者全心全意为广大员工服务的领导行为。该研究结果丰富了现有的组织行为理论和公仆型领导理论。

5.2　本次研究的局限性和今后的研究方向

本次研究存在以下局限性：①采用横断调研法进行本次研究，因此，我们无法确证各个概念之间的因果关系。②采用方便样本收集数据，我们的样本可能缺乏代表性。今后，研究人员应采用纵断调研法和随机抽样法，对本次研究结果进行重复性检验。③只使用一个样本的数据，对我们提出的假设进行实证检验，也就无法判断研究结果的普遍适用性。今后，研究人员应在其他类型的服务性企业收集数据，以便对本次研究结果的普遍适用性进行检验。④我们只对企业支持和民主监督这两个企业管理措施变量和团队负责人的情感性归属感这一个领导者工作态度变量与公仆型领导行为之间的关系进行了实证检验。根据Van Dierendonck（2010）、Luthans 和 Avolio（2003）等人的观点，企业文化、领导者的服务意愿、领导者的个人特征、领导者的正面心理等因素都会影响他们的公仆型领导行为。今后，研究人员应对公仆型领导行为的其他影响因素进行实证检验，以便更全面地揭示公仆型领导行为的形成机制。

◎ 参考文献

［1］汪纯孝，凌茜，张秀娟. 我国企业公仆型领导量表的设计与检验［J］. 南开管理评论，2009，12（3）.

［2］Justin，A.，and Robert，E.. Perceived organizational support and psychological contracts：A theoretical integration［J］. *Journal of Organizational Behavior*，2003，24（5）.

［3］Baron，Reuben M.，and Kenny，David A.. The moderator-mediator variable distinction in social psychological research：Conceptual，strategic，and statistic considerations［J］. *Journal of Personality and Social Psychology*，1986，51（6）.

［4］Judi，B.. Leadership in the service of hospitality［J］. *Cornell Hospitality Quarterly* 2010，51（3）.

［5］Gouldner，Alvin W.. The norm of reciprocity：A preliminary statement［J］. *American Sociological Review*，1960，25（2）.

［6］Heskett，James L.，Jones，Thomas O.，Loveman，Gary W.，Sasser，Jr.，W. Earl，and Schlesinger，Leomard A.. Putting the service-profit chain to work［J］. *Harvard Business Review*，1994，72（2）.

［7］Hofmann，David A.. An overview of the logic and rationale of hierarchical linear models［J］. *Journal of Management*，1997，23（6）.

［8］Lewin，K.，Lippitt，R.，and White，R. K.. Patterns of aggressive behavior in experimentally created "social climate"［J］. *Journal of Social Psychology*，1939，10（3）.

［9］Luthans，F.，and Avolio，Bruce J.. Authentic leadership development. In：Cameron，Kim S.，Dutton，Jane E.，and Quinn，Robert E.. *Positive Organizational Scholarship：Foundations of a New Discipline*［M］. San Francisco，CA：Barrett-Koehler，2003.

［10］Linda，R.，and Robert，E.. Perceived organizational support：A review of the literature［J］. *Journal of Applied Psychology*，2002，87（4）.

［11］Sobel，Michael E.. Asymptotic confidence intervals for indirect effects in structural equation models. In：Leinhart，S.. *Sociological Methodology*［M］. San Francisco，CA：Jossey-Bass，1982.

［12］Spears，Larry C.. *Insights on leadership：Service，stewardship，spirit，and servant-*

leadership [M]. New York, NY: John Wiley and Sons, 1998.

[13] Van Dierendonck, D.. Servant leadership: A review and synthesis [J]. *Journal of Management*, 2011, 37 (4).

[14] Whetton, David A.. What constitute a theoretical contribution? [J]. *Academy of Management Review*, 1989, 14 (4).

The Impact of Organizational Support and
Democratic Supervision on Servant Leadership Behavior

Ling Qian[1]   Guo Jianyi[2]

(1, 2   Tourism Management School of South China Normal University, Guangzhou, 510631)

Abstract: The service management academic circles generally believe that the servant leadership is the most suitable leadership style for service enterprises. In previous studies, researchers have conducted a large number of theoretical and empirical studies on the consequent of servant leadership, but few studies relate to the antecedent of servant leadership. In this study, the authors have done an empirical study in 45 service team in 4 passenger stations of Guangzhou, including 248 service staffs and 45 service team leaders, in order to explore the formation mechanism of servant leadership behavior. The analysis results of Hierarchical Linear Model and Hierarchical Regression show that both the organizational support to leaders and the democratic supervision have indirect positive impact on team-level and individual-level servant leadership through leaders' affective organizational commitment.

Key words: Servant leadership; Organizational support; Affective organizational commitment; Hierarchical linear model

专业主编: 陈立敏

转型时期社会分层对个体弱势心理的作用机制*

● 赵书松

（中南大学公共管理学院　长沙　410083）

【摘　要】以社会互动理论和社会比较理论为理论基础，通过问卷调查、因素分析和层次回归分析等实证研究方法，探讨个体主观感知的社会分层结果对其弱势心理的影响机制；主观阶层认同通过社会公平感、无助感和相对剥夺感的部分中介作用间接影响个体弱势心理的产生，未证实自我效能感显著调节主观阶层认同和个体弱势心理之间的关系。最后讨论了研究结论的实践意义。

【关键词】弱势心理　社会分层　主观阶层认同　自我效能感

1. 引言

随着改革开放朝向纵深发展，我国社会转型速度不断加快。社会转型的重要体现就是社会分化现象凸显，社会整体结构发生巨大变化，并最终导致原有的社会阶层结构被打破，呈现出新的不同的社会阶层结构。换句话说，社会转型的重要结果就是呈现新的社会分层。社会分层是社会成员、社会群体因社会资源占有的不同而产生的层化或差异现象，尤其是指建立在法律法规基础上的制度化的社会差异体系①。经典的社会学三元社会分层理论认为，任何社会都存在经济秩序、社会秩序和政治秩序三种彼此独立又相互联系的基本秩序，而财富、社会声望和权力则成为造成社会分层的三种主要标准。

改革开放以来，中国的社会分层吸引了许多学者的研究兴趣。Nee 提出市场转型理论揭示中国从计划经济向市场经济转型过程中社会分层发生机制，并重点从市场权力、市场激励和市场机会三个方面论证中国社会流动和社会分层的变化，认为市场开辟了不为国家控制的通向社会上层的渠道，从而催生了不同于政治精英阶层的经济精英阶层。Nee 和 Cao 进一步指出，社会秩序的变迁存在连续性和非连续性，第一次明确承认社会分层中有连续性要素；连续性与非连续相互纠缠，从而构成了后社会主义社会分层秩序的路径依赖。李强则对三元社会分层理论和市场转型理论的观点提出了挑战，并指出，中国情景下

* 基金项目：教育部人文社会科学研究项目（11YJC630296）、中南大学升华育英学者项目（2013）。
通讯作者：赵书松，zhaoshusong306@163.com。

① 李强. 社会分层与社会空间领域的公平、公正 [J]. 中国人民大学学报，2012，1：2-9.

的社会分层包括政治分层和经济分层两个方面；改革开放以来，中国社会结构的变化是经济不平等取代了政治不平等。Zhou 也批评了市场转型论，认为政治和市场之间的相互作用是一个共同演化的过程，只有通过实质性的对因果过程的制度分析，才能发现政治和市场的共同演化如何在特定的制度环境下导致什么样的社会分层后果。市场—国家互动论认为市场化不仅是经济机制和经济产权的变化，而且引起国家职能与经济管理方式的变化，市场与国家之间的互动才是理解社会分层和收入分配的关键①。刘欣提出权力衍生论来解释中国阶层分化的内在原因，认为当前中国市场经济的基本制度安排决定了再分配权力、寻租能力和市场能力共同构成社会阶层分化的动力基础。社会分层导致人们处于不同的社会阶层，对社会个体的心理和行为具有重大影响。Weber 和 Giddens 认为社会阶层所反映的是生活机遇的差异，描述了人们在资源分配上所形成的阶梯式不平等，在阶梯不同水平上，人们分享社会财富的机会不同。人们被区分为不同的社会群体，各社会群体的阶层地位越来越明确，阶层边界越来越清晰，阶层利益越来越突出。不同个体日益从阶层归属角度思考自身的利益问题。

而随着社会转型，中国社会心理也发生了重大变化。社会心理弱势化即是伴随社会阶层分化的一种非常典型的社会心理现象。学者们研究发现弱势心理的产生和蔓延并非偶然，而是个人和社会多重因素共同作用的结果。社会分层是否也是导致社会个体产生弱势心理的重要前因呢？两者之间存在何种作用关系？鉴于学术界对于此类问题缺少学理探讨，本文将重点研究当前转型时期社会分层对个体弱势心理的作用机制。

2. 理论分析

2.1 社会分层对弱势心理的直接效应

客观社会结构和经济社会地位要通过主观阶级认同和阶级意识才能与人们的社会态度、社会行动选择建立起逻辑关系②。尽管社会分层是客观存在的，但是，要考察社会分层对社会个体心理和行为的影响就必须从个体自身的社会主观阶层认同（又叫主观阶层感知）入手。社会分层与主观阶层认同之间存在高度相关性。阶层认知在很大程度上同人们的社会经济地位的相对变动有关③。与客观的分层结果相比较，个体的主观阶层认同是距离个体心理和行为更近的影响因素。基于此，本文通过主观阶层认同这一变量来分析、讨论社会分层对个体弱势心理的影响。

主观阶层认同是指个人对其自身在社会阶层结构中所处位置的感知，其基础是经济、

---

① 边燕杰，吴晓刚，李路路．社会分层与流动——国外学者对中国研究的新进展［M］．北京：中国人民大学出版社，2008：34-52.

② 李培林．社会冲突与阶级意识——当代中国社会矛盾研究［J］．社会，2005，1：7-27.

③ 刘欣．相对剥夺地位与阶层认知［J］．社会学研究，2002，1：81-90.

权力、文化等资源分配或占有差异①。研究证实，主观阶层认同是一个多维度概念，与经济地位认同、社会地位认同和权力地位认同均显著正相关②。自认为经济地位、社会地位和权力地位越高的人，对自身所属社会阶层的主观判断越高。换句话说，对自身所属社会阶层的主观判断越低，人们对自己处于经济地位、社会地位和权力地位的认同越有可能向下偏移。有关社会阶层与选民投票行为关系的研究证实，阶层认同是解释阶层地位与投票行为之间因果关系的重要中介变量③。研究也证实主观阶层认同会对个体心理产生重要影响。例如，不同社会阶层的相对剥夺感存在很大差异。最新的研究证实主观阶层认同会影响反叛对相对剥夺感与创新之间关系的调节作用，只有对自认为社会下层的被试而言，反叛的调节作用才是显著的④。

闰丙金的研究表明，主观社会阶层认同对城乡居民主观幸福感具有显著影响，自认为所属社会阶层越低，人们的幸福感也越低。弱势心理是指个体在社会身份认同过程中对自己属于弱势群体的主观判断和心理感知。区分不同群体强势还是弱势的最重要标准就是经济地位、社会地位和权力地位等。强势群体在社会上具有较高的经济地位、社会地位和权力地位，弱势群体则在社会上具有较低的经济地位、社会地位和权力地位。仇立平指出阶层认同是重要的社会心态之一，是社会矛盾产生的重要基础。主观阶层认同是社会个体进行身份识别的过程，主观阶层认同越低者越会把自己归属于社会弱势群体，从而产生更多的弱势心理；而主观阶层认同越高者越不会把自己归属于社会弱势群体，从而产生更少的弱势心理。基于上述分析，我们给出如下假设：

H1：个体主观阶层认同与弱势心理负相关。

2.2 社会分层对弱势心理的中介机制

主观阶层认同不同的社会群体存在社会心态上的差别，他们的弱势心理强度也不一样。需要进一步分析的问题是，主观阶层认同如何引起不同群体的弱势心理及其差异？社会比较理论为我们进一步分析主观阶层认同对弱势心理的作用机制提供了可靠的研究视角。国内外学者一致把社会比较看作一个过程，即把自己的观点、能力、处境和社会地位等与他人进行对比的过程⑤，涉及认知、情感和行为等多个成分⑥。鉴于社会认同是由社会分类、社会比较和积极区分建立的⑦，主观阶层认同也是社会个体进行社会比较的过

---

① Jackman, Mary R.. An interpretation of the relation between objective and subjective social status [J]. *American Sociological Review*, 1973, 38：569-582.

② 刘欣. 转型期中国大陆城市居民的阶层意识 [J]. 社会学研究, 2001, 3：8-17.

③ 刘欣, 朱妍. 中国城市的社会阶层与基层人大选举 [J]. 社会学研究, 2011, 6：34-58.

④ 马皑. 相对剥夺感与社会适应方式：中介效应和调节效应 [J]. 心理学报, 2012, 44 (3)：377-387.

⑤ Crabtree, J., and Rutland, A.. Self-evaluation and social Comparison amongst adolescents with learning difficulties [J]. *Journal of Community & Applied Social Psychology*, 2001, 2：347-359.

⑥ 邢淑芬, 俞国良. 社会比较研究的现状与发展趋势 [J]. 心理科学进展, 2005, 13 (1)：78-84.

⑦ Tajfel, H.. Social psychology of intergroup relations [J]. *Annual Review of Psychology*, 1982, 33：1-39.

程。由于社会比较影响人们的公平感、相对剥夺感等对比性社会心理状态，所以主观阶层认同也必然与公平感和相对剥夺感存在相关性。

主观阶层认同受到绝对的经济收入、社会地位和权力等静态的、客观的指标影响，也受到相对的经济收入、社会地位和权力等动态的、主观的指标影响。孟天广的研究发现，收入水平越高的人越认可结果公平和机会公平，城市中下层就业者则对分配公平和流动机会持批评态度。社会经济地位越高的人越倾向于相对公平观，认可现有的分配制度和结果是公平的；而社会经济地位越低的人则越倾向于绝对公平观，更可能认为现有分配状况是不公平的。孙明则认为尽管"应得原则"在市场经济体制下占据主导地位，但是社会底层更支持"平均原则"。而且，社会流动视角的研究也认为，社会转型中的"赢家"和"输家"对分配公平持有完全不同的态度[1]，前者比后者更认为社会是公平的。当个体依据绝对标准判断自己所处社会阶层时，那些绝对收入水平高、社会声望大、掌握权力的个体理所当然地认为自己属于社会中上阶层，作为社会转型的赢家更认可社会公平；而那些绝对收入水平低、社会声望小、不掌握权力的个体则会认为自己属于社会低下阶层，作为社会转型的输家更认为社会不公平。谢颖证实，自我认知的社会阶层越低，对当前社会公平的认同感越低，反之则越高。基于上述分析，我们给出如下假设：

H2：个体主观阶层认同与社会公平感正相关。

社会个体在判断自己属于哪一个社会阶层时总是需要比较自身与他人在经济、社会地位、权力等方面的差距；差距如何又往往取决于与谁比较。无论是上行比较还是下行比较，都可能产生显著对比效应。上行比较时个体自我评价水平会下降，下行比较时个体自我评价水平会上升[2][3]。不同的社会比较方向影响个体的主观阶层认同；通过社会比较如果个体认为自己在经济、社会地位和权力等方面占位更优，则他更可能把自己归属于较高社会阶层；反之，他可能把自己归属于较低社会阶层。换句话说，主观阶层认同上移的个体有可能是下行比较趋向的人，主观阶层认同下移的个体有可能是上行比较趋向的人。社会比较的重要结果之一是相对剥夺感。人们对分配公平的感知来源于社会比较中产生的相对剥夺感[4]。要想理解公平感的形成机制就必须知道人们如何选择参照对象[5]；同样，相对剥夺解释的关键也是在于人们如何选择参照群体。社会比较的参照对象不同，个体的被剥夺感程度也必然有差异；上行比较的个体将会发现自己在经济、社会地位、权力等领域更多的劣势，下行比较的个体则可能发现自己在这些领域具有一定优势。因此，上行比较

① Verwiebe, R., and Wegener, B.. Social inequality and the perceived income justice gap [J]. *Social Justice Research*, 2000, 13 (2): 123-149.

② Marsh, H. W., and Hau, K. T.. Big-fish-little-pond effect on academic self-concept [J]. *American Psychologist*, 2003, 58 (5): 364-372.

③ Stapel, D. A., and Suls, J.. Method matters: Effects of explicit versus implicit social comparisons on activation, behavior, and self-views [J]. *Journal of Personality and Social Psychology*, 2004, 87 (6): 860-875.

④ Adams, J.. Inequity in social exchange. In: Berkowitz, L.. *Advances in Experimental Social Psychology* [M]. New York: Academic Press, 1965: 79-102.

⑤ Hayes, S. C.. The relationship between the symbolic meaning of money and referent choice under situations of inequity (D). University of Maryland, 2005: 210-256.

的人被剥夺感高，而下行比较的人被剥夺感低。基于上述分析，我们给出如下假设：

H3：个体主观阶层认同与被剥夺感负相关。

中国新的社会阶层结构是社会转型时期经济体制、政治体制、社会管理体制等诸多领域的变革引起大规模社会流动而逐渐形成的。社会流动是打破原有社会阶层、形成新的社会阶层的直接动因。从社会个体层面而言，个体社会阶层的形成受制于多种因素，例如父母的社会地位、政治地位和经济实力，个体的受教育水平、职业性质和努力程度等。绝大多数阶层地位较低的社会个体希望通过接受教育、提高技能、勤奋工作等自身努力向上层社会流动，从而改变自身命运。Abramson 的归因理论表明，当把失败和挫折进行内部归因时，个体会出现动机水平降低、认知和情绪受损的无助感症状。通过努力依然无法改变命运，不能达到上层社会生活的个体可能会产生强烈的无助感。此外，对阶层归属最具根本性影响力的因素是社会流动性所提供的机会公平。通过努力能够改变自身命运的人对社会机会公平有较高的认同，通过努力依然无法改变自身命运的人则对社会机会公平认同度低。不同社会阶层的人对社会机会公平的认同不同。自我认知的社会阶层越低，对当前社会机会公平的认同感越低，反之越高。如果个体认定社会机会不公平，而他又处于较低社会阶层，那么他对社会环境的控制感更低，对于通过自身能力改变社会处境的预期可能更加悲观，无助感也会更加强烈。综上所述，我们提出如下假设：

H4：个体主观阶层认同与社会公平感正相关；

H5：个体主观阶层认同与无助感负相关。

弱势心理是个体在社会身份认同过程中对自己属于弱势群体的主观判断和心理感知，是个体自我评价和身份识别的结果。无助感的产生有两个来源，一是面临挫折和失败所作的内归因，二是对环境的控制感弱；前者是自我评价的过程，而后者又会强化前者的自我评价结果。个体越是认为自身能力有限，越有可能把自己当作社会的弱者。个体越是觉得无法控制对自己不利的外部环境，越有可能进一步降低对自己能力的认知和评价，从而强化弱势地位。因此，本研究推断，个体无助感越强，其弱势心理越强；个体无助感越弱，其弱势心理也越弱。基于上述分析，给出如下假设：

H5：个体无助感与其弱势心理正相关。

已有研究证实，社会公平感与弱势心理负相关，被剥夺感与弱势心理正相关①。弱势心理并非简单的不公平感、被剥夺感等任何单一的负面心理感受，而是多种负面心理感受的综合体。社会公平感、被剥夺感和无助感是形成弱势心理的重要途径，而非弱势心理本身。因此，综合主观阶层感知与弱势心理，主观阶层感知与公平感、被剥夺感和无助感，以及社会公平感、被剥夺感、无助感与弱势心理之间关系的有关假设，我们可以推断，社会公平感、被剥夺感和无助感在主观阶层认同影响弱势心理过程中起中介作用。据此给出如下假设：

H6：社会公平感在主观阶层认同与弱势心理之间起中介作用。

H7：被剥夺感在主观阶层认同与弱势心理之间起中介作用。

---

① 赵书松，文慧洁. 利益表达渠道对民众弱势心理产生的影响机制实证研究［J］，中南大学学报（社会科学版），2015，21（3）：158-167.

H8：无助感在主观阶层认同与弱势心理之间起中介作用。

2.3 社会分层对弱势心理的调节机制

作为一种稳定的人格特质，自我效能感是个体应对、处理新的或困难情景时的一种总体性自信程度①②，它具有个体间差异。自我效能感通常被视作制约外部环境与个体心理之间关系的重要边界之一，并在众多研究中得以证实。Siu 的研究表明自我效能感可以有效缓解压力造成的消极影响。自我效能感有效调节工作不安全感与身体健康、心理健康之间的关系③；张辑黎等人认为调节阻断性压力与身心健康、工作满意度之间的关系，当面对阻断性压力时，自我效能感高的员工身心健康水平和工作满意度显著高于自我效能感低的员工。自我效能感之所以能够起到调节作用，是因为不同自我效能感的个体面对相同的外部环境时被激发的心理状态、所采取的应对行为通常也有差异。Stumpf 指出自我效能感的高低影响个体应对压力的方式。高自我效能感的人倾向于采用问题定向的积极应对策略，而低自我效能感的人倾向于采用情绪定向的消极应对策略。社会分层导致巨大的层间差异，所属社会阶层越低，人们的生活水平和质量越低，面对的各种压力也越大。主观阶层认同越高，个体感受的各种社会压力可能越低，弱势心理越轻；而主观阶层认同越低，个体感受到的各种社会压力可能越高，弱势心理越强。鉴于自我效能感调节作用的研究成果，我们推断，主观阶层认同与弱势心理的关系将会受到自我效能感的调节，自我效能感越高的个体群体，主观阶层认同与弱势心理的相关关系越弱，自我效能感越低的个体群体，主观阶层认同与弱势心理的相关关系越强。据此，给出如下假设：

H9：自我效能感反向调节主观阶层认同与个体弱势心理之间的关系；自我效能感越低，两者相关性越强，自我效能感越高，两者相关性越弱。

3. 研究设计

3.1 被试

本研究共发放调查问卷 1142 份，调查对象主要是长沙市普通个体，采用随机抽样方法。对回收的 1000 份问卷进行有效性判断，我们剔除卷面不整洁问卷、填答具有明显规律性问卷、题目填写不完整问卷及正反题目回答不一致问卷等无效问卷 197 份，共得到有效问卷 803 份，有效回收率 70.32%。被试人员的性别、受教育程度、年龄范围、收入水

---

① Schwarzer, R., Babler J., Kwiatek, P., et al.. The assessment of optimisitic self-beliefs: Comparison of the German, Spanish, and Chinese version of the general self-efficacy scale [J]. *Applied Psychology: An International Review*, 1997, 46 (1): 69-88.

② Chen, G., Gully, S. M., Whiteman, J., et al.. Examination of relationships among traits like individual difference, state like individual differences, and learning performance [J]. *Journal of Applied Psychology*, 2000, 85 (6): 835-847.

③ 冯冬冬，陆昌勤，萧爱铃. 工作不安全感与幸福感、绩效的关系：自我效能感的作用 [J]. 心理学报，2008，40 (4): 448-455.

平、工作性质和参加工作时间等人口统计学变量的基本情况见表1。

表1

样本信息

变量名称 Variables		频数 Frequency	百分比 Percent
性别	女	408	50.8
	男	395	49.2
受教育程度	大专及以下	441	54.9
	大学本科	313	39.0
	硕士及以上	49	6.1
年龄范围	25岁以下	319	39.7
	26~35岁	278	34.6
	36~45岁	119	14.8
	46岁以上	87	10.8
收入水平	1000元以下	50	6.2
	1000~3000元	355	44.2
	3000~5000元	264	32.9
	5000~8000元	93	11.6
	8000元以上	41	5.1
工作性质	企业白领	129	16.1
	知识分子	102	12.7
	普通员工	503	62.6
	党政干部	46	5.7
	其他	23	2.9
工作时间	1年以内	127	15.8
	1~5年	320	39.9
	5~10年	166	20.7
	10年以上	190	23.7

注：$N = 803$。

3.2 变量测量

采用 Likert6 点量表（1＝非常不正确，2＝很不正确，3＝有点不正确，4＝有点正确，5＝很正确，6＝非常正确）测量研究变量。主要变量有政治资本失衡、自我效能感、社会公平感、相对剥夺感、弱势心理等5个。自编政治资本失衡量表，有4个测量条款，如"中国的政治资本被少数部门垄断"、"大多数中国公民缺少必要的政治关系"等；采用 Schwarzer 及其同事的一般自我效能感量表（GSES），中文缩减版共6个测量条款，如"如果我尽力去做的话，我总是能够解决问题的"、"我自信能有效地应付任何突如其来的事情"等；自编社会公平感量表，共3个测量条款，如"我时常感到社会分配结果对自己是公平的"等；自编相对剥夺感量表，共4个测量条款，如"经济收入低"、"政治地位低"等；自编弱势心理量表，共3个测量条款，如"我时常感到自己属于社会的弱势群体"等。为了排除自变量之外的其他因素可能对结果变量产生的影响，本研究把人口统计学变量全部作为控制变量，主要包括性别、受教育程度、年龄、收入水平、工作性质和参加工作时间。

3.3 测量质量

弱势心理量表信度0.930，自我效能感量表信度0.806，社会公平感量表信度0.854，相对剥夺感量表信度0.732，无助感量表信度0.882。我们进一步考察上述所有变量放在一起时量表信度为0.713，测量满足信度要求。主观阶层认同只有单一测量条款。采用因子分析检验上述除主观阶层认同之外所有变量作为整体量表的结构效度，参见表2。分析表明，总量表KMO值0.832，球形检验显著，累计解释方差比例66.961%，可进行因子分析。采用方差最大旋转的主成分分析表明，自我效能感因子解释方差比例15.532%，因子载荷全部介于0.640~0.772；无助感因子解释方差比例15.377%，因子载荷介于0.757~0.874；弱势心理因子解释方差比例12.701%，因子载荷介于0.818~0.894；社会公平感因子解释方差比例11.969%，因子载荷介于0.813~0.899；相对剥夺感因子解释方差比例11.381%，因子载荷介于0.666~0.787。分析结果表明，各变量都具有较好的结构效度。

表2　　　　　　　　　　　　　　　　　　　量 表 效 度

测 量 条 款	自我效能感	无助感	弱势心理	社会公平感	相对剥夺感	累计解释方差比例
如果我付出必要的努力，我一定能解决大多数难题	0.772					
我能冷静地面对困难，因为我信赖自己处理问题的能力	0.761					
如果我尽力去做的话，我总是能够解决问题的	0.693					15.532%
以我的才智，我定能应付意料之外的情况	0.678					
我自信能有效应对任何突如其来的事情	0.667					
有麻烦的时候，我通常能想到一些应付的方法	0.640					
我时常感到自己对工作很无力		0.874				
我时常感到自己对生活无力		0.863				30.910%
我时常感到自己对家庭很无力		0.813				
我时常感到无法控制自己的命运		0.757				
我时常感到与自己地位相似的人属于社会的弱势群体			0.894			
我时常感到与自己身份相似的人属于社会的弱势群体			0.886			43.610%
我时常感到自己属于社会的弱势群体			0.818			

测 量 条 款	自我效能感	无助感	弱势心理	社会公平感	相对剥夺感	累计解释方差比例
我时常感到社会分配结果对自己是公平的				0.899		
我时常感到社会制度对自己是公平的				0.848		55.579%
我时常感到社会竞争对自己是公平的				0.813		
职业声誉					0.787	
经济收入					0.755	
政治地位					0.678	66.691%
人际关系低					0.666	

4. 实证结果

4.1 变量间相关系数

变量之间存在的相关性显著是进一步实证分析的重要基础。因此,在进行直接效应、中介效应检验时,通常需要首先考察变量之间的相关系数。事实上,确定控制变量的前提条件也是相关性要统计显著。运用 SPSS19.0 统计软件的相关性分析功能考察弱势心理、主观阶层认知、社会公平感、无助感、相对剥夺感、自我效能感以及性别、年龄、教育程度、工作性质、工作年限等人口统计变量等研究变量之间的相关程度,相关系数统计结果参见表3。其中,弱势心理、社会公平感、相对剥夺感、自我效能感等变量得分采用各变量所有测量条款均值。表3中,1代表主观阶层认同、2代表社会公平感、3代表无助感、4代表相对剥夺感、5代表自我效能感、6代表弱势心理。

表3　　　　　　　　　　　　　　变量间相关系数

变量	均值	标准差	9	10	11	12	15
1	2.640	0.745	1				
2	3.490	1.062	0.182**	1			
3	3.231	1.142	-0.220**	-0.125**	1		
4	3.577	0.724	-0.491**	-0.252**	0.199**	1	
5	4.159	0.755	0.106**	0.286**	-0.124**	-0.199**	1
6	3.247	1.310	-0.316**	-0.184**	0.546**	0.319**	-0.173**

注:　* 代表 $p<0.05$;　** 代表 $p<0.01$。

4.2 假设检验

按照 Baron 和 Kenny 的建议，判定中介变量在自变量对因变量的作用中具有中介效应。[1] 回归分析统计表见表 4。Model8 表明主观阶层认同对个体弱势心理的产生具有显著负向作用 ($\beta = -0.289$, $p < 0.001$)，假设 H1 通过检验。Model2 表明社会公平感对主观阶层认同的回归系数达到显著性水平 ($\beta = 0.158$, $p < 0.001$)，即主观阶层认同正向影响个体社会公平感，假设 H2 通过检验。Model4 表明主观阶层认同显著负向影响相对剥夺感 ($\beta = -0.411$, $p < 0.001$)，假设 H3 通过检验。Model6 表明，主观阶层认同对无助感具有显著的负向作用 ($\beta = -0.177$, $p < 0.001$)，假设 H4 通过检验。Model9 表明无助感对个体弱势心理具有显著正向作用 ($\beta = 0.528$, $p < 0.001$)，假设 H5 通过检验。Model10 表明社会公平感对个体弱势心理具有显著负向作用，相对剥夺感对个体弱势心理具有显著的正向作用 ($\beta = 0.302$, $p < 0.001$)。弱势心理（因变量）对社会公平感、无助感和相对剥夺感（中介变量）的回归系数达到显著水平，研究同时满足了判定中介效应的 4 个条件。由 Model8 和 Model13 可知，纳入社会公平感 ($\beta_1 = -0.064$, $p < 0.05$)、无助感 ($\beta_2 = 0.480$, $p < 0.001$) 和相对剥夺感 ($\beta_3 = 0.160$, $p < 0.001$) 后，弱势心理对主观阶层认同的标准化回归系数由 -0.289 减小至 -0.128，依然在 0.001 水平上显著。因此，社会公平感、无助感和相对剥夺感在主观阶层认同—弱势心理关系中起部分中介作用，假设 H6、H7 和 H8 通过显著性检验。主观阶层认同即直接影响个体弱势心理，也通过社会公平感、无助感和相对剥夺感间接影响个体弱势心理。

按照温忠麟、侯杰泰和张雷的方法检验调节效应[2]，回归分析统计表见表 5。分别检验自我效能感对主观阶层认同—社会公平感、主观阶层认同—相对剥夺感、主观阶层认同—无助感以及主观阶层认同—弱势心理的调节作用。Model2 中 R^2 等于 0.120，Model3 中 R^2 等于 0.127，两个模型中测定系数 R^2 相差 0.007，Model3 显示主观阶层认同与自我效能感交叉项回归系数 -0.088，在 0.05 水平上显著，因此可知自我效能感对主观阶层认同—社会公平感之间的关系具有显著负向调节作用；Model5 中 R^2 等于 0.318，Model6 中 R^2 等于 0.318，两个模型中测定系数 R^2 相等，Model6 显示主观阶层认同与自我效能感交叉项回归系数为 -0.038，统计不显著，因此自我效能感对主观阶层认同—相对剥夺感的调节作用不显著。Model8 的 R^2 等于 0.071，Model9 的 R^2 等于 0.073，两个模型的测定系数 R^2 相差 0.002，Model9 显示主观阶层认同与自我效能感交叉项回归系数为 -0.050，统计不显著，因此可知自我效能感对主观阶层认同—无助感之间关系的调节作用不显著。Model11 中的 R^2 等于 0.159，Model12 中的 R^2 等于 0.161，两个模型的测定系数 R^2 相差 0.002，Model12 显示主观阶层认同与自我效能感交叉项回归系数为 -0.033，统计不显著，因此可知自我效能感对主观阶层认同—弱势心理关系的调节作用不显著，假设 H9 没有通

---

① Baron, R. M., and Kenny, D. A.. The moderator-mediator variable distinction in social psychological research [J]. *Journal of Personality and Social Psychology*, 1986, 51 (6): 1173-1182.

② 温忠麟，侯杰泰，张雷. 调节效应与中介效应的比较和应用 [J]. 心理学报, 2005, 37 (2): 268-274.

过检验。需要说明的是，尽管假设 H9 在本次研究中没有通过检验，但是自我效能感对主观阶层认同与相对剥夺感、主观阶层认同与弱势心理之间关系的反向调节作用趋势依然存在。这需要引起后续研究的进一步关注：一是进一步梳理自我效能感对主观阶层认同与相对剥夺感、弱势心理之间关系的调节机制，从理论推导上进一步确认其反向调节效应是否具有更为坚实的逻辑基础；二是优化样本选择，减少抽样调查可能造成的统计误差。本项研究关于自我效能感反向调节主观阶层认同与社会公平感之间的关系的结论表明自我效能感越高的人其公平感意识受社会分层等外部因素的影响越低。

5. 结论与讨论

本研究从社会比较视角考察了转型时期社会分层对个体弱势心理的影响机制，重点是分析社会公平感、无助感和相对剥夺感的中介作用，以及自我效能感在主观阶层认同—社会公平感、主观阶层认同—无助感、主观阶层认同—相对剥夺感以及主观阶层认同—个体弱势心理关系中的调节效应。本文主要从以下五个方面展开讨论：

第一，主观阶层认同对个体弱势心理具有显著的负向作用，个体对自身所属社会阶层的感知是其产生弱势心理的重要诱因；个体自认为所属社会阶层越高，其弱势心理就越低；反之，当个体自认为所属社会阶层越低时，其弱势心理越强烈。由此可以推断，弱势心理之所以成为中国社会的一个普遍现象，与中国社会在转型时期不断分化有着密切关系。自从改革开放以来，经历 30 多年的持续、快速发展，中国社会已经打破原来政治分层为主的社会阶层结构，影响社会分层的因素从政治地位进一步扩大到经济、教育、职业等多种因素。尽管人们的经济、教育、政治、职业等各方面都呈现出改善趋势，但是社会分化却不断加速加深，导致个体阶层意识不断强化，而主观阶层认同日益成为影响个体社会心态甚至心理健康的重要因素。

第二，主观阶层认同通过社会公平感、无助感和相对剥夺感的部分中介作用间接影响个体弱势心理的产生，揭示了主观阶层认同对个体弱势心理的作用机制。这一结论的重要意义在于告诉人们，主观阶层认同不仅能够直接造成个体的心理弱势感，而且会通过激发社会公平感、无助感和相对剥夺感等心理感受而间接导致个体弱势心理。当个体自认所属社会阶层较高时，他们将会更加认可社会是公平的，产生更少的无助感和相对剥夺感，不易认为自己属于社会的弱势群体；反之，当个体自认所属社会阶层较低时，他们将会产生更多的无助感和相对剥夺感，更认为社会是不公平的，最终把自己划归为社会的弱势群体。在考察弱势心理产生的原因时，我们不仅要关注社会公平感和相对剥夺感等心理状态因素，更要关注无助感对个体弱势心理的极大影响。在单独解释力上，无助感能够解释个体弱势心理 26.7%的方差变异，社会公平感能够解释个体弱势心理 2.7%的方差变异，而相对剥夺感能够解释个体弱势心理 7.6%的方差变异。因此，相比较而言，无助感是比社会公平感和相对剥夺感更为重要的影响个体弱势心理的内在因素。

第三，无助感对个体弱势心理的作用比社会公平感和相对剥夺感的作用更为直接。分别做无助感对社会公平感和相对剥夺感的回归分析发现，社会公平感负向影响无助感，回归系数是 -0.075，在 0.05 水平上显著；相对剥夺感正向影响无助感，回归系数是 0.129，

表4　　　　公平感、无助感和相对剥夺感对主观阶层认同—弱势心理关系的中介作用

变量	公平感		相对剥夺感		无助感		弱势心理						
	Model1	Model2	Model3	Model4	Model5	Model6	Model7	Model8	Model9	Model10	Model11	Model12	Model13
受教育程度	0.096*	0.074*	-0.143***	-0.087**	-0.108**	-0.084*	-0.097**	-0.057	-0.040	-0.081*	-0.054	-0.006	0.002
年龄范围	0.017	0.007	0.077	0.103*	0.041	0.052	0.154**	0.173**	0.133**	0.157**	0.131*	0.119**	0.132**
收入水平	0.066	0.023	-0.296***	-0.184***	-0.151***	-0.103**	-0.163***	-0.085*	-0.083*	-0.154***	-0.074	-0.022	-0.004
工作性质	0.011	0.003	0.054	0.018	-0.022	-0.038	0.002	-0.024	0.013	0.000	-0.015	0.000	-0.008
工作时间	-0.007	0.006	-0.107**	-0.139**	-0.019	-0.033	0.071	0.048	0.080	0.069	0.103	0.102*	0.086
主观阶层认同		0.158***		-0.411***		-0.177***		-0.289***					-0.128***
社会公平感										-0.165*		-0.070*	-0.064*
无助感									0.528***			0.493***	0.480***
相对剥夺感											0.301***	0.211***	0.160***
R^2	0.018	0.040	0.152	0.299	0.040	0.067	0.076	0.148	0.343	0.103	0.152	0.391	0.402
ΔR^2	0.018	0.022	0.152	0.147	0.040	0.027	0.076	0.072	0.267	0.027	0.076	0.315	0.326
F	2.906*	5.463***	28.625***	56.541***	6.694***	9.594***	13.068***	23.115***	69.322***	15.157***	23.867***	63.655***	59.320***

注：* 代表 $p<0.05$，** 代表 $p<0.01$，*** 代表 $p<0.001$（2-tailed）。

表5

自我效能感对主观阶层认同—个体弱势心理关系的调节作用

变量	公平感			相对剥夺感			无助感			弱势心理		
	Model1	Model2	Model3	Model4	Model5	Model6	Model7	Model8	Model9	Model10	Model11	Model12
受教育程度	0.096*	0.074*	0.075*	-0.143***	-0.087**	-0.087*	-0.108**	-0.084*	-0.083*	-0.097**	-0.057	-0.057
年龄范围	0.017	0.037	0.034	0.077	0.088	0.089	0.041	0.046	0.044	0.154**	0.161**	0.160**
收入水平	0.066	-0.004	-0.009	-0.296***	-0.171***	-0.170***	-0.151***	-0.098*	-0.100*	-0.163***	-0.075*	-0.077*
工作性质	0.011	0.003	0.002	0.054	0.018	0.018	-0.022	-0.038	-0.039	0.002	0.024	-0.024
工作时间	-0.007	0.001	0.014	-0.107**	-0.136**	-0.140**	-0.019	-0.032	-0.024	0.071	0.050	0.055
主观阶层认同		0.128***	0.129***		-0.397***	-0.397***		-0.171***	-0.170***		-0.278***	-0.278***
自我效能感		0.287***	0.291***		-0.140***	-0.141***		-0.060	-0.059		-0.107**	-0.106***
主观阶层认同与自我效能感交叉			-0.088**			-0.038			-0.050			-0.033
R^2	0.018	0.120	0.127	0.152	0.318	0.318	0.040	0.071	0.073	0.076	0.159	0.161
ΔR^2	0.018	0.102***	0.109***	0.152	0.166***	0.000	0.040	0.031***	0.002	0.076	0.083***	0.002
F	2.906*	15.436***	14.466***	28.625***	52.934***	18.977***	6.694***	8.678***	7.863***	13.068***	21.542***	13.513***

注：* 代表 $p<0.05$，** 代表 $p<0.01$，*** 代表 $p<0.001$（2-tailed）。

在 0.01 水平上显著，两者合计解释无助感 2.4% 的方差变异。社会公平与否是影响个体无助感的重要诱因。表 4 Model9 至 Model 12 表明，无助感是社会公平感和相对剥夺感影响个体弱势心理的中介变量，并发挥部分中介作用。我们由此推断，无助感是比社会公平感和相对剥夺感更为直接的影响弱势心理的变量。

第四，自我效能感显著反向调节主观阶层认同—社会公平感之间的关系，反向调节主观阶层认同—无助感、主观阶层认同—相对剥夺感以及主观阶层认同—个体弱势心理三组关系，但是在本次调研中其调节作用均不显著。这一结论启示我们，社会分层对个体弱势心理的影响既可能具有一定的刚性，也可能受到社会个体性格特征的制约，但是弱势心理本身确实受到个体性格特质的影响。自我效能感反映了个体面对环境挑战时的总体性自信程度；自我效能感越高的个体越能积极主动地应对环境挑战，他们往往更不容易屈服；自我效能感越低的个体面对环境挑战时更容易表现出退缩行为。本节关于调节效应的结论可能暗示，社会分层对个体社会心态的影响在一定程度上受到个体自我效能感的制约，尤其是社会分层对社会公平感的影响更是受到自我效能感的显著制约。社会分层是否对自我效能感低的个体的社会心态影响更大，而对自我效能感高的个体的社会心态影响更小，需要后续研究抽取更大范围、更具代表性的样本做进一步检验。

第五，社会分层对转型时期弱势心理的解释力大于政治资本失衡，并且两者对弱势心理的作用机制既存在相同之处，也存在重要差异。赵书松和文慧洁研究证实，政治资本失衡也是转型时期弱势心理的重要前因，它通过社会公平感和相对剥夺感的完全中介作用影响弱势心理，回归方程模型共解释弱势心理 16.70% 方差变异量[1]。相比较而言，社会分层是政治资本失衡更为重要的影响弱势心理的前因变量，回归方程模型共解释弱势心理 40.20% 的方差变异。虽然社会分层和政治资本失衡对弱势心理的影响都需要借助社会公平感和相对剥夺感的中介作用，但是不同之处在于社会分层还会导致无助感，从而比政治资本失衡更强烈地影响弱势心理；并且，政治资本失衡对弱势心理的影响受到自我效能感的反向调节，而社会分层对弱势心理的影响不受自我效能感的调节。

本文揭示了主观阶层认同对个体弱势心理的作用机制，研究结论进一步丰富了弱势心理的理论体系。同时，本研究也富有实践价值，为有效干预社会转型时期弱势心理现象提供了可靠的理论指导，主要体现在三个方面。

首先，优化社会阶层结构是调适个体弱势心理、促进社会心理和谐的有力措施。和谐心理是和谐社会的重要组成部分，个体弱势心理的产生和蔓延不利于构建社会主义和谐社会。如果把弱势心理的普遍化和主观阶层认同与弱势心理的负相关关系放在一起来考察，我们可以推断我国过去几十年发生的社会阶层结构变化不够合理。主观阶层认同对弱势心理的显著预测力表明，优化社会阶层结构是从宏观上调控社会心理的有效举措。与政治资本失衡相比较而言，打破社会阶层固化、促进社会阶层流动是比一味强调民主权利更为有效的策略。为此，我国进一步深化改革的一个重要方面就是完善各种制度设计、确保和促进社会流动性、提升个体向中上层社会流动的信心，并逐步改善不同社会阶层之间的关

① 赵书松，文慧洁. 政治资本失衡对民众弱势心理的影响机制研究 [J]. 华中科技大学学报（社会科学版），2014，28（6）：1-10.

系，把中国社会发展成中产阶层具有主体地位的"橄榄形"结构。

其次，政府应该为全体个体打造通过自身努力改变命运的公平平台。什么才算是公平的平台？适当的阶层分化是推动社会进步的重要动力，而先赋性因素和自致性因素都可以直接影响社会分层。相比较而言，合理的阶层分化是以自致性因素为主要推动力，以先赋性因素最为次要推动力的。换句话说，推动个体阶层流动的主要力量应该是个体自身的努力程度、接受教育的程度、自身创造力等自致性因素。当全体个体都必须依赖并且能够依赖自致性因素来改变自身命运时，社会平台就是公平的。公平平台上发生的社会分化能够进一步提高个体的社会公平感，降低其相对剥夺感和无助感，并最终激发其积极的心理状态。

最后，从微观层面来看，激发个体积极心理状态也能够有效干预弱势心理。调查显示很多人对自己的生活、工作、家庭和命运感到无力，表明这些人对生活、工作和未来缺乏信心，甚至充满悲观失望。优化社会阶层结构、打造公平社会平台固然有助于降低个体的弱势心理感受，但是这些举措见效尚需较长时间。更为直接有效的措施则是从社会个体层面激发他们勇敢、乐观、坚韧、希望、自信等积极心理品质。因此，心理资本及其开发理论也为弱势心理的干预和调节提供了非常有益的视角。

◎ 参考文献

[1] 边燕杰，吴晓刚，李路路．社会分层与流动——国外学者对中国研究的新进展 [M]．北京：中国人民大学出版社，2008．

[2] 冯冬冬，陆昌勤，萧爱铃．工作不安全感与幸福感、绩效的关系：自我效能感的作用 [J]．心理学报，2008，40（4）．

[3] 李培林．社会冲突与阶级意识——当代中国社会矛盾研究 [J]．社会，2005，1．

[4] 李强．政治分层与经济分层 [J]．社会学研究，1997，4．

[5] 李强．社会分层与社会空间领域的公平、公正 [J]．中国人民大学学报，2012，1．

[6] 刘欣．转型期中国大陆城市居民的阶层意识 [J]．社会学研究，2001，3．

[7] 刘欣．相对剥夺地位与阶层认知 [J]．社会学研究，2002，1．

[8] 刘欣．当前中国社会阶层分化的制度基础 [J]．社会学研究，2005，20（5）．

[9] 刘欣，朱妍．中国城市的社会阶层与基层人大选举 [J]．社会学研究，2011，6．

[10] 马皑．中国人心态扫描 [M]．北京：中国政法大学出版社，2010．

[11] 马皑．相对剥夺感与社会适应方式：中介效应和调节效应 [J]．心理学报，2012，44（3）．

[12] 孟天广．转型期中国公众的分配公平感：结果公平与机会公平 [J]．社会，2012，32（6）．

[13] 仇立平．阶级分层：对当代中国社会分层的另一种解读——基于学理层面思考的中国阶级分层 [J]．上海大学学报（社会科学版），2007，14（2）．

[14] 孙明．市场转型与民众的分配公平观 [J]．社会学研究，2009，（3）．

[15] 温忠麟，侯杰泰，张雷．调节效应与中介效应的比较和应用 [J]．心理学报，2005，

37（2）.

[16] 谢颖. 阶层认同、地位变化和机会公平意识 [J]. 广州大学学报（社会科学版），2010, 9（6）.

[17] 邢淑芬，俞国良. 社会比较研究的现状与发展趋势 [J]. 心理科学进展，2005, 13（1）.

[18] 闫丙金. 收入、社会阶层认同与主观幸福感 [J]. 统计研究，2012, 29（10）.

[19] 张韫黎，陆昌勤. 挑战性—阻断性压力（源）与员工心理和行为的关系：自我效能感的调节作用 [J]. 心理学报，2009, 41（6）.

[20] 赵书松，文慧洁. 政治资本失衡对民众弱势心理的影响机制研究 [J]. 华中科技大学学报（社会科学版），2014, 28（6）.

[21] 赵书松，文慧洁. 利益表达渠道对民众弱势心理产生的影响机制实证研究 [J]. 中南大学学报（社会科学版），2015, 21（3）.

[22] Abramson, L. Y., Metalsky, G. I., and Alloy, L. B.. Helplessness depression: A theory-based subtype of depression [J]. *Psychological Review*, 1989, 96（2）.

[23] Adams, J.. Inequity in social exchange. In L. Berkowitz. *Advances in Experimental Social Psychology* [M]. New York: Academic Press, 1965.

[24] Baron, R. M., and Kenny, D. A.. The moderator-mediator variable distinction in social psychological research [J]. *Journal of Personality and Social Psychology*, 1986, 51（6）.

[25] Chen, G., Gully, S. M., Whiteman, J., et al.. Examination of relationships among traits like individual difference, state like individual differences, and learning performance [J]. *Journal of Applied Psychology*, 2000, 85（6）.

[26] Crabtree, J., and Rutland, A.. Self-evaluation and social comparison amongst adolescents with learning difficulties [J]. *Journal of Community & Applied Social Psychology*, 2001, 2.

[27] Giddens, A.. *The class structure of the advanced society* [M]. London: Hutchinson & Co（Publishers）Ltd, 1983.

[28] Hayes, S. C. .The relationship between the symbolic meaning of money and referent choice under situations of inequity [D]. University of Maryland, 2005, 11.

[29] Jackman, Mary R., and R. Jackman.. An interpretation of the relation between objective and subjective social status [J]. *American Sociological Review*. 1973, 38.

[30] Marsh, H. W., and Hau, K. T.. Big-fish-little-pond effect on academic self-concept [J]. *American Psychologist*, 2003, 58（5）.

[31] Nee, V.. A theory of market transition: From redistribution to markets in state socialism [J]. *American Sociological Review*, 1989, 54（5）.

[32] Nee, V., and Cao, Y.. Postsocialist inequality: The causes of continuity and discontinuity [J]. *Research in Social Stratification and Mobility*, 2002, 19.

[33] Schwarzer, R., Babler J., Kwiatek, P., et al.. The assessment of optimisitic self-beliefs: Comparison of the German, Spanish, and Chinese version of the general self-

efficacy scale [J]. *Applied Psychology: An International Review*, 1997, 46 (1).

[34] Siu, O. L., Spector. P. E., Cooper. C. L., and Lu, C. Q.. Work stress, selfefficacy, Chinese work values and work well-being in Hong Kong and Beijing [J]. *International Journal of Stress Management*, 2005, 12 (3).

[35] Siu, O. L., Lu, C. Q., and Spector, P. E.. Employees' well-being in greater China: The direct and moderating effects of general self-efficacy [J]. *Applied Psychology: An International Review*, 2007, 56 (2).

[36] Stapel, D. A., and Suls, J.. Method matters: Effects of explicit versus implicit social comparisons on activation, behavior, and self-views [J]. *Journal of Personality and Social Psychology*, 2004, 87 (6).

[37] Stumpf, S. A., Brief, A. P., and Hartman, K.. Self-efficacy expectations and coping with career-related events [J]. *Journal of Vocational Behavior*, 1987, 31.

[38] Tajfel, H.. Social psychology of intergroup relations [J]. *Annual Review of Psychology*, 1982, 33.

[39] Verwiebe, R., and Wegener, B.. Social inequality and the perceived income justice gap [J]. *Social Justice Research*, 2000, 13 (2).

[40] Weber, M.. *Economy and society* [M]. Berkeley: University of California Press, 1978.

[41] Zhou, X. G.. Economic transformation and income inequality in urban China: Evidence from panel data [J]. *American Journal of Sociology*, 2000, 105.

How Subjective Stratum Identification Influences
Vulnerable Mentality during Social Transition Period

Zhao Shusong[1]

(1 Public Administration School of Central South University, Changsha, 410083)

Abstract: This article analyzes the affects of subjective stratum identification on vulnerable mentality in social transition period through empirical analysis methods, such as the questionnaire survey, factor analysis, and hierarchy regression analysis from the perspective of social interaction and social comparison. Subjective stratum identification indirectly affects the generation of individual vulnerable mentality through partial mediation effect of people's sense of social fairness, helplessness and relative deprivation. The moderation effect of self-efficacy on the relationship between subjective stratum identification and vulnerable mentality is not verified. In the end, the conclusions, theoretical contribution and management enlightenment are discussed。

Keywords: Vulnerable mentality; Social stratification; Subjective stratum identification; Self-efficacy

专业主编：杜旌

珞珈管理评论［2015 年卷 第 2 辑（总第 17 辑）］　　Luojia Management Review No. 2,2015(Sum. 17)

工作压力与反生产行为：
探讨心理契约破裂与员工政治技能的影响[*]

● 程　丽¹　赵　君²

（1，2　中南财经政法大学公共管理学院　武汉　430073）

【摘　要】本文探讨了工作压力对反生产行为的影响机制，研究发现：工作压力对反生产行为有显著正向影响，并且心理契约破裂在两者之间起着部分中介作用。另外，员工政治技能对工作压力与反生产行为之间关系具有正向调节作用。

【关键词】工作压力　反生产行为　心理契约破裂　员工政治技能

1. 引言

2012 年世界知名办公方案提供商雷格斯发布调查结果，中国是世界上压力最大的国家。与其他国家相比，中国白领在休假期间的工作辛苦度略高，60% 的中国男性会在休假期间完全照常工作，49% 的中国职场女性也会投入到同等程度的工作中，巨大的工作压力使得员工"透不过气"，以致身心疲惫。Love 等人的研究也发现，工作压力会降低员工的工作满意度，并且工作压力也是员工流失的重要原因①。鉴于工作压力对人们生理和心理带来的巨大影响，近年来相关研究也得以迅速增加，其中工作压力与反生产行为之间的关系受到广泛关注。

Robinson 和 Greenberg 认为反生产行为是指故意违背组织规章制度，对组织或组织成员的利益构成威胁的行为。反生产行为会给组织带来成本负担从而对整个组织产生负面影响，如由于旷工、消极怠工所导致的生产率下降、团队凝聚力降低、组织名誉受损，以及间接导致的顾客流失等。对于反生产行为产生的原因，Robinson、Greenberg 和张永军等人的研究发现当员工受到越多的工作约束，如工作压力增大时，就会产生负向的心理体

---

*　基金项目：国家自然科学基金青年基金项目"领导职业生涯高原对职场偏差行为的影响机制研究"（71402190）、中国博士后科学基金特别资助项目（2015T80862）。

通讯作者：程丽，E-mail：1452646373@ qq. com。

①　曾晓娟，刘元芳 . 大学教师工作压力研究的进展与问题 [J]. 黑龙江高教研究，2011，29（1）：82-85.

验，从而诱发消极情绪或者消极行为。基于以往的研究基础，本研究的主要目的在于探讨工作压力对反生产行为的影响机制。首先，我们在中国情境下再次检验工作压力对反生产行为的直接影响；其次，基于 Fiedler 的情景理论探讨心理契约破裂在二者之间的中介效应；最后，基于 Festinger 的认知失调理论探讨员工政治技能对二者关系的调节效应。本文通过分析工作压力影响反生产行为的作用机制，以期能够促进组织有效地管控反生产行为，并最终提升管理与决策水平。

2. 文献回顾与假设提出

2.1 工作压力与反生产行为

现有研究普遍认为，工作压力是导致反生产行为的一个重要因素。Spector 和 Jex 建立了一个工作压力、情感和反生产行为的关系模型，研究表明了工作压力对反生产行为的直接影响。随后，Spector 及其合作者发现，由工作负荷超载、角色模糊等引起的工作压力，会影响员工的心理和生理健康，如在生理上表现为头痛、高血压，在心理上表现为过度紧张，并最终导致反生产行为的产生。如果适当地减轻工作压力会降低个体心理上的紧张感，从而减少反生产行为的可能性。此外，舒晓兵、廖建桥、顾远东和 Carpenter 等人的研究还发现当员工感知到工作量过大、缺少自由以及任务冲突所带来的压力时，产生反生产行为的可能性就越高；而当员工感知工作职责十分清晰，工作量在能力范围之内时，其产生反生产行为的可能性就较低。我们拟在中国情境下再次验证工作压力对反生产行为的直接影响。鉴于此，本研究提出以下假设：

H1：工作压力对反生产行为具有显著正向影响。

2.2 心理契约破裂的中介作用

心理契约是组织与员工之间的一种非正式相互期望，它是存在于组织与员工之间的一种主观约定，即员工或组织认为自己为对方承担着一定的责任和义务，同时对方也为自己承担着同等的责任和义务，这种主观约定包括公正、关怀、信任、理解、工作稳定等方面。当员工对组织持有的这种期望得到满足，员工和组织之间处于平衡状态时，双方则会形成情感契合，员工对组织的信任感、归属感都会增强①。但当组织无法达到员工期望，没有履行对员工的职责与义务时，员工与组织双方之间的状态就会失去平衡，员工就有可能会出现心理契约破裂。心理契约破裂反映了组织对其交换职责的违背，这种违背破坏了员工与组织之间的交换关系②。Robinson、Bennett、Kickul 和 Bordia 等人的研究发现由于

---

① 林忠，金星彤. 组织公正、心理契约破裂与雇佣关系：基于民营企业样本的实证研究 [J]. 中国软科学，2013，28（1）：125-134.

① 林忠，金星彤. 组织公正、心理契约破裂与雇佣关系：基于民营企业样本的实证研究 [J]. 中国软科学，2013，28（1）：125-134.

② Chiu, S. F., and Peng, J. C.. The relationship between psychological contract breach and employee deviance: The moderating role of hostile attributional style [J]. *Journal of Vocational Behavior*, 2008, 73（3）：426-433.

员工从事反生产行为往往是心理上对组织期望的落空，因此心理契约破裂一直被视为反生产行为的前提条件之一。因为工作压力过大会导致员工出现心理契约破裂，预期心理契约破裂可以作为一项心理机制来解释工作压力对反生产行为的促进作用。

情景理论认为，个体行为在很大程度上受到所在情景的影响，因此其态度和行为并不是一成不变的。在工作情境中，员工会根据自己感受到组织是否履行其在心理契约中的责任和义务来决定自己的行为。工作压力会影响员工对自身责任和义务的感知，当员工处在工作压力很大的情境下时，意味着员工与组织之间的心理契约出现了不平衡现象，而这种不平衡会造成员工的心理契约破裂，从而激发员工从事反生产行为来抵消这种不平衡感①。另外魏峰和张文贤的研究发现，如果在一种相对自由轻松的氛围下工作，员工的心理契约破裂会降低，从而表现出较少的反生产行为。因此，工作压力会造成员工的心理契约破裂，最终导致反生产行为的产生。鉴于此，本研究提出以下假设：

H2：心理契约破裂在工作压力与反生产行为之间具有中介作用。

2.3 政治技能的调节作用

Pfeffer 认为政治技能是个体在不明确以及经常变动的组织环境中获得成果的必要能力。高政治技能的个体具有高社交敏感性，能够敏锐地感知并理解他人的行为和动机，同时能够通过较高的人际影响力来影响他人，极强的社交能力和外显真诚也能使他们建立强大的社交网络，并使他人对自己产生认同感②。刘军等人的研究发现由于工作压力对不同员工的影响并不总是一致的，有的员工认为压力就是动力，有的员工则在高压下失去信心，抗压能力和应对方式都会影响员工自身的行为，因此员工在政治技能上的差异可能会导致对工作压力敏感度不同。Perrewe 和 Brouer 的研究发现，由角色冲突、角色过载、组织政治知觉所引起的紧张，政治技能具有一定的缓解作用，这可能是因为工作压力对于高政治技能的个体并不具有很强的威胁性。

根据认知失调理论，当个体面对新情境，心理上将会出现新认知，从而消除由于新认知与旧认知的冲突所带来的紧张和不适感。当员工承受过大的工作压力时，他会为了消除由于工作压力所带来的不适感而采取一些非伦理行为，从而获得心理平衡。在这个适应过程中，高政治技能的员工并不会把工作压力视为威胁，从而缓解由于工作压力过大所带来的反生产行为③。鉴于此，本研究提出以下假设：

H3：政治技能在工作压力与反生产行为之前具有负向调节作用。也就是说，对于高政治技能的员工，工作压力对反生产行为的影响会得到削弱；对于低政治技能的员工，工

① 张永军，廖建桥，赵君. 国外反生产行为研究回顾与展望［J］. 管理评论，2012，24（7）：82-90.

② Ferris, G. R., Treadway, D. C., Kolodinsky, R. W., Hochwarter, W. A., Kacmar, C. J., Douglas, C., and Frink, D. D.. Development and validation of the political skill inventory［J］. *Journal of Management*, 2005, 31（1）：126-152.

③ 刘永仁，尹奎. 员工政治技能对建言行为的影响——组织信任、一般自我效能感的作用［J］. 经济与管理，2013，27（6）：43-50.

作压力对反生产行为的影响会得到强化。

3. 研究设计

3.1 数据收集

本次调研在武汉市、襄阳市、广州市的 3 家企业进行，被试对象为在职正式员工，调查方式为问卷调查，问卷由被试对象独立完成。本次数据采集历时 3 个月，从 2013 年 12 月至 2014 年 2 月，共发放问卷 500 套，收回问卷 346 套，回收率为 69.2%。本次问卷调查的人口统计学特征如下：在性别上，男性 184 人（占 53.2%），女性 162 人（占 46.8%）；在年龄上，25 岁以下 72 人（占 20.8%），25~30 岁 118 人（占 34.1%），30~35 岁 58 人（占 16.8%），35~45 岁 68 人（占 19.7%），45 岁以上 30 人（占 8.6%）；在教育程度上，高中及以下 52 人（占 15%），大专 106 人（占 30.6%），本科 162 人（占 46.8%），硕士及以上 26 人（占 7.6%）；在工作年限上，1 年以下 14 人（占 4%），1~3 年 96 人（占 27.7%），3~5 年 68 人（占 19.7%），5~10 年 66 人（占 19.1%），10 年以上 102 人（占 29.5%）。

3.2 变量测量

在量表选择和设计过程中，本研究参考的大多是在西方文化情境下编制的成熟量表，这些量表在后续研究中多次重复使用，表现出良好的信度和效度。为了克服文化背景和语言习惯上存在差异，我们遵从翻译—回译程序，对量表做出修改和完善，从而形成最终量表，所有量表均采用李克特五分度量表进行测量。由于研究涉及消极行为，为了保证量表的有效性，我们要保证在正式测试时既容易被理解，又不至于引起被试者反感和顾虑。

（1）工作压力。本研究采用 Keller 等人开发的量表，共 4 个题项，如"工作时我会感到紧张"、"工作是我感到挫折的原因之一"等。经检验，工作压力量表的 Cronbach α 系数为 0.77。

（2）反生产行为。本研究采用 Bennett 和 Robinson 编制的量表，共 18 个题项，如"工作不努力"、"故意放慢工作速度"、"工作时间做白日梦"等。经检验，反生产行为量表的 Cronbach α 系数为 0.97。

（3）心理契约破裂。本研究采用 Robinson 等人利用的量表，共 9 个题目，如"我觉得在我被雇佣期间雇主会尽量地达到他对我所做的承诺"、"到目前为止，我的雇主已经在履行对我的承诺方面做了非常出色的工作"等。经检验，心理契约破裂量表的 Cronbach α 系数为 0.81。

（4）员工政治技能。本研究采用 Ferris 等人开发的量表，共 18 个题目，如"我把很多时间和努力花费在与他人建立工作网络上"、"我擅长利用我的人际关系网络来处理工作中的事情"等。经检验，政治技能量表的 Cronbach α 系数为 0.86。

（5）人口统计变量。本研究主要调查了四个方面的内容：对于性别，1 表示"男性"，2 表示"女性"；对于年龄，1 表示"25 岁以下"，2 表示"25～30 岁"，3 表示"30～35 岁"，4 表示"35～45 岁"，5 表示"45 岁以上"；对于教育程度，1 表示"高中及以下"，2 表示"大专"，3 表示"本科"，4 表示"硕士及以上"；对于工作年限，1 表示"1 年以下"，2 表示"1～3 年"，3 表示"3～5 年"，4 表示"5～10 年"，5 表示"10年以上"。

然后，我们用 AMOS20.0 对所有量表进行验证性因子分析。结果表明，各量表因子载荷基本上在 0.5 以上，达到显著性水平且具有较好的结构效度，通过对比几种测量模型的拟合指数，发现九因子模型的各项拟合指数要明显优于单因子、六因子和八因子模型（$X^2/\mathrm{df} = 1.98$；$\mathrm{TLI} = 0.93$；$\mathrm{CFI} = 0.94$；$\mathrm{RMSEA} = 0.05$），见表1。

表1   测量模型验证性因子分析对比

模型	因子结构	X^2/df	TLI	CFI	RMSEA
九因子	JS, FV, CB, SA, II, NA, AS, CWD-O, CWD-I	1.98	0.93	0.94	0.05
八因子	JS, FV+CB, SA, II, NA, AS, CWD-O, CWD-I	2.22	0.90	0.86	0.07
八因子	JS, FV, CB, SA, II, NA, AS, CWD-O+CWD-I	2.45	0.88	0.85	0.08
六因子	JS, FV, CB, SA+II+NA+AS, CWD-O, CWD-I	3.22	0.82	0.80	0.10
单因子	JS+FV+CB+SA+II+NA+AS+CWD-O+CWD-I	8.01	0.38	0.44	0.15

注：JS 表示工作压力，FV 表示契约违背感觉，CB 表示契约破裂知觉，SA 表示社会机敏性，II 表示人际影响，NA 表示交际能力，AS 表示外显真诚，CWB-O 表示组织导向反生产行为，CWB-I 表示人际导向反生产行为。

由于本研究采用同源数据，可能会产生同源误差，我们采用 Harman 单因子检验来测试同源方差①。Harman 单因子检验的结果表明，单因子模型的拟合效果（$X^2/\mathrm{df} = 8.01$，$\mathrm{TLI} = 0.38$，$\mathrm{CFI} = 0.44$，$\mathrm{RMSEA} = 0.15$）是最差的，八因子模型的拟合效果明显优于单因子模型，表明本研究不存在严重的同源方差。

4. 数据分析与假设检验

由信度分析和验证性因子分析的结果可知，所有研究变量都具有良好的信度和效度，本研究用一阶因子测量题项得分的平均值作为该因子的值。另外，本研究关注于政治技能的整体效用，于是对政治技能四个维度上的题项做单一化处理，最后形成政治技能的总体

---

① Podsakoff, P. M., MacKenzie, S. B., Lee, J. Y., and Podsakoff, N. P.. Common method biases in behavioral research: A critical review of the literature and recommended remedies [J]. *Journal of Applied Psychology*, 2003, 88（5）: 879-903.

测量值。表2列出了本研究所有变量的均值、方差和相关系数矩阵。

表2　　　　　　　　变量的均值、标准差和相关系数矩阵（$n=346$）

变量	SEX	AGE	EDU	TIM	JS	FV	PS	CWD
M	1.47	2.61	2.47	3.42	3.06	2.18	3.31	1.86
SD	0.50	1.25	0.84	1.28	0.87	0.92	0.36	0.88
SEX	—							
AGE	0.19**	—						
EDU	0.05	0.00	—					
TIM	0.12*	0.79**	0.00	—				
JS	0.09	0.06	−0.17**	−0.05	—			
FV	−0.19**	0.06	−0.05	0.01	0.12*	—		
PS	0.06	−0.02	0.17**	−0.19**	0.29**	0.19**	—	
CWB	−0.09	−0.04	−0.04	0.07	0.09	0.32**	−0.02	—

注：SEX 表示性别，AGE 表示年龄，EDU 表示教育程度，TIM 表示工作年限，JS 表示工作压力，FV 表示心理契约破裂，PS 表示政治技能，CWB 表示反生产行为；* 表示 $p<0.05$，** 表示 $p<0.01$。

表3 为工作压力对反生产行为的影响分析。

表3　　　　　　　　工作压力对反生产行为的影响分析（$n=346$）

研究变量	CWB						FV	
	M1	M2	M3	M4	M5	M6	M7	M8
控制变量								
SEX	−0.13	−0.14	0.01	−0.01	−0.16	−0.16	−0.41**	−0.42**
AGE	−0.19**	−0.22**	−0.24**	−0.26**	−0.25**	−0.26**	0.14	0.11
EDU	−0.04	−0.07	−0.03	−0.05	−0.08	−0.07	−0.05	−0.08
TIM	0.21**	0.24*	0.23**	0.25**	0.27**	0.29**	−0.08	−0.05
自变量								
JS		0.16**		0.11*	0.15**	0.18**		0.16**
中介变量								
FV			0.33**	0.31**				
调节变量								
PS					0.01	0.02		

54

研究变量	CWB						FV	
	M1	M2	M3	M4	M5	M6	M7	M8
交 互 项								
JS×PS						0.15**		
R^2	0.04	0.07	0.16	0.17	0.07	0.09	0.06	0.08
ΔR^2		0.03	0.09	0.01		0.02		0.02
F	3.96**	4.82**	12.56**	11.25**	4.00**	5.61**	5.08**	5.59**

注：SEX 表示性别，AGE 表示年龄，EDU 表示教育程度，TIM 表示工作年限，JS 表示工作压力，CWB 表示反生产行为，FV 表示心理契约破裂，PS 表示政治技能；* 表示 $p<0.05$，** 表示 $p<0.01$。

如模型 M2 所示，工作压力对反生产行为具有显著正向影响（$\beta=0.16$，$p<0.01$），并且额外变异解释度 ΔR^2 为 0.03，从而假设 H1 得到支持。

如模型 M4 所示，心理契约破裂的中介效应显著（$\beta=0.31$，$p<0.01$），且工作压力对反生产行为也具有显著正向影响（$\beta=0.11$，$p<0.05$），额外变异解释度 ΔR^2 为 0.01，所以心理契约破裂对工作压力与反生产行为关系具有部分中介效应，从而假设 H2 得到支持。

如模型 M6 所示，交互项对反生产行为具有显著影响（$\beta=0.15$，$p<0.01$），并且额外变异解释度 ΔR^2 为 0.02，所以员工政治技能对工作压力与反生产行为之间关系具有调节效应。

为了进一步证实员工政治技能的调节效应方向，我们用简单回归法得到上述变量的关系，并通过坐标的形式表现出来（如图1所示）。我们对自变量和调节变量进行中心化处理，同时在横坐标中的低和高分别代表一个负标准差和一个正标准差。

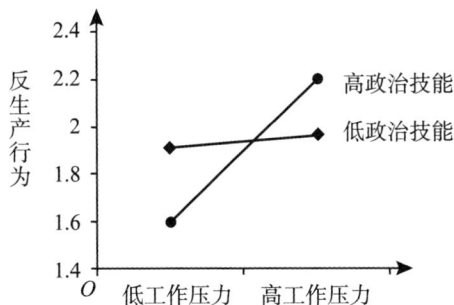

图1 员工政治技能对工作压力与反生产行为关系的调节效应

5. 研究结论

赵君等认为随着经济全球化以及市场竞争加剧，内外环境的动态性使得组织人际关系更为复杂，员工的心理和行为也随之发生着深刻而复杂的变化。组织成员在工作环境中经常面临道德困境，如果工作压力过大，随时可能会引发各种非伦理行为。本研究探讨了工作压力对反生产行为的影响机制，具体包括工作压力显著正向影响反生产行为，且心理契约破裂在工作压力与反生产行为之间具有部分中介作用。另外，研究证实了政治技能对工作压力与反生产行为关系存在正向调节作用，而并非假设中所提出的负向调节。原假设认为，高政治技能的个体擅长建立良好的人际关系，同时适应在不同环境下调试自身的心理状态和行为，通过策略来改变自身所处的状况，如"转嫁"工作压力。Phipps 等人指出，事实上，高政治技能的个体由于将大量时间和精力耗费在建立和处理人际关系上，这其实是在基础工作任务上加重了负担，更容易形成工作压力，从而导致员工实施反生产行为。

本研究证实了工作压力对反生产行为的正向影响，但压力在日常工作中是不可避免的，特别是适度的压力反而有助于提升工作业绩和激发创造力，与 Anderson 和 Byron 等人的研究一致，那么在实践中应当如何应对工作压力呢？我们通过情景理论推导了这一逻辑，并证实了心理契约破裂的中介效应，这为我们提供了很好的启示。心理契约是存在于组织与员工之间的一种主观约定，而心理契约破裂意味着员工对契约违背的认知，一直以来工作压力被视为心理契约破裂的重要原因之一。然而，心理契约破裂并非工作压力所导致的必然结果，这种不信任可能源自对压力归因的错误判断。因此，组织应当注重对员工的心理辅导，帮助员工对工作压力进行合理归因，降低员工因压力所带来的负面情绪，从而减少员工实施反生产行为的可能性。

当然，研究也不可避免存在一些不足之处。首先，研究的样本量有限，多样性和代表性也不够强，建议后续研究扩大样本规模，以使研究结论更加稳定。其次，本研究采集的是横截面数据，虽然 Harman 单因子检验证实了同源方差并不严重，但潜在影响不可消除，建议后续研究采用纵向研究的范式，尽量避免同源误差。最后，研究所采用的量表大多来自西方文化情境，这可能会由于文化差异而导致研究产生偏差，后续研究应致力于开发中国文化情境下的测量问卷。

◎ 参考文献

[1] 顾远东. 工作压力如何影响员工离职？基于 Maslach 职业倦怠模型的实证研究 [J]. 经济管理, 2010, 32 (10).

[2] 林忠, 金星彤. 组织公正、心理契约破裂与雇佣关系：基于民营企业样本的实证研究 [J]. 中国软科学, 2013, 28 (1).

[3] 刘军, 宋继文, 吴隆增. 政治与关系视角的员工职业发展影响因素探讨 [J]. 心理学报, 2008, 40 (2).

[4] 刘军, 章凯, 仲理峰. 工作团队差序氛围的形成与影响：基于追踪数据的实证分析 [J]. 管理世界, 2009, 23 (8).

[5] 刘永仁, 尹奎. 员工政治技能对建言行为的影响——组织信任、一般自我效能感的作用 [J]. 经济与管理, 2013, 27 (6).

[6] 舒晓兵, 廖建桥. 工作压力与工作效率理论研究述评 [J]. 南开管理评论, 2002, 5 (3).

[7] 舒晓兵, 廖建桥. 工作压力研究：一个分析的框架——国外有关工作压力的理论综述

［J］. 华中科技大学学报, 2002, 16 (5).

［8］ 王洪青, 张文勤. 国外政治技能最新研究进展述评［J］. 外国经济与管理, 2012, 34 (12).

［9］ 魏峰, 张文贤. 国外心理契约理论研究的新进展［J］. 外国经济与管理, 2004, 26 (2).

［10］ 曾晓娟, 刘元芳. 大学教师工作压力研究的进展与问题［J］. 黑龙江高教研究, 2011, 29 (1).

［11］ 张永军, 廖建桥, 赵君. 国外反生产行为研究回顾与展望［J］. 管理评论, 2012, 24 (7).

［12］ 张永军, 廖建桥, 赵君. 国外组织公民行为与反生产行为关系研究述评［J］. 外国经济与管理, 2010, 32 (5).

［13］ 赵君, 廖建桥, 张永军. 评估式绩效考核对职场偏差行为的影响：探讨工作满意度和马基雅维利主义的作用［J］. 经济管理, 2014, 36 (3).

［14］ Anderson, C. R.. Coping behaviors as intervening mechanisms in the inverted-u stress-performance relationship［J］. *Journal of Applied Psychology*, 1976, 61 (1).

［15］ Bennett, R. J., and Robinson, S. L.. Development of a measure of workplace deviance［J］. *Journal of Applied Psychology*, 2000, 85 (3).

［16］ Blau, P. M.. *Exchange and power in social life*［M］. New York：Wiley, 1964, 24 (5).

［17］ Bordia, P., Restubog, S., and Tang, R. L.. When employees strike back：Investigating mediating mechanisms between psychological contract breach and workplace deviance［J］. *Journal of Applied Psychology*, 2008, 93 (5).

［18］ Brouer, R. L., Harris, K. J., and Kacmar, K. M.. The moderating effects of political skill on the perceived politics-outcome relationships［J］. *Journal of Organizational Behavior*, 2011, 32 (6).

［19］ Byron, K., Khazanchi, S., and Nazarian, D.. The relationship between stressors and creativity：A meta-analysis examining competing theoretical models［J］. *Journal of Applied Psychology*, 2010, 95 (1).

［20］ Carpenter, N. C., Berry, C. M., and Houston, L.. A meta-analytic comparison of self-reported and other-reported organizational citizenship behavior［J］. *Journal of Organizational Behavior*, 2014, 35 (4).

［21］ Chiu, S. F., and Peng, J. C.. The relationship between psychological contract breach and employee deviance：The moderating role of hostile attributional style［J］. *Journal of Vocational Behavior*, 2008, 73 (3).

［22］ Ferris, G. R., Treadway, D. C., Kolodinsky, R. W., Hochwarter, W. A., Kacmar, C. J., Douglas, C., and Frink, D. D.. Development and validation of the political skill inventory［J］. *Journal of Management*, 2005, 31 (1).

［23］ Ferris, G. R., Treadway, D. C., Perrewé, P. L., Brouer, R. L., Douglas, C., and Lux, S.. Political skill in organizations［J］. *Journal of Management*, 2007, 33 (3).

[24] Festinger, L.. A theory of social comparison processes [J]. *Human Relations*, 1954, 7 (2).

[25] Fiedler, F. E.. Reflections by an accidental theorist [J]. *The Leadership Quarterly*, 1996, 6 (4).

[26] Fox, S., Spector, P. E., and Miles, D.. Counterproductive work behavior in response to job stressors and organizational justice: Some mediator and moderator tests for autonomy and emotions [J]. *Journal of Vocational Behavior*, 2001, 59 (3).

[27] Keller, S., and Seraganian, P.. Physical fitness level and autonomic reactivity to psychosocial stress [J]. *Journal of Psychosomatic Research*, 1984, 28 (4).

[28] Kickul, J., and Lester, S. W.. Broken promises: Equity sensitivity as a moderator between psychological contract breach and employee attitudes and behavior [J]. *Journal of business and psychology*, 2001, 16 (2).

[29] Lau, V., Au, W. T., and Ho, J. M.. A qualitative and quantitative review of antecedents of counterproductive behavior in organizations [J]. *Journal of Business and Psychology*, 2003, 18 (1).

[30] Love, K. M., Tatman, A. W., and Chapman, B. P.. Role stress, inter-role conflict, and job satisfaction among university employees: The creation and test of a model [J]. *Journal of Employment Counseling*, 2010, 47 (1).

[31] Perrewé, P. L., Zellars, K. L., Ferris, G. R., Rossi, A. M., Kacmar, C. J., and Ralston, D. A.. Neutralizing job stressors: Political skill as an antidote to the dysfunctional consequences of role conflict [J]. *Academy of Management Journal*, 2004, 47 (1).

[32] Pfeffer, J.. *Power in organizations* [M]. Marshfield, MA: Pitman, 1981, 12 (3).

[33] Phipps, S. T, Prieto, L. C., and Deis, M. H.. The role of personality in organizational citizenship behavior: Introducing counterproductive work behavior and integrating impression management as a moderating factor [J]. *Journal of Organizational Culture, Communications and Conflict*, 2015, 19 (1).

[34] Podsakoff, P. M., MacKenzie, S. B., Lee, J. Y., and Podsakoff, N. P.. Common method biases in behavioral research: A critical review of the literature and recommended remedies [J]. *Journal of Applied Psychology*, 2003, 88 (5).

[35] Robinson, S. L., and Bennett, R. J.. A typology of deviant workplace behaviors: A multidimensional scaling study [J]. *Academy of Management Journal*, 1995, 38 (2).

[36] Robinson, S. L., and Greenberg, J.. Employees behaving badly: Dimensions, determinants and dilemmas in the study of workplace deviance [J]. *Journal of Organizational Behavior*, 1999, 16 (5).

[37] Spector, P. E., Fox, S., and Van, K. P. T.. The role of negative affectivity in employee reactions to job characteristics: Bias effect or substantive effect? [J]. *Journal of Occupational and Organizational Psychology*, 1999, 72 (6).

[38] Spector, P. E. , and Jex, S. M. . Development of four self-report measures of job stressors and strain: Interpersonal conflict at work scale, organizational constraints scale, quantitative workload inventory and physical symptoms inventory [J]. *Journal of Occupational Health Psychology*, 1998, 3 (4).

Job Stress and Counterproductive Work Behavior:
The Impact of Psychological Contract Breach and Employees' Political Skill

Cheng Li[1]   Zhao Jun[2]
(1, 2   Public Administration School of Zhongnan University of Economics and Law, Wuhan, 430073)

Abstract: This paper discusses the influence mechanism of job stress on counterproductive work behavior, results indicate that: (1) job stress has a significant positive effect on counterproductive work behavior. (2) psychological contract breach plays an intermediary role in the relationship between job stress and counterproductive work behavior. Otherwise, the paper finds that employees' political skill positively moderates the relationship between job stress and counterproductive work behavior.

Key words: Job stress; Counterproductive work behavior; Psychological contract breach; Employees' political skill

专业主编：杜旌

预备求职行为影响初入职场者
实际求职努力的实证研究[*]

● 陈建安[1]　黄惠[2]

（1　武汉大学经济与管理学院　湖北　武汉　430072；
2　上海交通大学安泰经济与管理学院，上海　200052）

【摘　要】本文基于自我调节理论和期望理论，以 406 名高校应届毕业生为调查对象，分两个时间段收集数据，采用实证研究揭示预备求职行为对初入职场者实际求职努力的作用机制。研究结论显示：预备求职行为对初入职场者的实际求职努力具有显著的预测作用；预备求职行为既能够直接对实际求职努力产生积极影响，又能够通过感知求职进展与求职行为自我效能的中介作用间接对实际求职努力产生积极影响；同伴求职努力在预备求职行为与感知求职进展之间发挥正向调节作用。

【关键词】预备求职行为　实际求职努力　感知求职进展　求职行为自我效能　同伴求职努力

1. 引言

长期以来，高校大学生就业作为民生工程的重要内容被写进政府历年工作报告，关注点从就业数量向就业质量转变。从微观角度来看，就业质量被看作求职行为的结果，求职行为的改变可以增加面试机会和工作邀请，促进个体的就业成功和就业质量[1][2][3]。求职

＊　基金项目：湖北省教育科学规划 2015 年度重点课题（2015GA002）、武汉大学"中央高校基本科研业务费专项资金"资助项目"支持性人力资源管理实践对员工工作幸福的影响机理"。

通讯作者：陈建安，E-mail：cja_818@126.com。

①　Quint, E. D., and Kopelman, R. E.. The effects of job search behavior and vocational self-concept crystallization on job acquisition：Is there an interaction？ ［J］. *Journal of Employment Counseling*, 1995, 32（2）：88-96.

②　Saks, A. M., and Ashforth, B. E.. Change in job search behaviors and employment outcomes ［J］. *Journal of Vocational Behavior*, 2000, 56（2）：277-287.

③　Liu, S., Wang, M., and Liao, H. . Self-regulation during job search：The opposing effects of employment self-efficacy and job search behavior self-efficacy ［J］. *Journal of Applied Psychology*, 2014, 99（6）：1159-1172.

行为与更快实现就业是显著相关的①，尤其是失业的普通个体若一个星期增加 10 小时的求职行为，则就业可能性将增加 20%②。当然，与失业群体的再就业、跳槽者求职不同，高校应届毕业生初入职场，对求职充满期待和激情，例如进入大学就热衷于考证热、实习热，希望在将来求职中脱颖而出；然而，高校应届毕业生缺乏求职经验，求职心理也不成熟。因此，高校应届毕业生的特点和求职行为的特殊性决定对该类群体求职行为背后的规律予以揭示的现实必要性。

求职行为被界定为个体为获取关于劳动力市场选择的信息而参与的一些活动③，包括预备求职行为和实际求职行为。其中，预备求职行为包括个体在求职计划阶段通过各种渠道（互联网、报纸、亲友、同学、同事等）收集求职信息，并识别和确定潜在就业机会；实际求职行为是在寻找和选择工作过程中求职者所做的系列具体行动，包括投递求职简历、参加企业面试等。早前关于求职行为的研究主要依赖于对预备求职行为与实际求职行为的综合测度，但是越来越多学者认为，区分这两种求职行为是必要的，并应将两者视为求职行为的不同方面④。求职行为具有阶段性特征，因此将预备求职行为与实际求职行为分开研究的观点有其合理性。尽管不同阶段的求职活动并不会相互排斥，但就求职过程中的某一阶段而言，有些求职活动往往比其他求职活动表现更为显著⑤，从而将求职行为进行综合测度展开研究可能会隐藏每一求职阶段中包含的复杂性，由此获得的结论存在潜在的误导⑥⑦。实际求职行为能显著预测对短期实现就业，预备求职行为则与长期的就业质量及职业收益显著相关。的确，个体能否迅速找到工作主要取决于他在求职过程中的积极程度⑧。但是，个体能否找到一份令人满意并值得坚持的高质量职业，则取决于他在实际求职前所做的准备与调查工作。Linnehan 与 Blau（2003）的研究也证实：高离职倾向的员工在求职过程中更倾向于实际求职行为而非预备求职行为。尤其对于刚刚步入职场的应届毕业生（即初次求职者），预备求职行为与实际求职行为之间存在某种必然内在关联。但是，许多文献仅将研究视角局限在预备求职行为或实际求职行为的影响因素，较少关注

① Kanfer, R., Wanberg, C. R., and Kantrowitz, T. M.. Job search and employment: A personality-motivational analysis and meta-analytic review [J]. *Journal of Applied Psychology*, 2001, 86 (5): 837-855.

② Barron, J., and Mellow, W.. Changes in labor force status among the unemployed [J]. *Journal of Human Resources*, 1981, 16 (3): 427-441.

③ Blau, G.. Testing a two-dimensional measure of job-search behavior [J]. *Organizational Behavior & Human Decision Processes*, 1994, 59 (2): 288-312.

④ Linnehan, F., and Blau, G.. Testing the impact of job search and recruitment source on new hire turnover in a Maquiladora [J]. *Applied Psychology: An International Review*, 2003, 52 (2): 253-271.

⑤ Barber, A. E., Daly, C. L., Giannantonio, C. M., and Phillips, J. M.. Job search activities: An examination of changes over time [J]. *Personnel Psychology*, 1994, 47 (4): 739-766.

⑥ Blau, G.. Testing a two-dimensional measure of job-search behavior [J]. *Organizational Behavior & Human Decision Processes*, 1994, 59 (2): 288-312.

⑦ Saks, A. M., and Ashforth, B. E.. Effects of individual differences and job search behaviors on employment status of recent university graduates [J]. *Journal of Vocational Behavior*, 1999, 54 (2): 335-349.

⑧ Saks, A. M.. *Job Search Success: A Review and Integration of the Predictors, Behaviors and Outcomes* [M]. Hoboken, NJ: Wiley, 2005: 155-179.

在正式求职前的预备行为对后续实际求职行为的影响。那么，初入职场者的预备求职行为对其后续的实际求职努力（即在求职上所花费的时间与精力）有何影响？其影响机制又是怎样的？阐述这些问题具有重要的理论意义。

本研究基于自我调节理论和期望理论视角，以正式求职的高校应届毕业生为调查对象，从个体的心理感知和外在参照两方面入手，试图探究初入职场求职者的预备求职行为（过去行为）对实际求职努力（后继行为）是如何产生影响的，并引入同伴求职努力探讨应届毕业求职者在求职过程中对自身求职行为进行自我调节的可能，以揭示预备求职行为影响后续实际求职努力的多元路径。这不但丰富了求职行为的理论研究，而且为高校毕业生如何做好求职准备提供了指导。

2. 理论模型与假设提出

求职是一个以激活求职行为的目标为起点的自动调节过程，求职目标对理解求职行为是非常重要的①。鉴于求职者是积极主动参与和控制求职过程的主体，求职行为既是个体在求职过程中自己设计，并不断自我调适的动态过程，也是受主观意愿驱动的计划行为，更是对自我概念不断加深认知的过程。在求职过程中，求职者对求职赋予的意义来源于个体与外在求职环境的互动，并且求职者通过自己的解释去运用和调整赋予求职的意义，从而实际求职努力与自我调节框架是紧密相关的。因此，自我调节理论和期望理论非常合适解释预备求职行为对后续实际求职努力的影响机制，概念框架如图 1 所示。

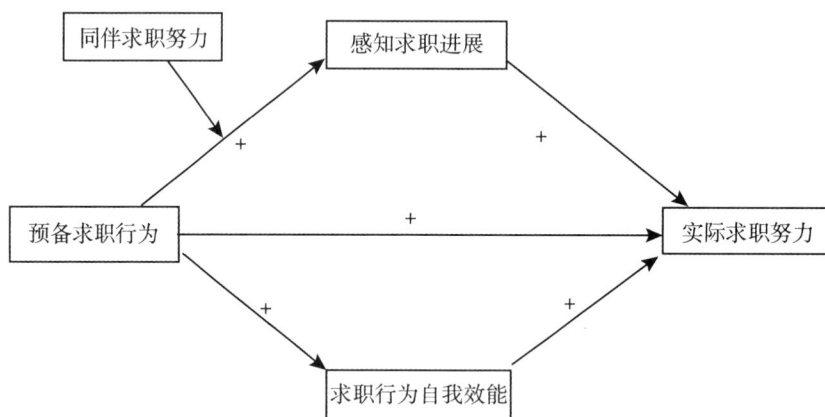

图 1　预备求职行为影响实际求职努力的概念模型

根据自我调节理论，实际求职努力不仅受外在因素的影响，也受求职者自我生成的内在因素的调节。其中，自我调节是初入职场求职者调整自己求职行为的内在动机，对求职

---

① Van Hoye, G. , and Saks, A. M. . Job search as goal-directed behavior: Objectives and methods [J]. *Journal of Vocational Behavior*, 2008, 73 (3): 358-367.

努力的影响包括自我观察、自我判断和自我反应。因此，预备求职行为通过求职者内在调节对后续的实际求职努力的影响存在多条作用路径。首先，预备求职行为通过自我观察能够丰富求职经验，进一步影响后续实际求职行为。从行为惯性来说，过去行为对后继行为的余效影响确实存在①。其次，预备求职行为能够拓展初入职场求职者所掌握的资源，增强对求职的行为控制感，从而唤醒和提高求职自我效能。就业期望在求职过程中往往伴随求职者心理发展而不断变化，从而自我效能高的求职者在求职之初就会设置较高的就业期望（即目标），较高的求职期望激发求职者在实际求职过程中加大时间和精力的投入力度，表现更高频次的求职行为②。最后，预备求职行为能够促进求职者对自我概念加强认知，进而影响求职进展的感知。求职者为自己的求职行为确立某个目标之后，在求职过程中经常会对求职的计划和预期与求职结果加以对比和评价，判断自己的求职进展与求职目标间差距。根据期望理论，如果求职期望没有实现，个体则会继续加大求职努力，直到期望实现或者被持续的求职过程证明期望无法实现为止③。上述是预备求职行为影响后续实际求职努力的三条路径，其中，求职自我效能是个体对内在因素的评价，而感知求职进展则是个体对外在因素的感知，二者都能激发求职者表现更多的求职努力。Turban 等（2009）基于232名求职者的调查也证实：认知活动能够显著预测简历提交和首次面试，积极情绪能预测获得第二次面试和工作机会。

除此之外，个体的求职期望既与求职者的自我评价（即求职自我效能）有关，又受社会影响及同学朋友（即同伴）的影响。求职者对求职进展的判断和评价则往往是与同一环境中的特定同伴进行比较，完全符合求职进展目标的主体更会形成个人有效感，增强对求职活动的投入，从而同伴求职努力可能调节预备求职行为对感知求职进展的影响。

2.1 预备求职行为与实际求职努力

依据自我调节的动机理论，求职行为是一种自我调节的动态过程，直接指向求职成功④。个体的求职行为会随着时间发展而逐渐展开，并可能在求职强度上相应地增加、减少或保持不变⑤。在正式求职之前，有意求职者会积极搜集和客观评价与求职相关的信息，并确定自己的求职期望。一般来说，准备时间越长，初入职场求职者能掌握的求职知识和信息也越多，为自己设置的求职目标也越高。目标越高的求职者越有可能投入更多的时间、精力和资源到求职活动之中。因此，求职者在求职前预备工作上所投入的时间与精

---

① Ajzen, I.. Perceived behavioral control, self-efficacy, locus of control, and the theory of planned behavior [J]. *Journal of Applied Social Psychology*, 2002, 32 (4): 665-683.

② 冯彩玲, 樊立三, 时勘. 高校毕业生求职自我效能、求职期望、求职意向与求职行为的关系 [J], 管理评论, 2009, 21: 23-29.

③ 冯彩玲, 时勘, 张丽华. 高校毕业生求职行为的影响机制研究 [J]. 心理科学, 2011, 34 (1): 181-184.

④ Kanfer, R., Wanberg, C. R., and Kantrowitz, T. M.. Job search and employment: A personality-motivational analysis and meta-analytic review [J]. *Journal of Applied Psychology*, 2001, 86 (5): 837-855.

⑤ Wanberg, C. R., Glomb T. M., Song, Z., et al.. Job-search persistence during unemployment: A 10-wave longitudinal study [J]. *Journal of Applied Psychology*, 2005, 90 (3): 411-430.

力的多少会直接影响求职者在正式求职过程中所付出的实际求职努力，即过去求职行为会对后续求职行为产生积极的余效①。Russell 等（2015）的实证研究也发现：正式求职之前的信息支持和情感支持对初入职场求职者的实际求职行为影响较大。由此推断，预备求职行为对实际求职努力具有显著的正向预测作用，得到如下假设：

H1：预备求职行为与后续的实际求职努力呈正相关关系。

2.2 预备求职行为、求职自我效能与实际求职努力

在求职期内，个人性格、求职环境以及求职策略会影响求职者在不同时间点的求职行为表现②。其中，影响求职努力的关键因素之一就是动态自我调节——求职行为自我效能。求职自我效能是一个涉及多方面的复杂心理状态，表现出一定的阶段性。早期的实证研究证明，求职是一个动态过程，在此过程中，求职者的效能与行为均会随着时间而发生波动与改变③。直接性经验、替代性经验、言语劝说以及心理状态均会影响自我效能感。其中，心理状态包括外向型、尽责性、核心自我评价、就业承诺、财务需求、社会支持、工具性求职态度、情感性求职态度、主观准则（如对自己应该付出多大努力的看法）等均与求职自我效能是紧密相关的④。若求职期内以上任意一种影响因素发生变化，个体的求职自我效能也将随之改变。在求职过程中，个体的预备性求职行为不但是求职成功的直接性经验来源之一，而且能够丰富初入职场求职者的社会资源——信息支持、工具支持、情感支持和同伴支持。这些资源中，情感支持和同伴支持对初入职场求职者的求职自我效能影响较大⑤。由此推断，个体的预备求职行为对求职行为自我效能具有显著的正向预测作用，得到以下假设。

H2：预备求职行为与正式求职中求职行为自我效能呈正相关关系。

求职过程中的许多变化往往要求求职者不断进行相应调整。依据社会认知理论，求职者是求职努力的主动调节者，同时求职能动性依赖自我效能，自我效能感则与努力、坚持及目标导向活动的增加是相关的。通常来说，自我效能对求职计划和求职行为产生直接的影响⑥，即个体的求职行为自我效能感越强，则其在求职领域坚持并取得成功的可能性越

① Lopez-Kidwell, V., Grosser, T. J., and Dineen, B. R. . What matters when: A multistage model and empirical examination of job search effort [J]. *Academy of Management Journal*, 2013, 56（6）: 1655-1678.

② Kanfer, R., Wanberg, C. R., and Kantrowitz, T. M. . Job search and employment: A personality-motivational analysis and meta-analytic review [J]. *Journal of Applied Psychology*, 2001, 86（5）: 837-855.

③ Barber, A. E., Daly, C. L., Giannantonio, C. M., and Phillips, J. M. . Job search activities: An examination of changes over time [J]. *Personnel Psychology*, 1994, 47（4）: 739-766.

④ Van Hoye G., Saks, A. M., Lievens, F., and Weijters, B. . Development and test of an integrative model of job search behaviour [J]. *European Journal of Work and Organizational Psychology*, 2015, 24（4）: 544-559.

⑤ Russell, J., Holmstrom A. J., and Clare, D. D. . The differential impact of social support types in promoting new entrant job search self-efficacy and behavior [J]. *Communication Research Reports*, 2015, 32（2）: 170-179.

⑥ 冯彩玲，樊立三，时勘. 高校毕业生求职自我效能、求职期望、求职意向与求职行为的关系 [J]. 管理评论，2009（21）: 23-29.

大。从而，求职行为自我效能是求职行为、求职努力及求职结果的重要预测变量①。Wanberg 等（2005）的研究也证实：当求职者在求职过程中感知到更高的自我效能时，他们在接下来的两个星期将可能付出更多的求职努力；反之，当个体的求职自我效能越低，其付出更多求职努力的可能性越小。因此，由此推断以下假设：

H3：求职行为自我效能与实际求职努力呈正相关关系。

众所周知，求职过程中各种不确定性因素容易给初入职场求职者造成心理压力，因此求职需要持续的热情和激情。在求职预备期间所掌握的相关信息、经验有助于求职者面对不确定的求职环境采取应对策略，从而减轻自己的焦虑（即提高求职行为自我效能）。在求职预备期间获得的情感和信息支持，也有助于初入职场求职者战胜可能遭遇的挫折。求职行为自我效能的提升会促使求职者采取更多的自发行为，形成明确的目标导向，积极寻求更多的信息、情感支持，进而加大对求职活动的时间和精力投入。Holmstrom 等（2015）证实：求职行为自我效能感在求职者受到的支持和求职行为之间发挥中介效应，尤其对于初入职场求职者，这种中介效应尤为显著。由此，提出如下假设：

H4：求职行为自我效能在预备求职行为和实际求职努力之间起到部分中介作用。

2.3 预备求职行为、感知求职进展与实际求职努力

根据自我调节理论，个体通常通过对当前表现与所期望达到的状态进行比较（即实现状态与希望状态的比较）来评价个体的目标进程感知②。以此类推，在求职过程中，个体通过对求职中的表现与自身所期望达到的求职状态进行比较，从而获得对求职进程高低的感知。感知求职进展属于知觉范畴，是求职者对影响其求职的一系列客体与事件的感觉信息的加工过程。影响感知求职进展的因素主要有：求职者、求职目标和求职情境。其中，由于求职者的经验、期望、态度、情绪状态、个性、兴趣等具有差异性，因而影响求职者对求职进展的不同认知。在求职过程中，个体的预备求职行为能够拓展初入职场求职者的求职经验和求职信息，求职经验及信息进一步影响求职者对求职进展的认知。因此，可以推断以下假设：

H5：预备求职行为对正式求职中感知求职进展具有显著的正向预测作用。

求职由每日所要完成的许多基本任务组成：修改简历、搜寻及咨询工作机会、拜访企业以及申请公开职位等③。个体能够将总体性的感知求职进展与高层次的目标成就（如求职成功）完全区分开，并能感知到求职进程顺利（如，与求职有关的几项任务均成功完成，发现一个有望成功的就业机会，有人同意提供面试机会等）或不顺利（如花费大量时间漫无目的地在网上浏览职位，与联系人的沟通不顺畅，或者求职过程中时间管理不理想等）。求职者评价自己的求职进程是否顺利取决于个人标准以及希望达到的状态。个体

---

① Saks, A. M., and Ashforth, B. E. . Change in job search behaviors and employment outcomes [J]. *Journal of Vocational Behavior*, 2000, 56（2）：277-287.

② Carver, C. S. . Pleasure as a sign you can attend to something else: Placing positive feelings within a general model of affect [J]. *Cognition and Emotion*, 2003, 17（2）：241-261.

③ Blau, G. Further exploring the relationship between job search and voluntary individual turnover [J]. *Personnel Psychology*, 1993, 46（2）：313-330.

将利用对个人目标进展的反馈来调整自己在整个过程中的努力水平，即随着目标奋斗过程的展开来调整努力水平①。虽然 Lopez-Kidwell、Grosser 和 Dineen（2013）通过实验研究发现：求职进展和求职者后期求职努力是负相关的。从目标梯度的视角来看，感知求职进程越高，越能激发求职行为，反之则减少求职行为。Liu、Wang 和 Liao（2014）通过实证研究也发现：更大的感知求职进程通过强化求职行为自我效能，带来更多的求职行为。感知求职进展之所以能够直接增加个体对目标所采取的实际行动与计划行动的强度，是因为在完成范围内，感知目标进程会影响个体对自身实现目标能力大小的评价②。当感知进程缓慢时，个体更可能认为自己在实现目标方面能力不足；当个体感知到令人满意的目标进程时，则增加实现目标的信心。基于此，本研究提出以下假设：

H6：感知求职进展与实际求职努力呈正相关关系。

H7：感知求职进展在预备求职行为和实际求职努力之间起到部分中介作用。

2.4　同伴求职努力的调节作用

依据社会比较理论，与个体联结的人能够影响个体的行为感知。具体到求职领域来说，求职者通常从与之每周有联系的个体中获取关于工作机会的有效求职信息，并对自己的求职进场进行判断。此外，当个体调整他们的相关活动时，个体通常会评估与之共处同一社会环境的其他人的努力与行为。一些求职者在求职过程中可能会缺乏直接与同伴进行密切的社会联系，但他们仍然可能受社会环境的影响。例如，他们可能会阅读同伴在微博或博客上所发表的最近某一次大量求职者参加校园招聘会的信息，或是在过道或电梯中偶然听到其他学生谈论他们的求职情况。从而，在求职过程中，求职者对自身求职情况的感知将会受到其社交网络中同伴的影响，也就是说，求职者的同伴所作出的求职行为与求职努力可能会影响求职者的感知求职进展。Lopez-Kidwell、Grosser 和 Dineen（2013）通过实验研究也发现：同伴求职努力水平会对求职者求职努力产生显著的积极影响。鉴于知觉的准确性受到知觉主体、知觉客体和知觉环境的影响，综合假设 H5，本研究提出如下假设：

H8：同伴求职努力能够调节预备求职行为对感知求职进展的影响。

3. 研究设计

3.1　样本选择与数据收集

本研究对象为高校应届毕业生，包括专科毕业生、本科毕业生、研究生毕业生以及博士毕业生，选择在毕业期秋季校园招聘期间施测。为尽量减小同源误差并保证样本的代表性，在取样时尽量选取不同地区、不同类型的学校及不同的专业类别，并选取当年 9 月份

---

①　Carver, C. S. Self-regulation of action and affect. In: R. F. Baumeister, and Vohs, K. D. . *Handbook of Self-regulation*［M］. New York: Guilford Press, 2004: 13-39.

②　Sitzmann, T. , and Yeo, G. . A meta-analysis investigation of the within-person self-efficacy domain: Is self-efficacy a product of past performance or a driver of future performance?［J］. *Personnel Psychology*, 2013, 66（3）: 531-568.

之前已确定求职打算的应届毕业生为被试。研究样本来自北京、郑州、上海、南京、武汉、长沙、厦门等 7 个城市，涉及中国华北、华东、华中和华南地区。样本的学校类型涉及综合类、理工类、师范类、农林类、医药类院校；样本的专业类别涉及财经类、工商管理类、经济类、历史学、教育学、信息科学与技术、机械工程、建筑学、测绘学、软件学、农业与生物学、化学、药学、文学、法学、新闻等。

采用追踪调查法，针对同一批对象，先后进行两次问卷调查。为保证取样质量，在正式调查前，请符合取样要求的 5 位被试填写问卷，针对被试在填写过程中出现的问题修改问卷。第一次调查在毕业生正式求职之前（8 月下旬）实施，内容包括被试的预备求职行为、求职行为自我效能。第二次调查在 2014 年 11 月初实施，内容包括被试的实际求职努力、求职行为自我效能、感知求职进展、同伴求职努力。

第一次调查发放问卷 500 份，回收问卷 460 份，其中有效问卷 442 份，回收率为92%，有效率为 88.4%。第二次调查针对第一次调查有效样本的名单进行发放，发放 442 份问卷，回收问卷 418 份，其中有效问卷 406 份，回收率为 94.5%，有效率为 91.9%。其中女生 164 人，占总体的 40.4%；男生 242 人，占总体的 59.6%。被试年龄分布在 20~33 岁，平均年龄为 22.51 岁。关于被试的家庭经济收入状况（即父母的年收入）分布，59.9% 的被试者家庭年收入在 10 万元以内，34.2% 在 10 万~30 万元，3.7% 在 30 万~50 万元，2.0% 在 50 万~100 万元，0.2% 在 100 万元以上。

3.2 变量测量

本研究涉及预备求职行为、求职行为自我效能、感知求职进展、实际求职努力、同伴求职努力共 5 个量表。遵循适合性原则，所有量表均来自于国外成熟量表，采用标准翻译—回译步骤，先由两名专业翻译人员独立翻译成中文初稿，完成后交由第三名专业翻译人员进行修改，经过统一修改后的中文量表再交给第四名翻译人员进行回译。最后四位翻译人员共同完成对回译稿与原稿的比较修订，达成统一后形成最终量表。

（1）预备求职行为。依据 Blau（1994）开发的求职行为量表，选取测量预备求职行为的 6 个条目翻译改编，形成测量预备求职行为频率的量表。该量表是求职行为测量中应用最为广泛的量表，原量表中测量预备求职行为条目的内部一致性系数为 0.87。由于原始量表编制时间为 1994 年，而求职行为发生的环境已有很大改变，例如，求职者在求职过程中已大量运用互联网，因此有必要在量表中体现这些求职方式的变化。为了反映互联网在求职中的运用，本研究在预备求职行为量表中增加"我经常使用互联网来找实习工作"条目。由于高校应届毕业生没有任何渠道获得"公司内部资源"，因此从 Blau 的预备求职行为量表中删除以下条目："使用现有的公司内部资源（如同事）来获得潜在的工作机会"，并以条目"现在，我已经拥有实习经历"加以替代。因为拥有实习经历对应届毕业生而言意味一种获得潜在工作机会的资源，所以从这两个条目在本质上均表示通过利用资源以实现成功求职。至此，预备求职行为量表包括 6 个测量条目，包括"现在，我经常阅读关于找工作的书籍或文章"、"现在，我经常关注刊登在报纸、期刊或网络上关于招聘的分类广告"等。采用李克特 5 分制进行评分，由"1—完全不同意"到"5—完全同意"表示强度差异。

（2）求职行为自我效能。采用 Wanberg 等（2010）编制的求职行为自我效能量表，共由 10 个关于求职者对自身能在各种求职活动中表现自信程度的条目组成，例如"能撰写一份令人满意的简历"、"在面试前能够查找或打听到招聘公司的相关信息"、"能在面试中很好地展现自己"等。由于本研究对象是即将进入职场的高校应届毕业生，因此将原量表中条目"解释你不想再为上一个雇主工作的原因"修改为"解释你想去当前招聘单位工作的原因"，从而更符合应届毕业生的求职情况。采用李克特 5 分制进行评分，由"1—非常不自信"到"5—非常自信"，得分越高则表明被试的求职行为自我效能越强。其中第一次调查得到求职前的求职行为自我效能，第二次调查得到求职中的求职行为自我效能。

（3）感知求职进展。采用 Wanberg 等（2010）编制的求职进程量表，测量求职者自正式求职以来对自身找工作情况的评定。该量表共 6 个条目，如"我的求职是富有成效的"、"我在求职方面取得了不错的进展"。其中 3 个条目采用反向计分，如"我的求职情况不太顺利"（R）、"我求职情况远不如我所希望达到的那样"（R）。采用李克特 5 分制进行评分，由"1—完全不同意"到"5—完全同意"表示程度差异。

（4）实际求职努力。采用 Blau（1993）编制的求职努力量表的修订版，测量求职者对自身在求职过程中投入时间、精力的程度。该量表共 4 个条目，分别是"在求职过程中花费了大量时间寻找工作"、"在求职方面付出了许多努力"、"在求职期间我的时间和精力集中投入在求职方面"以及"在求职过程中为找到一份新工作而尽最大努力"。要求被试在 5 分制上评分，由"1—完全不同意"到"5—完全同意"，得分越高则表明被试在求职中所付出的求职努力越大。

（5）同伴求职努力。基于 Blau（1993）编制的求职努力量表修订版，进行细微修改，测量与求职者共同进行求职的同伴在求职过程中投入时间精力的程度。该量表共 4 个条目，主要内容与 Blau 编制的求职努力量表一致，但在评价对象上由求职者的自我评价变为求职者对其同伴（周围同学）求职努力的总体评价，分别是"我认为大部分同伴在求职过程中花费了大量时间寻找可选择的工作"、"我认为大部分同伴在找工作方面付出了许多努力"、"我认为大部分同伴在求职期间将时间和精力集中投入在求职方面"、"我认为大部分同伴在求职过程中为找到一份新工作而尽最大努力"。要求被试在 5 分制上评分，由"1—完全不同意"到"5—完全同意"，得分越高表明同伴在求职中所付出的求职努力越大。

（6）控制变量。选择被试性别、年龄、学校类型、家庭经济收入和教育程度作为控制变量。

3.3 信效度检验

本研究采用预备求职行为、求职行为自我效能、感知求职进展、实际求职努力、同伴求职努力的成熟量表，各个量表已被广泛使用，具有较高的信度和效度。其中，采用 a 模型对各量表进行信度检验，以 Cronberg's α 系数为衡量标准。预备求职行为、求职前求职行为自我效能、求职中求职行为自我效能、感知求职进展、实际求职努力、同伴求职努力的内部一致性系数分别为 0.86、0.90、0.89、0.83、0.84、0.88 和 0.80，均在 0.8 以上，说明本研究所采用的量表均具有较好的信度。

在问卷设计之初，针对高校应届毕业生的特点对语义进行反复推敲，以确保量表的内容效度。同时，通过 AMOS17.0 软件对量表的效度进行检验。由表 1 可知，本研究的 χ^2/df 值小于 5，RMSEA 小于 0.08，GFI、IFI、CFI、NFI 均大于 0.9。经验证，本研究的构念效度值大于 0.6，AVE 值大于 0.5，各题项因子载荷均大于 0.5，表明量表效度良好。

表 1　　　　　　　　　　　　　验证性因子分析数据拟合结果

拟合度指标	p	χ^2/df	GFI	RMSEA	IFI	CFI	NFI
分析结果	0.000	2.826	0.927	0.065	0.940	0.939	0.916
参考标准	<0.1	<5.00	> 0.90	<0.08	> 0.90	> 0.90	> 0.90

4. 数据分析与假设检验

4.1　描述性统计分析

采用 SPSS17.0 统计软件进行处理，表 2 列出各研究变量的均值、标准差和相关系数。其中，预备求职行为、求职前求职自我效能、求职中求职行为自我效能、感知求职进展、实际求职努力、同伴求职努力的均值分别是：3.45（SD = 0.97），3.53（SD = 0.68），3.69（SD = 0.63），3.16（SD = 0.53），3.78（SD = 0.81），3.98（SD = 0.66）。首先，在控制变量与其他变量之间的相关方面，学校类型分别与感知求职进展、实际求职努力存在显著的负相关；性别与同伴求职努力存在显著的正相关。因此，采用回归分析探讨预备求职行为、同伴求职努力、求职中求职自我效能、感知求职进展与实际求职努力之间的关系时，引进上述控制变量是必要的。其次，预备求职行为、同伴求职努力、求职中求职行为自我效能、感知求职进展与实际求职努力之间两两相关系数均在 0.60 以内，并且是非常显著的。

表 2　　　　　　　　　　　　变量的均值、标准差与相关系数

变量	均值 （M）	方差 （SD）	1	2	3	4	5	6	7	8	9	10	11
1. 学校类型	1.68	0.97	—										
2. 性别	1.60	0.49	0.23**	—									
3. 年龄	22.51	1.74	−0.09	−0.08	—								

变量	均值(M)	方差(SD)	1	2	3	4	5	6	7	8	9	10	11
4. 家庭收入	1.49	0.69	-0.09	-0.03	-0.08	—							
5. 教育程度	3.16	0.43	-0.23**	-0.08	0.66**	-0.03	—						
6. 预备求职行为	3.45	0.97	-0.02	0.00	0.02	0.01	0.07	—					
7. 求职前求职行为自我效能	3.53	0.68	0.10*	0.01	0.09	0.03	0.11*	0.47**	—				
8. 求职中求职行为自我效能	3.69	0.63	0.06	0.06	-0.02	0.02	0.03	0.58**	0.72**	—			
9. 感知求职进展	3.50	0.82	-0.15**	0.07	-0.02	0.05	0.00	0.36**	0.33**	0.41**	—		
10. 同伴求职努力	3.98	0.66	-0.02	0.12*	0.01	0.01	-0.02	0.33**	0.19**	0.24**	0.12*	—	
11. 实际求职努力	3.78	0.81	-0.14**	0.03	0.04	-0.02	0.08	0.44**	0.31**	0.42**	0.39**	0.42**	—

注：$N=406$，* 代表 $p<0.05$，** 代表 $p<0.01$，*** 代表 $p<0.001$。

为了辨析求职前和求职中求职行为自我效能是否存在显著性差异，本研究采用两配对样本 t 检验。如表 3 所示，求职前和求职中求职行为自我效能的相关系数为 0.72，并且显著性水平 $p<0.001$，说明求职前和求职中求职行为自我效能之间存在显著的线性相关。根据配对样本 t 检验，$t=-6.544$，$df=405$，显著性水平小于 0.001，这表明求职前和求职中求职行为自我效能之间存在显著的差异。求职中求职行为自我效能的均值大于求职前求职行为自我效能的均值，也就是说，经历预备求职行为之后，初入职场求职者的求职行为自我效能发生明显的变化。

表3　　　　　　　　　　求职前与求职中求职行为自我效能配对样本 t 检验

	均值(M)	标准差(SD)	配对样本				
			相关系数	差分均值	差分标准差	t	df
求职前求职行为自我效能	3.53	0.68	0.72***	-0.16	0.50	-6.544***	405***
求职中求职行为自我效能	3.69	0.63					

注：$N=406$，* 代表 $p<0.05$，** 代表 $p<0.01$，*** 代表 $p<0.001$。

4.2　预备求职行为对实际求职努力、求职中自我效能、感知求职进展的主效应

本研究采用回归分析法检验预备求职行为对实际求职努力、求职中求职行为自我效能、感知求职进展的预测效果，如表 4 所示。

变量名称	实际求职努力		求职中求职行为自我效能		感知求职进展	
	Model 1	Model 2	Model 3	Model 4	Model 5	Model 6
控制变量						
学校类型	-0.15^{**}	-0.15^{**}	0.07	0.07	0.05	0.05
性别	0.14	0.13	0.10	0.09	-0.05	-0.06
年龄	0.00	0.01	-0.04	-0.02	-0.02	-0.02
家庭收入	-0.04	-0.05	0.03	0.03	-0.04	-0.04
教育程度	0.11	0.02	0.21	0.08	0.04	-0.03
自变量						
预备求职行为		0.43^{***}		0.58^{***}		0.34^{***}
R^2	0.03	0.21	0.01	0.35	0.00	0.12
ΔR^2	0.03	0.19^{***}	0.01	0.34^{***}	0.00	0.11^{***}
F	2.20	18.11^{***}	0.87	35.26^{***}	0.34	8.73^{***}

表 4　　　　　　　　　　　　　预备求职行为主效应的回归分析

注：$N=406$，* 代表 $p<0.05$，** 代表 $p<0.01$，*** 代表 $p<0.001$。

从表 4 可知，预备求职行为对实际求职努力、求职中求职行为自我效能、感知求职进展的预测作用均达到显著水平。排除控制变量的影响后，其 ΔR^2 值分别为 0.19、0.34、0.11。具体而言，预备求职行为对实际求职努力具有显著的预测作用，其 β 值为 0.43（$p<0.001$）；预备求职行为对求职中求职行为自我效能也具有显著的预测作用，其 β 值为 0.58（$p<0.001$）；预备求职行为对感知求职进展同样具有显著的预测作用，其 β 值为 0.34（$p<0.001$）。因此，假设 H1、假设 H2 和假设 H5 均得到验证。

4.3　求职行为自我效能的中介效应

对于求职中求职行为自我效能在预备求职行为与实际求职努力之间起中介作用的假设（假设 4），采用 3 个步骤来进行检验：首先检验自变量与结果变量的关系；然后是自变量对中介变量的效应；最后，控制中介变量对结果变量的影响，检验自变量的效应是否有显著变化。

由表 5 可知，除了被试者的年龄对实际求职努力具有显著的负向影响（Model 3，$\beta=-0.15$，$p<0.01$）之外，其余控制变量的影响不显著。接下来从自变量的影响来看，预备求职行为对实际求职努力（Model 4，$\beta=0.43$，$p<0.001$）和求职中求职行为自我效能（Model 2，$\beta=0.58$，$p<0.001$）均具有显著的正向影响。求职中求职行为自我效能对实际求职努力具有显著的正向影响（Model 5，$\beta=0.43$，$p<0.001$），从而假设 H3 得到验证。将预备求职行为和求职中求职行为自我效能同时置入回归模型之后，结果显示求职中求职行为自我效能对实际求职努力具有显著的正向影响（Model 6，$\beta=0.26$，$p<0.001$），而预备求职行为对实际求职努力的影响程度明显下降（β 从 0.43 降为 0.28）。因此，可

以判断求职中求职行为自我效能在预备求职行为与实际求职努力之间起部分中介作用，假设 H4 得到支持。

表5   求职行为自我效能中介效应的回归分析

变量名称	求职中求职行为自我效能		实际求职努力			
	Model 1	Model 2	Model 3	Model 4	Model 5	Model 6
控制变量						
年龄	0.07	0.07	-0.15^{**}	-0.15^{**}	-0.18^{***}	0.17^{***}
婚姻	0.10	0.09	0.14	0.13	0.10	0.11
性别	-0.04	-0.02	0.00	0.01	0.02	0.02
工作年限	0.03	0.03	-0.04	-0.05	-0.05	-0.05
教育程度	0.21	0.08	0.11	0.02	0.03	-0.00
自变量						
预备求职行为		0.58^{***}		0.43^{***}		0.28^{***}
中介变量						
求职中求职行为自我效能					0.43^{***}	0.26^{***}
R^2	0.01	0.35	0.03	0.21	0.21	0.26
ΔR^2	0.01	0.34^{***}	0.03	0.19^{***}	0.18^{***}	0.04^{***}
F	0.87	35.26^{***}	2.20	18.11^{***}	17.17^{***}	19.77^{***}

注：$N=406$，$*$ 代表 $p<0.05$，$**$ 代表 $p<0.01$，$***$ 代表 $p<0.001$。

4.4 感知求职进展的中介效应

由表6可知，除了被试者的年龄对实际求职努力具有显著的负向影响（Model 3，$\beta=-0.15$，$p<0.01$）之外，其余控制变量的影响不显著。接下来从自变量的影响来看，预备求职行为对实际求职努力（Model 4，$\beta=0.43$，$p<0.001$）和感知求职进展（Model 2，$\beta=0.34$，$p<0.001$）均具有显著的正向影响。感知求职进展对实际求职努力具有显著的正向影响（Model 5，$\beta=0.39$，$p<0.001$），从而假设 H6 得到验证。将预备求职行为和感知求职进展同时置入回归模型之后，结果显示感知求职进展对实际求职努力具有显著的正向影响（Model 6，$\beta=0.25$，$p<0.001$），而预备求职行为对实际求职努力的影响程度明显下降（β 从 0.43 降为 0.34）。因此，可以判断感知求职进展在预备求职行为与实际求职努力之间起部分中介作用，假设 H7 得到支持。

表6 感知求职进展中介效应的回归分析

变量名称	感知求职进展		实际求职努力				
	Model 1	Model 2	Model 3	Model 4	Model 5	Model 6	Model 7
控制变量							
学校类型	0.05	0.05	-0.15^{**}	-0.15^{**}	-0.17^{**}	-0.17^{***}	-0.13^{**}
性别	-0.05	-0.06	0.14	0.13	0.16	0.15	0.07
年龄	-0.02	-0.02	0.00	0.01	0.01	0.01	0.01
家庭收入	-0.04	-0.04	-0.04	-0.05	-0.03	-0.04	-0.06
教育程度	0.04	-0.03	0.11	0.02	0.10	0.03	0.03
自变量							
预备求职行为		0.34^{***}		0.43^{***}		0.34^{***}	0.25^{***}
中介变量							
感知求职进展					0.39^{***}	0.25^{***}	0.20^{***}
求职中求职行为自我效能							0.20^{***}
R^2	0.00	0.12	0.03	0.21	0.18	0.28	0.29
ΔR^2	0.00	0.11^{***}	0.03	0.19^{***}	0.15^{***}	0.07^{***}	0.02^{***}
F	0.34	8.73^{***}	2.20	18.11^{***}	14.24^{***}	22.09^{***}	20.14^{***}

注：$N=406$，* 代表 $p<0.05$，** 代表 $p<0.01$，*** 代表 $p<0.001$。

此外，由表6可知，当将预备求职行为、感知求职进展和求职中求职行为自我效能3个变量同时置入回归模型之后，结果显示：感知求职进展与求职中求职行为自我效能对实际求职努力具有显著的正向影响（Model 7，$\beta_1=0.20$，$p<0.001$；$\beta_2=0.20$，$p<0.001$），而预备求职行为对实际求职努力的影响程度明显下降（β 从 0.43 降为 0.25），并且显著性水平仍然比较高。由此说明，在预备求职行为对实际求职努力的作用路径中，除求职中求职行为自我效能与感知求职进展的部分中介作用之外，预备求职行为对实际求职努力仍具有直接影响，即验证了概念模型中提出的预备求职行为对实际求职努力的三条作用路径：预备求职行为→求职中求职行为自我效能→实际求职努力，预备求职行为→感知求职进展→实际求职努力，预备求职行为→实际求职努力。

4.5 同伴求职努力的调节效应

如表7所示，在排除控制变量的影响之后，预备求职行为对感知求职进展的影响达到显著水平（Model 2，$\beta=0.37$，$p<0.001$）。当同时考虑预备求职行为、同伴求职努力以及两者的交互项时，发现交互项对感知求职进展有显著的正向影响（Model 3，$\beta=0.10$，$p<0.05$），由此假设 H8 得到验证，即同伴求职努力在预备求职行为与感知求职进展之间发

挥调节效应。

表7   同伴求职努力调节效应的回归分析

变量名称	感知求职进展		
	Model 1	Model 2	Model 3
控制变量			
学校类型	−0.18**	−0.19	−0.20***
性别	0.23*	0.23	0.24*
年龄	0.00	0.01	0.01
家庭收入	−0.05	−0.04	−0.04
教育程度	0.05	0.14	0.15
自变量			
预备求职行为		0.37***	0.32***
调节变量			
同伴求职努力			0.01*
交互作用			
预备求职行为×同伴求职努力			0.10*
R^2	0.04	0.17	0.18
ΔR^2	0.04*	0.13***	0.01*
F	3.03*	11.44***	10.90*

注：$N=406$，＊代表 $p<0.05$，＊＊代表 $p<0.01$，＊＊＊代表 $p<0.001$。

为了更加清楚地说明调节变量的本质，依据同伴求职努力水平将初入职场求职者划分为："高同伴求职努力组"代表被试同伴的求职努力较高；"低同伴求职努力组"代表被试同伴的求职努力较低。其中，将低于同伴求职努力平均分1个标准差的分为"低同伴求职努力组"，高于1个标准差的分为"高同伴求职努力组"。然后，绘制交互作用图（如图2所示）。由图2可知，对于感知同伴求职非常努力的初入职场求职者，预备求职行为对其正式求职进程感知的正向影响越强；对于感知同伴求职努力水平比较低的初入职场求职者，预备求职行为对其正式求职进程感知的正向影响越弱。这和先期预期是一致的，从而再次确认假设 H8 得到证实。

总的来说，本研究提出的假设全部得到验证，其中预备求职行为、感知求职进展、求职中求职行为自我效能与实际求职努力之间存在显著相关；预备求职行为对感知求职进展、求职中求职行为自我效能及实际求职努力有预测作用，其中预备求职行为不但通过感知求职进展和求职中求职行为自我效能对实际求职努力产生间接影响，还能对实际求职努力产生直接影响；同伴求职努力在预备求职行为与感知求职进展之间起正向调节作用。

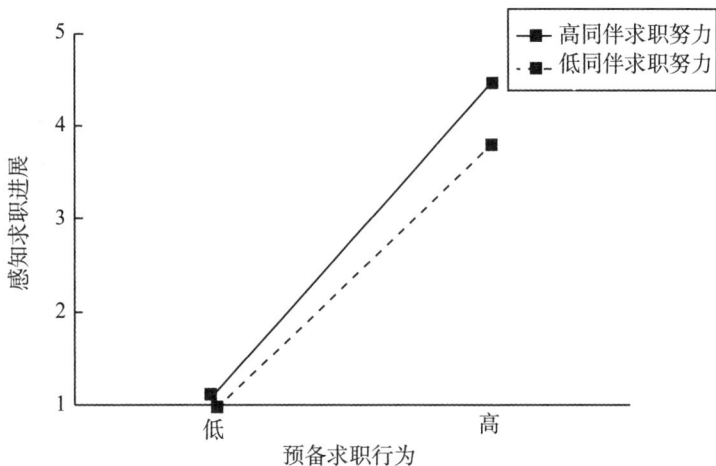

图 2　同伴求职努力的调节作用

5. 研究结论、管理启示与研究展望

5.1　研究结论

（1）预备求职行为能显著预测正式求职中的实际求职努力。本研究综合个体的心理感知与外在参照视角，实证结果支持求职行为自我效能与感知求职进展在预备求职行为→实际求职努力的作用路径上的重要性。预备求职行为对后续的实际求职努力除了产生直接影响之外，还会通过求职行为自我效能与感知求职进展对实际求职努力产生间接作用。具体来说，求职者在求职前的准备工作不但能够帮助其在正式求职过程中对自身求职进程进行更好的感知和评价，从而更为准确地把握求职进度以适时调整，而且能够提升求职行为自我效能；求职中求职行为自我效能与感知求职进展均对后续的实际求职努力产生显著的积极影响，即在求职过程中，求职行为自我效能越强，所感知的求职进展越好，求职者所付出的求职努力程度则越高。这有助于解释为什么漫无目的的实习等预备求职行为无助于大幅度改变求职者的实际求职行为。只有那些致力于改变初入职场求职者求职行为自我效能和提升对求职进展感知能力的预备求职行为，才会对正式求职中的实际求职努力产生较好的效果。

（2）同伴求职努力能够强化预备求职行为与感知求职进展的关联度。本研究结果表明，同伴求职努力对预备求职行为与感知求职进展之间的关系起正向调节作用。求职的过程就是竞争的过程，既需要求职者展现自我能力，也要求求职者不断调适心理。预备求职行为能够增强求职者客观地认识和评价自己，从而准确地判断自己的求职进展程度。但是，求职者不能孤立地认识和评价自己的求职进展，而是要通过与自己条件、地位类似的人比较来认识。由于求职也是一项社交活动，初入职场求职者（尤其是高校应届毕业生）

对自身求职进展的感知会受同一社交网络中同伴求职努力的影响。在求职过程中,求职者会将同伴的努力水平与自身比较,进一步评定自身的求职进展并对自己的实际求职行为进行自我调节。因此,预备求职行为和同伴求职努力对感知求职进展的影响存在互补性。

5.2 管理启示

(1) 初入职场求职者应开展针对性的预备求职行为,减少预备求职行为的盲目性。求职是对初入职场求职者(尤其是高校应届毕业生)综合能力和心理素质的全方位考验。高校应届毕业生在求职前有计划地做好求职预备工作,如及时关注企业招聘信息、适时修改自己的简历、阅读有关求职的书籍或文章、经常与亲友进行沟通听取经验以及丰富实习经历等对训练求职基本技能是必要的。但是,预备求职行为对求职成功的影响是存在具体条件和作用边界的。求职者应该把注意力放在预备求职行为对自己心理和能力改善的质量,而不是预备求职行为的数量。并非所有的预备求职行为都能促进正式求职中的求职努力,只有针对提高求职行为自我效能和求职进展感知能力的预备求职行为才是有效的。

(2) 加强同伴之间求职经验和求职进展的交流。本研究证实同伴求职努力能够正向调节预备求职行为对正式求职中的实际求职努力,表明同伴求职努力在开展有效求职指导中的重要地位。因此,高校就业指导部门应构建更多的沟通桥梁,如组织开展更多的应届毕业生开展求职交流会,或者建立毕业生微信平台,加强毕业生求职经验或求职进展的交流,通过毕业生之间的交流促进学生实施更多的求职行为,从而提高求职成功和就业质量。

5.3 研究展望

虽然本研究引入求职自我效能和感知求职进展揭示预备求职行为对实际求职行为的作用路径,拓展了 Blau (1994) 的实证研究结论——预备期和行动期的求职行为具有一定的相互联系。但是,预备求职行为对后续实际求职努力的内在影响机制是非常复杂的。为了厘清它的内部机制,需要进一步研究。

(1) 拓展预备求职行为影响实际求职努力的中介机制。本研究从求职相关技能,例如自我控制(如对自己思维、行动的控制能力),而不是从求职动机视角来揭示预备求职行为对实际求职努力的影响机制。尽管该研究证实了求职者的求职行为自我效能与感知求职进展在预备求职行为与实际求职努力之间的中介作用,但是关于个体的其他因素如心理健康、控制焦点、态度、归因、社会支持等均可能影响求职者的求职行为[①]。例如,根据计划行为理论,求职意向决定求职行为。因此,在求职过程中是否存在其他深层次的心理因素与动机因素在预备求职行为与实际求职努力之间发挥中介作用,需要未来研究予以检验。

(2) 拓展预备求职行为影响实际求职努力的调节机制。虽然本研究证实同伴求职努力的调节作用,但是是否存在除同伴求职努力之外的其他因素对预备求职行为影响实际求

---

① McGee, Andrew D.. How the perception of control influences unemployed job search [J]. *ILR Review*, 2015, 68 (1): 184-211.

职努力的强弱具有显著调节作用，需要深入剖析。例如，本研究的描述性统计分析和回归分析中，学校类型与感知求职进展、求职努力存在显著的负相关，性别与同伴求职努力存在显著的正相关，从而今后可以将学校类型和性别作为调节变量来加以检验。而且，与促进焦点相比，防御焦点是否会发挥相反的调节作用，防御焦点在求职行为各变量间究竟具有怎样的影响，促进焦点导向的求职者与防御焦点导向的求职者在求职过程中的自我调节行为是怎样的，需要在未来的研究中加以揭示。

（3）采用多源方法采集研究数据。虽然本研究采取分时间跨度追踪收集数据，规避了横截面数据研究的局限，但是这些变量的数据来源于被试的自我报告，由于受到社会称许性的影响，可能容易引起评分的偏差。未来研究可以从多方（尤其是同伴的评价）来收集数据，增加数据多源性，有效避免同源方差的局限，从而使得出的研究结论更可靠，更好地解释预备求职行为与实际求职努力之间的内在关联机理。

◎ 参考文献

［1］冯彩玲，樊立三，时勘．高校毕业生求职自我效能、求职期望、求职意向与求职行为的关系［J］．管理评论，2009（21）：23-29.

［2］冯彩玲，时勘，张丽华．高校毕业生求职行为的影响机制研究［J］．心理科学，2011，34（1）：181-184.

［3］刘泽文，宋照礼，刘华山．求职行为的心理学研究［J］．心理科学进展，2006，14（4）.

［4］Baay, P. E., De Ridder, D. T. D., and Eccles, J. S.. Self-control trumps work motivation in predicting job search behavior［J］. *Journal of Vocational Behaviour*, 2014, 85（3）.

［5］Blau, G.. Further exploring the relationship between job search and voluntary individual turnover［J］. *Personnel Psychology*, 1993, 46（2）.

［6］Blau, G.. Testing a two-dimensional measure of job-search behavior［J］. *Organizational Behavior & Human Decision Processes*, 1994, 59（2）.

［7］Claes, R., and De Witte, H.. Determinants of graduates' preparatory job search behaviour: A competitive test of proactive personality and expectancy-value theory［J］. *Psychologica Belgica*, 2002, 42（4）.

［8］Holmstrom A. J., Russell J. C., and Clare D. D.. Assessing the role of job-search self-efficacy in the relationship between esteem support and job-search behavior among two populations of job seekers［J］. *Communication Studies*, 2015, 66（3）.

［9］Linnehan, F., and Blau, G.. Testing the impact of job search and recruitment source on new hire turnover in a Maquiladora［J］. *Applied Psychology: An International Review*, 2003, 52（2）.

［10］Turban, D. B., Stevens C. K., and Lee, F. K.. Effects of conscientiousness and extraversion on new labor market entrants' job search: The mediating role of metacognitive activities and positive emotions [J]. *Personnel Psychology*, 2009, 62 (3).

[11] Russell, J., Holmstrom, A. J., and Clare, D. D.. The differential impact of social support types in promoting new entrant job search self-efficacy and behavior [J]. *Communication Research Reports*, 2015, 32 (2).

[12] Liu, S., Wang, M., and Liao, H.. Self-regulation during job search: The opposing effects of employment self-efficacy and job search behavior self-efficacy [J]. *Journal of Applied Psychology*, 2014, 99 (6).

[13] Lopez-Kidwell, V., Grosser, T. J., and Dineen, B. R.. What matters when: A multistage model and empirical examination of job search effort [J]. *Academy of Management Journal*, 2013, 56 (6).

[14] Wanberg, C. R., Glomb, T. M., Song, Z., et al.. Job-search persistence during unemployment: A 10-wave longitudinal study [J]. *Journal of Applied Psychology*, 2005, 90 (3).

[15] Wanberg, C. R., Zhu, J., and Van Hooft, E. A. J.. The job search grind: Perceived progress, self-reactions, and self-regulation of search effort [J]. *Academy of Management Journal*, 2010, 53 (3-4).

An Empirical Study on How Preparatory Job-search Behavior Influence Job-search Effort of New Entrants

Chen Jian-an[1]   Huang Hui[2]

(1 Economics & Management School, Wuhan University, Wuhan, 430072;

2 Antai College of Economics & Management, Shanghai Jiao Tong University, Shanghai, 200052)

Abstract: Based on self-regulatory theory and expectancy-value theory, this study revealed empirically how preparatory job-search behavior influence new entrant's job-search effort by using a two-wave longitudinal data collected from 406 university graduates. The results are as follows: preparatory job-search behavior is a significant predictor of new entrant's job-search effort; preparatory job-search behavior has a direct effect on job-search effort, but also does indirectly through the mediating effect of perceived job-search progress and job-search behavior self-efficacy; peers' job-search effort plays a positive moderating role between preparatory job-search behavior and perceived job-search progress.

Key words: Preparatory job-search behavior; Job-search effort; Perceived job-search progress; Job-search behavior self-efficacy; Peer's job-search effort

专业主编：杜旌

在线购物环境下感知价值与顾客公民行为[*]

● 赵　晶

（武汉大学经济与管理学院　武汉　430072）

【摘　要】在竞争日益激烈的当今，顾客公民行为已经成为影响电子零售商绩效的重要因素和学者们研究的热点。依托"刺激—有机体—反应"理论，通过实证研究探讨了感知价值对在线购买环境下顾客公民行为的影响。研究发现，核心价值和辅助条件（附加价值）通过消费者满意度和消费者承诺影响顾客公民行为。消费者满意度显著地影响帮助其他消费者和帮助电子零售商这两类顾客公民行为。消费者承诺显著地影响帮助其他消费者和帮助电子零售商这两类顾客公民行为。消费者网络使用能力调节辅助条件（附加价值）对消费者满意度的影响。

【关键词】感知价值　消费者满意度　消费者承诺　顾客公民行为

1. 引言

互联网和移动通信技术的高速发展颠覆了消费者传统购物习惯，越来越多消费者选择在线购物以寻求购物的便捷性。昔日繁华的购物中心和大型百货商店已逐步沦为商品"陈列室"和"展示区"。统计数字表明2012年，美国消费者在线购物超过了2.31万亿美元，西欧消费者在线购物超过1.65万亿美元，中国消费者在线购物超过2.10万亿美元。专家预计，到2017年，美国消费者在线购物将会达到3.7万亿美元，西欧消费者在线购物将会达到2.47万亿美元。此外，消费者选择在线购物已经成为一个全球化趋势，而非个别国度的特殊现象。因此越来越多的企业进入电子零售行业以期获得"新财富"，其中不乏新兴电子零售商和传统实体店零售商，这导致了电子零售行业的激烈竞争。

与此同时，消费者对在线购物的熟悉程度也飞速提高，并在购物过程中积累了大量的有关电子零售商经营商品和服务的知识。他们将自己的购物感受、对电子零售商及商品的

＊ 基金项目：教育部哲学社会科学研究重大课题攻关项目（14JZD017）、国家自然科学基金（71302095）、中国博士后科学基金（2014T70743）、武汉大学自主科研项目（人文社会科学）（得到"中央高校基本科研业务费专项资金"资助）。

通讯作者：赵晶，E-mail：00030383@whu.edu.cn。

79

评价在亲友圈甚至非熟识的网民间传播。有些消费者甚至直接为电子零售商的经营管理"出谋划策"。消费者这些自发的顾客公民行为为电子零售商带来了巨大的经济和社会收益（Garma and Bove, 2011），因此吸引了众多学者和电子零售商的关注。前期研究表明顾客公民行为受多重因素驱动，但是很少有研究探讨感知价值对顾客公民行为的影响。消费者感知价值是一切市场行为的基础并可被用作预测消费者行为。感知价值是一种由实体刺激物引起的消费者心理判断，这种判断会通过内在情感和认知的变化影响消费者购买后的行为。"刺激—有机体—反应"理论（stimulus-organism-response framework）（Mehrabian and Russell, 1974）指出外部实体和社会心理因素会引起人类内在情感和认知变化，进而间接地影响人类的行为。因此，本研究将依托"刺激—有机体—反应"理论，探讨在线购物环境下感知价值对顾客公民行为的影响。

2. 理论基础与研究假设

2.1 电子商务环境下顾客公民行为

顾客公民行为指消费者实施的、可提高电子零售商服务质量及可以改进电子零售商功能的行为。这些行为是消费者自发的，并不会直接或明显地受到奖励机制影响（Groth, 2005）。现有研究表明顾客公民行为包括推荐（recommendation）、企业辅助（e-retailer facilitation）和消费者互助（helping other customer）三个维度（Groth, 2005）。推荐指消费者将商品或服务推荐给其他消费者；企业辅助指消费者自发地、自愿地向零售商提供反馈意见以帮助他们改进服务；消费者互助指消费者自愿帮助其他消费者成功地完成购物过程（Groth, 2005）。顾客公民行为可以为企业创造可观的经济利益（Anaza and Zhao, 2013），例如：企业利用消费者知识开发基于价值的解决方案（Bove, 2009）。消费者之间推荐有助于提高企业声誉和品牌知名度，并帮助电子零售商吸引和保持新顾客（Anaza and Zhao, 2013）。此外，推荐信息含有消费者自身的消费感受，因而可以有效降低在线购物时由时间和空间分隔带来的不确定性。企业辅助行为可以帮助电子零售商有效地改进服务提供过程和用户界面设计，使服务流程和用户界面更贴近消费者的需求。最后，消费者辅助行为可以帮助其他消费者成功地完成购物过程，并提高购物愉悦感（Groth, 2005），这会促进其他消费者的未来重复性购买。

前期研究表明顾客公民行为受多种因素影响，如公司声誉（Bartikowski and Walsh, 2011）、其他消费者的公民行为（Yi et al., 2013）、消费者—公司认同、消费者满意度（Groth, 2005）、企业社会责任（徐铭等, 2013）、客户参与（范钧, 2011）、服务环境（宋扬和马钦海, 2012）、顾客感知的服务公平性（谢礼珊等, 2008）、消费者个性（Anaza, 2014）、交易过程中电子零售商和顾客之间的互动（Anaza and Zhao, 2013）。但是鲜有研究探索感知价值对顾客公民行为的影响。消费者感知价值是一切市场行为的基础，并且显著地影响了消费者的行为。此外，Chen 和 Dubinsky（2003）发现在线购物环境下的消费者感知价值与传统购物环境下的消费者感知价值有所不同。因此，为了填补该研究缺口，本研究将主要研究在线购物环境下感知价值如何影响消费者的顾客公民行为。

2.2 "刺激—有机体—反应"理论及假设提出

Mebrabian 和 Russell（1974）提出外部刺激会带来消费者有机体反应，进而会决定消费者的行为。根据这一理论，外部刺激物（Bagozzi，1986）包括实体刺激物和社会心理因素刺激物，例如市场营销组合变量、环境因素。有机体指外部刺激引起的消费者情感状态和认知过程（Bagozzi，1986）。反应指消费者选择或放弃某一物品或行为（Mebrabian and Russell，1974），例如消费者继续购买的意愿。学者们已经使用"刺激—有机体—反应"理论来预测不同情境下的消费者行为。

2.2.1 刺激：在线购物过程中的感知价值、核心价值和附加价值

电子零售商的经营范围与经营商品已逐步与实体店趋同。众多实体店提供的商品和服务已经在电子零售商处实现。在线购物过程中，消费者可以在线完成交易，如在线购买金融服务和电子书，也可以在线支付离线完成交易，如在线购买食品和服装。因此，现有研究将在线购买对象分为离线商品、离线服务、电子商品和电子服务（Francis，2009）。虽然消费者在线购买的商品和服务的内容、具体形式有所不同，但是消费者在线购买行为具有普遍特点，即方便、节省时间、方便比价（Chen and Dubinsky，2003）。此外，在线购物是一个崭新的购物环境，电子零售商不能够像传统零售商那样通过购物环境、购物氛围、店员与顾客之间的互动来影响消费者的购买决策。并且，在线购物有一个致命的缺点，即在购买之前消费者不能够通过直接接触商品来检验其质量。因此在线购物环境对消费者的购买过程，特别是感知价值带来了一定的影响。Chen 和 Dubinsky（2003）发现购物经历、商品感知质量、感知风险和商品价格都会影响在线购物环境下消费者对价值的感知。

在线购物环境下感知价值指消费者基于所得和所失对商品效用的整体评价（Zeithaml，1988）。消费者所得包括电子零售商提供的实体商品和非实体服务。所失指消费者为了获得商品或服务而付出的金钱、时间、情感和努力（Grönroos，2000）。感知价值是一个多维度的概念，可以分为核心价值和附加价值。核心价值指消费者基于关键性解决方案和为此方案付出的价格而对关键性解决方案做出的评价（Grönroos，2000）。低廉的价格（Kukar-kinne and Close，2009）和足不出户的购物便利（Chen and Dubinsky，2003）都可以提高在线购物过程中的核心价值。附加价值指消费者对电子零售商提供的附加服务及其为这些附加服务付出的成本进行权衡（Grönroos，2000）。附加价值可以为正，也可以为负。正的附加价值可以提高消费者对商品或服务的整体评价。负的附加价值可以降低消费者对商品或服务的整体评价，甚至会影响消费者对核心价值的评价（Grönroos，2000）。为了改善消费者在线购物的体验，众多电子零售商向顾客提供在线购物辅助条件，如在线搜索、在线客服、网站导航图、支付过程说明等。这些辅助条件可以帮助消费者顺利地完成购物过程，并可以提高在线购物的效率和愉悦性（Anaza and Zhao，2013）。因此，在线购物环境下电子零售商提供的辅助条件是一种重要的附加价值。

2.2.2 有机体：消费者满意度和消费者承诺

消费者满意度指消费者将商品或服务的表现与其购物之前的期望进行比较后而产生的情感和认知反应。消费者满意度是一个两阶段评价过程，包括认知和情感因素。长久以

来，消费者满意度一直是业界人士和学者关注的焦点，因为其决定了消费者忠诚度并且影响了消费者的购买后行为，如口碑传播和推荐行为（Blattberg et al.，2009）。根据"刺激—有机体—反应"理论，当消费者从电子零售商处得到优质的感知价值后，会产生正面的内在认知和情感反应。此外，Finn 等（2009）发现电子零售商为消费者创造的核心价值（出售的商品）和通过软件向消费者提供的服务（附加价值）会影响消费者的满意度。在其他研究情景下，学者们也发现感知价值会影响消费者的满意度（Lam et al.，2004）。因此：

假设1：核心价值正向影响在线购物过程中的消费者满意度。

假设2：辅助条件（附加价值）正向影响在线购物过程中的消费者满意度。

消费者承诺指消费者希望维持与企业之间的互利性关系（Morgan and Hunt，1994）。它反映了消费者对企业的情感依赖。消费者承诺是关系营销领域的研究重点，因为它直接决定了消费者对某一品牌的忠诚与否（Morgan and Hunt，1994）。在决定是否继续从某一零售商处购买商品和服务时，消费者会权衡自己从零售商处所得到的利益及为了得到这些利益而付出的代价。如果得到的利益超出付出的代价，消费者会表现出对该零售商的情感性依赖及承诺（Hennig-thurau et al.，2002）。此外，根据"刺激—有机体—反应"理论，核心价值和辅助条件（附加价值）会影响消费者对某一电子零售商的态度和感情，因而会影响消费者承诺（Morgan and Hunt，1994）。因此：

假设3：核心价值正向影响在线购物过程中的消费者承诺。

假设4：辅助条件（附加价值）正向影响在线购物过程中的消费者承诺。

2.2.3　反应：顾客公民行为

根据"刺激—有机体—反应"理论，消费者内部认知状态及后续的情感状态决定了消费者选择或放弃某一行为或物品。在线购物环境下，消费者满意度和消费者承诺是消费者的情感或认知状态，消费者是否实施顾客公民行为是一种特殊的选择和放弃行为。因此根据"刺激—有机体—反应"理论，本研究提出有机体（消费者满意度和消费者承诺）会影响消费者的顾客公民行为。此外，前期研究表明当消费者满意并且情感性依赖某一零售商时，他们会乐于帮助其他消费者成功地完成在线购物、正确地使用在线服务（Anaza and Zhao，2013）并且对该零售商的经营做出一些支持性行为，如填写调研问卷和继续购买行为（Johnson and Rapp，2010）。因此：

假设5：消费者满意度正向影响顾客公民行为（假设5a：推荐；假设5b：帮助其他消费者；假设5c：帮助电子零售商）。

假设6：消费者承诺正向影响顾客公民行为（假设6a：推荐；假设6b：帮助其他消费者；假设6c：帮助电子零售商）。

2.2.4　消费者网络使用技能和产品类型的调节作用

消费者网络使用技能指消费者能够成功地使用和控制网站浏览过程（Novak et al.，2000）。当消费者具有较高的网络使用技能时，他们能够更好地浏览网站，并且自信地认为网站会对他们的点击和浏览做出正确的反应（Novak et al.，2000）。因此，网络使用技能高的消费者在在线购物过程中可能面临较少的困难，并对电子零售商提供的辅助功能（附加价值）依赖性较低。反之，网络使用技能低的消费者在购物过程中可能会存在一定的困难完成购物过程，如寻找不到自己需要的商品，不知道如何在线支付等。因此他们对于电子零售商提供的辅助条件（附加价值）的依赖性更高一些。因此当消费者拥有不同的网络使用技能时，电子零售商提供的辅助条件（附加价值）对消费者满意度和消费者承诺的影响程度会有所不同。因此：

假设7：消费者网络使用能力调节辅助条件（附加价值）对消费者满意度（假设7a）和消费者承诺（假设7b）的影响。

此外，产品类型会调节辅助条件（附加价值）对消费者满意度和消费者承诺的影响。产品可以分为有形产品和服务。当消费者购买有形产品如时尚产品时，通常需要更多的辅助，如向销售人员寻求建议以满足他们的社会需求和信息需求（Kawaf and Tagg, 2012）。因此，此时电子零售商是否向顾客提供优异的辅助条件（附加价值）直接影响了消费者满意程度及其对电子零售商的情感性依赖。但是当消费者购买服务类产品时，他们通常会选择有意避开销售人员的服务（Lester et al., 2005），因为他们不希望销售人员向他们推销其他无关服务。在线购物环境下，消费者也会有意识地不使用某些辅助功能以躲避电子零售商的宣传和推销。因此，此时辅助条件（外界刺激物）对消费者满意度和消费者承诺影响程度（有机体）可能会减弱。因此：

假设8：产品类型调节辅助条件（附加价值）对消费者满意度（假设8a）和消费者承诺（假设8b）的影响。

本研究的模型如图1所示。

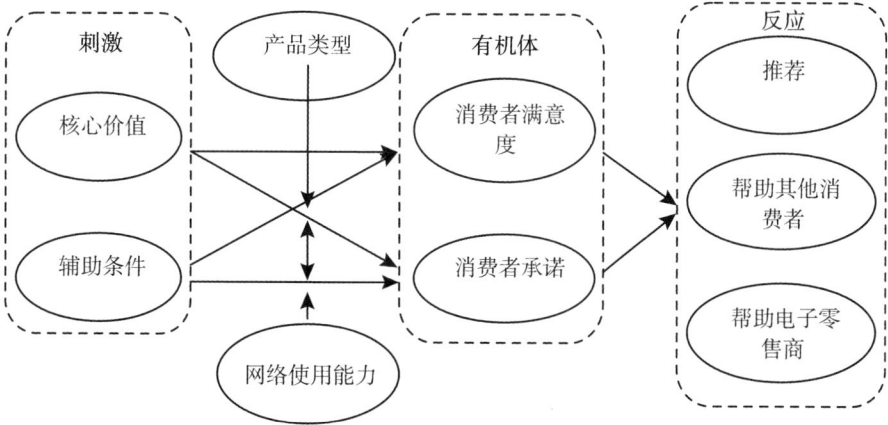

图1　研究模型

3. 研究方法

本研究使用在线调查的方法在美国两所大学收集数据来验证所有研究假设。调研的过程如下：首先，受调查者会阅读一段有关研究内容、研究目的、参加者应具备条件的简短介绍。其次，受调查者需回答其是否在线购买过任何物品并通过此问题将不符合条件的受访者排除。然后，受访者填写了自己在受访前一个月内的在线购物经历。其具体内容包括受访者印象最深刻的一家电子零售商的名称及其从这家电子零售商处购买物品的类别。最后，受访者评价了在该特定电子零售商的购物经历。问题涵盖在线购物过程中的核心价值和电子零售商提供的辅助条件、受访者的购物满意度和对该电子零售商的承诺、受访者对该电子零售商的公民行为、网络使用技能、受访者的人口统计信息。本研究采用的所有量表均来自于以前的研究，量表的具体出处见表1。所有量表都是7分李克特量表。

4. 研究结果

207份问卷被用于检验假设。受访者的平均年龄为21岁。绝大多数受访者是单身未婚（92.2%）。52.4%受访者是白人，36.9%是非裔美国人，3.4%是亚裔美国人。在受访前一个月内，45%受访者购买了服务产品，30.43%受访者购买了衣服、饰品等有形产品。

4.1 测量模型

本研究使用验证性因子分析来验证测量模型。数据分析结果表明模型的拟合度是可以接受的：$\chi^2 = 769.55$，$df = 370$，$p < 0.001$，$\chi^2/df = 2.08$，IFI = 0.94，CFI = 0.94，RMSEA = 0.07。所有构念的组合信度变化范围为 0.82 ~ 0.96，证实了所有构念的高可信性。此外每一个构念的平均变异抽取量（AVE）均高于 0.50，因此每一个构念都具备足够的聚合效度。每一个构念的平均变异抽取量大于变量间相关性的平方，因此区分效度也得到了肯定。测量模型检验结果如表1和表2所示。

表1 验证性因子分析结果

构 念	标准化因子负荷	a
核心价值（Lester et al.，1996）		0.77
即使商品价格提高了，我也会继续从该电子零售商购买商品	0.46	
就我得到的价值而言，该电子零售商出售商品的价格是合理的	0.90	
我觉得我从该电子零售商那里买到了物美价廉的商品	0.93	
辅助条件（附加价值）（Thompson et al.，1991）		0.86
该电子零售商向我提供指导	0.87	
该电子零售商向我提供购物指导	0.88	
该电子零售商有特定人员帮助我解决在线购物过程中的问题	0.71	
消费者满意度（Atchariyachanvanich et al.，2006）		0.96
在该电子零售商购物的过程令我愉悦	0.95	
我乐意从该电子零售商购买物品	0.92	
我对购买决定感到满意	0.93	

构　　念	标准化因子负荷	a
消费者承诺（Morgan and Hunt，1994）		0.94
我和该电子零售商之间的关系非常坚固，我会继续从该电子零售商处购物	0.80	
和该电子零售商之间的关系对我而言非常重要	0.93	
我在意和该电子零售商之间的关系	0.92	
我和该电子零售商之间的关系值得我花时间和精力去维持	0.89	
顾客公民行为（Groth，2005）		
推荐		0.95
我向我的家人推荐该电子零售商	0.89	
我向我的朋友推荐该电子零售商	0.92	
我向他人推荐该电子零售商的商品/服务	0.93	
我向他人传播有关该电子零售商的正面信息	0.86	
帮助电子零售商		0.95
我填该电子零售商发放的客户满意度调查问卷	0.91	
我向该电子零售商提供服务改进建议	0.93	
当该电子零售商进行调研时，我填问卷	0.91	
我向该电子零售商提供有关如何改进服务的个人建议	0.88	
帮助其他消费者		0.96
当其他顾客有有关该电子零售商的问题时，我帮助他们	0.89	
我帮助其他顾客进行在线购物	0.93	
我教其他顾客如何正确地使用服务	0.97	
我向其他顾客解释如何正确地使用服务	0.92	
消费者网络使用能力		0.88
我非常擅长上网	0.90	
我擅长在网上搜索信息	0.96	
我知道如何在网上找到我想要的信息	0.76	
与使用计算机完成其他工作相比，我更擅长上网	0.72	
与我最擅长的运动或游戏相比，我更擅长上网	0.47	

表2

测量模型分析结果

构念	平均值	标准偏差	组合信度	1	2	3	4	5	6	7	8
1. 核心价值	4.63	1.30	0.82	0.63							
2. 消费者满意度	5.10	1.48	0.95	0.60**	0.87						
3. 消费者承诺	4.26	1.54	0.94	0.57**	0.42**	0.78					
4. 推荐	5.26	1.45	0.94	0.62**	0.72**	0.38**	0.81				
5. 帮助电子零售商	4.16	1.58	0.95	0.18**	0.12**	0.24**	0.15**	0.82			
6. 帮助其他消费者	4.83	1.52	0.96	0.41**	0.40**	0.44**	0.52**	0.36**	0.86		
7. 网络使用能力	4.94	1.03	0.88	0.05**	0.07**	0.03*	0.08**	0.01	0.04**	0.56	
8. 辅助条件(附加价值)	4.23	1.45	0.87	0.23**	0.21**	0.20**	0.13**	0.20**	0.14**	0.01	0.69

注：* 代表 $p<0.05$，** 代表 $p<0.01$。对角线上的数字是每一个构念的平均变异抽取值，对角线下方的数字是变量间相关性的平方。

4.2 假设检验

本研究采用结构方程分析来检验假设。性别、民族和教育程度也作为控制变量包含在模型中。数据分析结果表明模型的拟合度是可以接受的：$\chi^2 = 794.03$，$df = 327$，$p < 0.001$，$\chi^2/df = 2.43$，CFI $= 0.92$，IFI $= 0.93$，RMSEA $= 0.08$。假设1（$b = 1.40$，$p < 0.001$）和假设2（$b = 0.13$，$p < 0.01$）得到了证实，这表明感知价值显著地影响消费者在线购物过程中的消费者满意度。假设3（$b = 1.10$，$p < 0.001$）和假设4（$b = 0.11$，$p = 0.05$）得到了证实，表明感知价值显著地影响消费者在线购物过程中的消费者承诺。假设5a（$b = 0.83$，$p < 0.001$）和假设5b（$b = 0.42$，$p < 0.001$）得到了证实，而假设5c（$b = 0.06$，$p = 0.55$）未得到证实，这表明消费者满意度显著地影响了推荐和帮助其他消费者这两类顾客公民行为。假设6a（$b = 0.08$，$p = 0.12$）未被证实，而假设6b（$b = 0.38$，$p < 0.001$）和假设6c（$b = 0.55$，$p < 0.001$）得到了证实，表明消费者承诺显著地影响着消费者的帮助其他消费者和帮助电子零售商这两类顾客公民行为。结构方程分析结果见表3。

表3　　　　　　　　　　　　　结构方程分析结果

路　　径	非标准化估计	标准偏差	结果
假设1：核心价值 →消费者满意度	1.40 ***	0.21	支持
假设2：辅助条件（附加价值）→消费者满意度	0.13 **	0.05	支持
假设3：核心价值 →消费者承诺	1.10 ***	0.15	支持
假设4：辅助条件（附加价值）→ 消费者承诺	0.11 *	0.06	支持
假设5a：消费者满意度 → 推荐	0.83 ***	0.06	支持
假设5b：消费者满意度 → 帮助其他消费者	0.42 ***	0.07	支持
假设5c：消费者满意度 → 帮助电子零售商	0.06	0.10	不支持
假设6a：消费者承诺 → 推荐	0.08	0.05	不支持
假设6b：消费者承诺 → 帮助其他消费者	0.38 ***	0.07	支持
假设6c：消费者承诺 → 帮助电子零售商	0.55 ***	0.10	支持

注：＊代表 $p < 0.05$，＊＊代表 $p < 0.01$，＊＊＊代表 $p < 0.001$。

多组分析法被用来检验假设7和假设8。首先，我们将受访者按照网络使用技能高于平均水平或低于平均水平分为两组。其次，我们将所有结构路径回归系数都控制的模型作为基础模型（$\chi^2 = 1329.68$，$df = 545$）。再次，我们解除对辅助条件（附加价值）和消费者满意度之间路径的控制，并将此模型作为可选模型（$\chi^2 = 1324.32$，$df = 544$）。这两个模型之间的卡方差是显著的（$\Delta\chi^2 = 5.36$，$\Delta df = 1$）。因此，消费者网络使用技能显著地调节辅助条件（附加价值）和消费者满意度之间的关系（$\beta_{高技能} = 0.03$，$p > 0.05$；$\beta_{低技能} = 0.21$，$p < 0.001$）。这表明假设7a得到了证实。我们通过同样的分析发现假设7b没有得到

证实（$\Delta X^2 = 0.38$，$\Delta df = 1$），因此消费者网络使用技能不影响辅助条件（附加价值）对消费者承诺的影响。最后我们按购买物品类别将消费者分为购买有形产品组（买衣服、饰品、鞋）和购买服务产品组（订旅店、飞机票）。一系列的多组分析被用来验证假设8。分析结果表明假设8a和假设8b均未被证实，这表明产品类型不影响辅助条件（附加价值）对消费者满意度和消费者承诺的影响。多组分析的结果如表4所示。

表4　　　　　　　　　　　消费者网络使用能力和产品类型的调节作用

调节变量	结构关系	组别	N	β	$\Delta X^2/\Delta df$
网络使用能力	辅助条件（附加价值）→ 消费者满意度	高	104	0.03	5.36*
		低	103	0.21***	
	辅助条件（附加价值）→ 消费者承诺	高	104	0.12*	0.38
		低	103	0.11*	
产品类型	辅助条件（附加价值）→ 消费者满意度	时尚产品	68	0.12	0.12
		服务产品	93	0.06	
	辅助条件（附加价值）→ 消费者承诺	时尚产品	68	0.21*	2.44
		服务产品	93	0.01	

注：*代表 $p<0.05$，**代表 $p<0.01$，***代表 $p<0.001$。

5. 结论

顾客公民行为因其为企业创造的社会价值和经济价值而吸引了众多研究者的关注。但是，很少有研究探索感知价值如何影响在线购物环境下的顾客公民行为。为了填补了该研究缺口，本研究将在线购物环境下的感知价值划分为核心价值和附加价值（辅助条件），并研究他们如何影响消费者的顾客公民行为。本研究发现核心价值和辅助条件（附加价值）显著地影响了在线购物过程中的消费者满意度和消费者承诺。消费者满意度决定了消费者推荐和帮助其他消费者的行为，但不会显著地影响消费者对电子零售商的帮助行为。这可能因为消费者对电子零售商的商品和服务已经很满意，进而认为该电子零售商不需要改进服务，所以消费者不会向电子零售商提供改进建议。就消费者承诺对顾客公民行为影响而言，本研究发现消费者承诺显著地影响者消费者帮助其他消费者和帮助电子零售商的行为，但不影响推荐行为。这可能因为推荐行为多是与认知相关联的，而并非受消费者情感状态影响。研究结果表明消费者网络使用能力调节着辅助条件（附加价值）和消费者满意度之间的关系。

本研究结果有以下理论贡献。首先，本研究丰富了有关消费者感知价值的文献。本研究通过实证研究发现核心价值和附加价值同时显著地影响着在线购物过程中消费者满意度和消费者承诺。其次，本研究丰富了有关消费者在在线购物环境下顾客公民行为的研究。

本研究发现感知价值能够通过消费者满意度和消费者承诺影响消费者在线购物过程中的不同的顾客公民行为。

　　本研究结果也具有一定的实践意义。首先，本研究结果清楚地表明电子零售商应该为消费者提供优良的核心价值和附加价值来赢得消费者的青睐。电子零售商可以通过提供更多的帮助功能、更好的购物环境、更好的服务界面来为消费者提供高附加价值的服务。其次，因为消费者的网络使用技能调节辅助条件（附加价值）对消费者满意度的影响，所以电子零售商在设计网店时应该考虑到不同消费者的需求，实施"分级化"的服务，同时提供高级服务如客服服务和简单服务如网站地图。

　　最后，本研究还存在一定的不足。首先，本研究使用了学生数据，虽然有研究表明在美国 18~32 岁青年人是进行在线购物的主流消费者，但是本研究的结果是否可以推广到所有消费者还未得到证实。其次，本研究只包含一种附加价值，即辅助条件。在线购物过程中其他附加价值也有可能会对消费者的顾客公民行为产生不同的影响，因此未来研究可以探索其他附加价值如运货速度、购物氛围对顾客公民行为的影响。

◎ 参考文献

［1］范钧．顾客参与对顾客满意和顾客公民行为的影响研究［J］.商业经济与管理，2011，1.

［2］宋扬，马钦海．服务环境感知与顾客公民行为倾向关系的实证研究［J］.东北大学学报，2012，9.

［3］谢礼珊，申文果，梁晓丹．顾客感知的服务公平性与顾客公民行为的关系研究［J］.管理评论，2008，6.

［4］徐铭，景奉杰，鄢丙胜，汪兴东．得道者多助：企业社会责任与顾客公民行为［J］.经济与管理研究，2013，3.

［5］Anaza, N., and Zhao, J.. Encounter-based antecedents of e-customer citizenship behaviors ［J］. *Journal of Services Marketing*, 2013, 27 (2).

［6］Anaza, N.. Personality antecedents of customer citizenship behaviors in online shopping situations ［J］. *Psychology and Marketing*, 2014, 31 (4).

［7］Atchariyachanvanich, K., and Okada, H., Sonehara, N.. What keeps online customers repurchasing through the internet ［J］. *Acm Sigecom Exchanges*, 2006, 6 (2).

［8］Bagozzi, R.. *Principles of Marketing Management* ［M］. Chicago, IL: Science Research Associates, 1986.

［9］Bartikowski, B., and Walsh, G.. Investigating mediators between corporate reputation and customer citizenship behaviors ［J］. *Journal of Business Research*, 2011, 64 (1).

［10］Blattberg, R., Malthouse, E., and Neslin, S.. Lifetime value: Empirical generalizations and some conceptual questions ［J］. *Journal of Interactive Marketing*, 2009, 23 (2).

［11］Bove, L., Pervan, S., and Beatty, S.. Service worker in encouraging customer organizational citizenship behaviors ［J］. *Journal of Business Research*, 2009, 62 (7).

[12] Chen, Z., and Dubinsky, A.. A conceptual model of perceived customer value in e-commerce: A preliminary investigation [J]. *Psychology and Marketing*, 2003, 20 (4).

[13] Finn, A, Wang, L, and Frank, T.. Attribute perceptions, customer satisfaction and intention to recommend e-services [J]. *Journal of Interactive Marketing*, 2009, 23 (3).

[14] Francis, J.. Category-specific recipes for internet retailing quality [J]. *Journal of Services Marketing*, 2009, 23.

[15] Garma, R., and Bove, L. . Contributing to well-being: Customer citizenship behaviors directed to service personnel [J]. *Journal of Strategic Marketing*, 2011, 19 (7).

[16] Grönroos, C.. *Service management and marketing: A customer relationship approach* [M]. Chichester: Wiley, 2000.

[17] Groth, M.. Customers as good soldiers: Examining citizenship behaviors in internet service deliveries [J]. *Journal of Management*, 2005, 31 (1).

[18] Hennig-thurau, T., Gwinner, K., and Gremler, D.. Understanding relationship marketing outcomes: An integration of relationship benefits and relationship quality [J]. *Journal of Service Research*, 2002, 4 (3).

[19] Johnson, J., and Rapp, A.. A more comprehensive understanding and measure of customer helping behaviors [J]. *Journal of Business Research*, 2010, 63 (8).

[20] Kawaf, f., and Tagg, S.. Online shopping environments in fashion shopping: An S-O-R based review [J]. *Marketing Review*, 2012, 12 (2).

[21] Kukar-kinney, M., and Close, A.. The determinants of consumers' online shopping cart abandonment [J]. *Journal of the Academy of Marketing Science*, 2009, 38 (2).

[22] Lam, S., Shankar, V., Erramilli, V., and Murthy, B.. Customer value, satisfaction, loyalty, and switching costs: An illustration from a business-to-business service context [J]. *Journal of the Academy of Marketing Science*, 2004, 32 (3).

[23] Lester, D., Forman, A., and Loyd, D.. Internet shopping and buying behavior of college students [J]. *Services Marketing Quarterly*, 2005, 27 (2).

[24] Mehrabian, A, and Russell, J.. *An approach to environmental psychology* [M]. Cambridge, MA: The MIT Press, 1974.

[25] Morgan, R., and Hunt, H.. The commitment-trust theory of relationship marketing [J]. *Journal of Marketing*, 1994, 58 (3).

[26] Novak, T., Hoffman, D., and Yung, Y.. Measuring the customer experience in online environments: A structural modeling approach [J]. *Marketing Science*, 2000, 19 (1).

[27] Thompson, R., Higgins, C., and Howell, J.. Personal computing: Toward a conceptual model of utilization [J]. *MIS Quarterly*, 1991, 15 (1).

[28] Yi, Y., Gong, T., and Lee, H.. Scratch my back and I will scratch yours: The impact of other customers on customer citizenship behavior [J]. *Psychology & Marketing*, 2013, 30 (4).

[29] Zeithaml, V.. Consumer perception of price, quality and value: A means-end model and

synthesis of evidence [J]. *Journal of Marketing*, 1988, 52 (7).

[30] Zeithaml, V., Leonard, L., and Parasuraman, B. . The behavioral consequences of service quality [J]. *Journal of Marketing*, 1996, 60 (4).

Investigating the Influence of Perceived Value on Customer's Citizenship Behaviors

Zhao Jing

(Economics and Management School of Wuhan University, Wuhan, 430072)

Abstract: ustomer's citizenship behaviors play critical roles in determining e-retailers' performance. This study investigated how perceived value influences customer's citizenship behaviors in e-shopping context, based on Mehrabian and Russell's Stimulus-Organism-Response framework. The results show that core value and facilitation conditions (added value) provided by e-retailers enhance customers' satisfaction and customers' commitment, which further exert different effects on recommendation, service facilitation, and helping behaviors. Customer's website using skills moderate the relationship between customer satisfaction and facilitation conditions (added value) provided by e-retailer.

Key words: Perceived value; Customer satisfaction; Customer commitment; Customer's citizenship behaviors

专业主编：曾伏娥

制造商权力与渠道冲突解决策略关系的研究：
经销商网络嵌入性的调节作用*

● 王　辉[1]　　詹志方[2]

（1　湖南中医药大学管理与信息工程学院　长沙　410208；
2　湖南商学院工商管理学院　长沙　410205）

【摘　要】渠道权力和冲突解决之间的关系虽然一直是营销学者们的一个重要研究主题，但以往研究并没有为二者的关系提供较为一致的解释，这意味着渠道权力和冲突解决之间的关系可能受到其他变量的影响。按社会网络理论观点，渠道本身是一种社会网络，本文将社会网络理论中的网络密度和网络中心性两个重要变量纳入研究框架，实证探讨经销商网络结构在制造商权力与渠道冲突解决策略关系中的影响作用。以制造商及其经销商网络为研究对象，获得 238 个制造商样本的调查数据，应用 SPSS17.0 软件和最小二乘法对研究假设进行检验。实证结论表明：制造商权力与不同冲突解决策略二者之间的关系受到经销商网络密度和网络中心性的影响。当经销商网络的网络密度（或网络中心性）程度较高时，制造商权力对竞争性冲突解决策略具有显著的负向影响，而对合作性和回避性冲突解决策略均具有显著的正向影响；当经销商网络的网络密度（或网络中心性）程度较低时，制造商权力对竞争性解决策略有正向影响，对合作性解决策略有负向影响。

【关键词】渠道权力　冲突解决策略　经销商网络密度　经销商的网络中心性

1. 引言

进入 21 世纪以来，我国企业的营销渠道实践明显出现了两大特征。一是在"一根筷子轻轻被折断、十双筷子牢牢抱成团"的理念下，势力较弱的经销商纷纷组成联盟对话厂家；二是随着宏观环境的不断变化、企业电子渠道的引入、顾客购物模式的变迁，渠道

* 基金项目：湖南中医药大学人才引进项目（1001028）、教育部人文社科基金项目（14YJC630184）、湖南省社科基金项目（13YBA191）、湖南省自科基金项目（2015JJ2087）。

通讯作者：王辉，E-mail：392274885@qq.com。

冲突愈演愈烈。与上述现实并行的是学术界对渠道冲突的大量研究。

系统梳理相关文献，发现渠道权力和冲突解决之间的关系一直是营销学者们的一个重要研究主题①②，但这些研究结论并没有为二者关系提供较为一致的解释。Dwyer、Walker 和 Frazier 等人的研究指出渠道权力对竞争性冲突解决策略（如威胁、恐吓、说服等手段）有正向影响，而对合作性冲突解决策略（如共同解决问题、妥协等手段）有负向影响。而 Anderson、Narus、Boyle、Dwyer、Ganesan 和庄贵军等人的研究则认为在渠道关系中，权力越大者越倾向于少使用竞争性冲突解决策略。对同一问题得出了截然相反的结论，这意味着渠道权力和冲突解决之间的关系可能受到第三个变量的影响。因此，本研究的主要目的是探讨渠道权力与冲突解决策略二者之间关系的调节因素。

尽管 Kim、Lai 和 Ganesan 等人探讨了渠道权力和冲突解决之间关系的调节因素，但这些研究基本上沿袭了营销渠道的传统研究范式，将二元关系中的单一渠道成员看作唯一的内生行动者，所研究的调节因素难以超越渠道的双边层面。因此，在这种研究范式下所得出的研究结论无法反映现有经销商组成联盟以对抗厂家的渠道现状。根据社会网络理论，Antia 和 Frazier 认为企业间关系不仅受到企业双边直接关系的影响，Heide 和 John 认为企业间关系也会受到网络结构因素的影响，如果把注意力仅集中在二元关系，而不考虑参与者在网络中所嵌入的其他关系，将无法全面解释权力和渠道冲突解决之间的关系③。Antia 和 Gary 指出企业对其交易伙伴网络密度和网络中心性的感知会影响企业强制行为的使用④。本研究响应这些研究，将社会网络理论中网络密度和网络中心性两个关键变量纳入研究框架，从结构嵌入角度实证探讨经销商自发形成的非正式网络（informal network）在制造商权力与渠道冲突解决关系中的调节作用，为现有二者间关系不一致的结论提供更加全面的解释，同时也为制造商在经销商组成联盟以对抗厂家的渠道现状下如何进行渠道冲突管理提供一定指导。

2. 文献回顾

2.1 渠道冲突及其解决策略

渠道冲突，是指一方渠道成员意识到另一方正在阻碍或干扰其目标实现的一种状态，

① Frazier, G. L., and John, O. S.. Perceptions of interfirm power and its use within a franchise channel of distribution [J]. *Journal of Marketing* Research, 1986, 23 (2): 169-176.

② Bradford, K. D., Anne, S., and Barton, A. W.. Managing conflict to improve the effectiveness of retail networks [J]. *Journal of Retailing*, 2004, 80 (3): 181-195.

③ Welch, C., and Ian, W.. Network perspectives on interfirm conflict: Reassessing a critical case in international business [J]. *Journal of Business Research*, 2005, 58 (2): 205-213.

④ Antia, K. D., and Gary, L. F.. The severity of contract enforcement in interfirm channel relationships [J]. *Journal of Marketing*, 2001, 65 (4): 67-81.

其实质是渠道合作双方在愿望和目标不一致或者各方的需求无法协调时的一种关系感知①。从本质上说，Bradford、Hagel、Brown、Rosenbloom、Anderson 和寿志钢等人认为渠道冲突是渠道成员在合作过程中不可避免的、持续存在的事物，既具有破坏性的一面，又有建设性的一面。因此，Kumar 指出渠道冲突管理的重点并不是消除冲突，而是需要找到合适的冲突解决策略使其朝有利于提高渠道绩效的方向发展。而 Thomas 的研究表明冲突最终朝哪个方向演化，直接取决于冲突主体的反应形式，即冲突解决策略的特定选择。

国内外学者对渠道冲突解决策略进行了大量研究，并提出了不同的冲突解决策略。在众多冲突处理策略模型中，Thomas 的五因素模型的影响最为广泛。Thomas 在 Blake 和 Mouton 的满足自身利益和他人利益两个维度的基础上，根据武断性和合作性的不同组合，提出了解决冲突的五种策略：回避（avoiding）、强迫（competing）、迁就（accommodating）、合作（collaborating）与折中（compromising）。此后，不少学者修订或干脆直接引用了 Thomas 的冲突解决二维模式的 5 种解决策略，但这些引用或修订实质上并未改变 Thomas 模式的基本内容。

在分类研究中，张志学等人指出众多西方学者提到了回避式解决策略，然而，受西方文化的影响，他们基本认为回避是一种无效的冲突解决方法，因为回避策略无法获取冲突双方的意见，不利于渠道合作效率的提高和渠道问题的有效解决。因此，在实证操作过程中，学者们一般将冲突解决策略分为两种形态：破坏性（竞争性）解决和建设性（合作性）解决，而没有重视回避策略的重要性。黄光国指出基于西方个人主义文化背景下的构念，并不一定能够贴切描述中国文化中的冲突解决模式。费孝通认为受儒家文化的影响，中国社会是一个由人情、亲情、乡情和友情构成的具有差序格局特征的社会网络，黄囇莉指出"和谐"是中国人的共同价值观，也是中国人的共同思维方式。在强调和谐的前提下，推崇集体主义的中国人习惯将冲突视为对自己和他人面子的"威胁"，在冲突解决过程中必定会受"人情与面子"的影响，染上"以和为贵"、"息事宁人"的"中国式"特色②，可能无法如西方那样在冲突明显化后采取直接公开化的方式解决冲突，而是多采取通融与回避的方式。因此，贸然将基于西方个人主义文化背景下的渠道冲突解决策略应用到中国企业之中，无法突出中国和谐的核心。因此，在中国儒家文化背景下，除了竞争性和合作性两种形态外，还有一种比较适宜的冲突解决策略，即回避性解决③。

考虑到本研究的实证样本来源于中国企业，因此，本研究将冲突解决策略分为竞争、合作和回避三种形态。竞争冲突解决是指在冲突解决过程中，将自己的意愿强加于他人之上，高度关注自己利益，而低度关注对方利益，具体包括威胁、吓唬以及劝说式等强制性主张。合作冲突解决是指在冲突解决过程中，关注自身和交易对方利益，倾向于达成让双方都尽量满意的解决方案，具体包括对重要性信息的交流和重要问题上共同讨论和问题解

---

① Magrath, Allan J., and Kenneth G. Hardy. A strategic paradigm for predicting manufacturer-reseller conflict [J]. *European Journal of Marketing*, 1989, 23 (2): 94-108.

② 叶志桂. 组织冲突解决机制研究 [J]. 经济管理, 2004, (12): 51-55.

③ Kirkbride, P. S., Sara, F. T., and Robert, I. W.. Chinese conflict preferences and negotiating behaviour: Cultural and psychological influences [J]. *Organization Studies*, 1991, 12 (3): 365-386.

决等非强制性主张。回避策略是指在冲突解决过程中，在最小程度上提及冲突、淡化冲突。

2.2 渠道权力

权力，作为社会关系的一个基本构成要素，实际上存在于任何一个渠道关系中。Kim 认为渠道权力，是指一个渠道成员对处于同一渠道系统内不同层次上的另一个渠道成员的营销决策变量施加影响和控制的能力。渠道权力是相对的，原因是关系各方拥有权力大小的差异，使得渠道关系中呈现出不对称的权力结构，进而产生了相对的渠道权力①。按照权力—依赖理论和权力基础理论的观点，如果渠道成员一方对另一方有更多的替代者或是有更多资源，则前者的渠道权力较大，反之则较小。本研究中的制造商权力是指制造商所拥有的渠道权力超过经销商的程度，即替代经销商的可获得性越大，制造商对经销商的依赖性就越小，制造商权力就越大。相反，替代制造商的可获得性越大，经销商对制造商的依赖就越小，制造商权力就越小。

2.3 渠道权力与冲突解决策略的关系

在现有渠道冲突解决的前置因素研究中，Bradford 和 Frazier 等人的研究认为权力（相对权力）是影响渠道冲突解决的关键性因素，并从不同理论视角解释了权力对渠道冲突解决的影响，但其实证结论并未统一。有些学者认为相对权力与具有强制性特点的竞争性冲突解决策略正相关。例如，谈判理论（bargaining theory）认为当权力不平衡时，具有更大权力者因有能力获得更多利益，往往在冲突发生后作较少让步②，而是使用带有强制性的攻击性策略，如威胁、惩罚或劝说来影响权力小的一方。制度理论（institution theory）认为强制性行为可以用来证明权力的合法化，权力高者一般倾向于通过强制性行为而真正感受到权力的存在③。依赖理论（dependence theory）也指出冲突中的依赖方（低权力者）为了获取对其重要的资源，因为短时间内难以找到对被依赖方（高权力者）的替代者，所以更能忍受对方的强制性行为。相反，有些学者认为相对权力与合作性冲突解决策略正相关。Frazier 进一步验证了这一结论，并指出背景因素，如依赖水平和企业间合作水平会影响战略的使用。Ganesan 在其研究中证明了零售商的相对权力与问题解决冲突战略正相关。因为强大的零售商认识到采取强制性行动会引起其制造商的报复，以及相对权力会发生转移的可能性，而会降低强制性战略的使用，反而会执行非强制性手段来实现其影响目标。因此，高权力者在发生冲突时会以合作性的行为方式去解决冲突。我国学者庄贵军、周筱莲的实证研究证明了在中国工商企业之间的行为关系中，权力越大者越倾向于少使用强制性权力，而多使用非强制性权力。

---

① Ganesan, S.. Negotiation strategies and the nature of channel relationships [J]. *Journal of Marketing Research*, 1993, 30 (2): 183-203.

② Dwyer, F. R., Orville, C., and Walker, J.. Bargaining in an asymmetrical power structure [J]. *Journal of Marketing*, 1981, 45 (1): 104-115.

③ Pfeffer, J., and Huseyin, L.. The effect of competition on some dimensions of organizational structure [J]. *Social Forces*, 1973, 52 (2): 268-279.

这些不一致的研究结论可能源于将研究问题局限于权力和发生冲突的双边情境之内，以二元渠道关系作为基本分析单位，忽略了渠道网络情境的影响。本文假设渠道网络结构因素会调节渠道权力对冲突解决策略的影响过程。Welch指出因为企业间关系不仅受到企业双边直接关系的影响，而且受到网络结构因素的影响，渠道双边关系之外的其他关系联结也可能影响渠道冲突解决策略的选择。

3. 研究假设

社会网络理论认为，嵌入在网络中的主体行为不仅受到其所在的二元关系内容与性质的影响，也受到其所在的更大范围网络结构及其在网络重点位置的影响。社会网络理论将这两种影响机制分别称为结构嵌入和关系嵌入。结构嵌入指"个人或集体之间非人格化、客观的关系的结构"，而关系嵌入是指"基于以往的互动历史所形成的人与人之间的关系"。从现有营销渠道的研究来看，网络中二元渠道关系内容与性质是学者们的主要关注点，大部分文献探讨了渠道成员双边层面的变量（如相互信任、关系持续性、权力不对称性、关系强度）对渠道的影响，而从网络结构层面去解释渠道双边问题的文献十分缺乏①。为了更好地解释现有有关渠道权力与冲突解决策略之间关系的模糊结论，本研究仅探讨反映网络结构特征的两个重要变量——网络密度和网络中心性在渠道权力和冲突解决策略关系中的调节作用②。

3.1 网络密度的调节作用

网络密度，是指网络中所有行动者之间实际联结的数目与他们之间可能存在的最大联结数目比值，比值越高，网络的联结密度就越大。网络密度实质上反映了网络中关系的平均强度③。根据社会网络理论，网络密度的提高会带来三种积极的结果：一是密集网络中的成员之间存在广泛的相互联系，提高了网络成员之间的沟通效率，进而促进网络中信息的高水平共享与传播；二是随着密集网络中的成员相互了解和互动的提高，一些网络成员的行为规范也更容易在网络中传播，进而可以促进网络成员间形成共同遵守的集体期望；三是由于网络中集体期望的形成与传播，网络成员之间更容易在对于事物的感知和行为上达成高度一致性，进而促进网络宏观文化的产生，即网络中的成员共同拥有的价值、规范和信念。这三个方面对网络成员的行为及结果有重要的影响。

在本研究背景中，网络密度是指某个制造商的经销商群体所自发形成的非正式网络的密度，即经销商成员间关系的平均强度。在一个高密度的经销商网络中，经销商之间相互

---

① Anderson, J. C., Hakan, H., and Jan, J.. Dyadic business relationships within a business network context [J]. *Journal of Marketing*, 1994, 58（4）：1-15.

② Kilduff, M., and Wenpin, T.. *Social networks and organizations* [M]. London：Sage Publications Ltd, 2003, 7（2）：56-78.

③ Burt, R. S.. The social structure of competition [J]. *Explorations in Economic Sociology*, 1993,（9）：65-103.

联系和互动，会导致制造商针对单一经销商的各种行为等相关信息可以在经销商之间快速传播与共享，从而影响其他经销商成员对制造商的态度。此外，随着经销商之间信息交换频率与效率的提升，会增进经销商成员之间的相互了解与信任①，进而提高了经销商群体采取一致性态度与行为对付制造商渠道行为的概率。

Pruitt 的相关研究表明，制造商的不同冲突解决策略对经销商态度与行为有不同影响。竞争性冲突解决策略往往伴随着强制性的指令或惩罚性措施，这会让受到直接影响的经销商感觉制造商解决问题的方式过于严厉且不公平，甚至会感觉决策的自主性受到了侵犯。Kasulis 和 Galaskiewicz 认为该经销商可能在行为上表现为顺从，但在信念上可能与制造商背道而驰，并产生一个负面回应，向其他经销商传递不利于制造商的信息。

在高密度网络中，冲突主体经销商与其他经销商间有一个长期、根深蒂固的紧密信任关系。这种信任关系可能会导致经销商网络感受到"道德使命"，就算将冲突责任归咎于冲突主体经销商，其他经销商也许仍然会大力支持同行，并在网络中已建立起来的共享目标和价值观的作用下，同样感知制造商的冲突解决策略有失公正或过于严重，甚至有可能形成一致联盟抵制制造商的行为。在这种情形下，制造商在经销商网络中的声誉和支持就会受损，进一步削弱了制造商对经销商的协调能力，从而大大提高了治理交易关系的成本②。制造商采取强制手段带来的潜在利益会被经销商潜在的负面回应，以及经销商统一报复的潜在风险所抵消。

相反，合作性冲突解决策略往往伴随着制造商对经销商的各种支持与帮助，会使受到直接影响的经销商感到决策自主权与控制权得到了尊重，进而对制造商产生一个正面回应，不仅在行为上表现为顺从，而且在信念上将制造商的价值标准内化③。在集体规范和共同信念的作用下，嵌入在高密度网络中的冲突主体经销商，更容易与网络中其他经销商交换其对制造商的积极看法，进而促进制造商的良好声誉在网络中的传播与扩散，以及经销商群体对制造商的归属感。

因此，考虑到在高密度网络情境下经销商群体会以怎样的方式来解读自己所采用的冲突解决策略，以及不同冲突解决策略所带来的声誉与支持、关系治理成本，即使权力大的制造商也会降低使用带有强制性色彩的竞争性冲突解决策略，而倾向于让双方都尽量满意的解决方案，在重要问题上使用共同讨论的合作性冲突解决策略，或者在最小程度上提及冲突、回避冲突。

基于以上分析，我们提出如下假设。

H1：当冲突主体经销商处在高密度经销商网络时，制造商的相对权力越大，制造商越会倾向于少使用竞争性冲突解决策略（a），而越倾向于多使用合作性冲突解决策略（b）和回避性冲突解决策略（c）。

当冲突主体经销商处在一个低密度网络时，制造商的相对权力可能会正向影响其竞争

① Uzzi, B.. The sources and consequences of embeddedness for the economic performance of organizations: The network effect [J]. *American Sociological Review*, 1996, 61 (4): 674-698.

② Antia, K. D., and Gary, L. F.. The severity of contract enforcement in interfirm channel relationships [J]. *Journal of Marketing*, 2001, 65 (4): 67-81.

③ Kasulis, J. J., and Robert, E. S.. A framework for the use of power [J]. *Journal of Marketing*, 1980, 14 (4): 180-191.

性冲突解决策略的使用。因为，在低密度的经销商网络中，冲突主体经销商与其他经销商之间不存在长期紧密关系，支持经销商冲突行为的意愿会大大降低。并且在网络观测者效应下，其他经销商认为冲突主体经销商的冲突行为，违反了规范，威胁凝聚力，以及渠道网络成员的稳定性。为了达到公平（或心理平衡），其他经销商期望冲突主体经销商受到一定惩罚①。因此，在低密度经销商网络情境下，制造商关注的重点不再是经销商群体会以怎样的方式来解读自己所采用的冲突解决策略，而是怎样维护自己在经销商群体中的权威，赢得其他经销商的信任以及降低其他经销商从事冲突行为的学习动机。此时，如果制造商对冲突主体经销商进行了适当威胁、惩罚，更加符合其他经销商的标准，赢得他们的信任。相反，当其他经销商看到同行并没有因冲突行为而受到惩罚或威胁时，他们可能会对冲突行为进行模仿与学习。基于以上分析，我们提出如下假设：

H2：当冲突主体经销商处在低密度的经销商网络时，制造商的相对权力越大，制造商越会倾向于多使用竞争性冲突解决策略（a），而越倾向于少使用合作性冲突解决策略（b）和回避性冲突解决策略（c）。

3.2　网络中心性的调节作用

Benson 认为网络中心性，是指行动者在网络中占据中心位置的强度，它反映的是单个行动者在其网络中的地位，以及对网络中其他成员的资源与信息流动的控制能力。网络密度考虑的是所有网络成员之间的相互联系情况，而网络中心性考虑的是某一网络成员与网络中其他成员之间的联系情况。社会网络分析法一般从三个方面来衡量某个行动者的中心性：一是点度中心性（degree centrality），即与该行动者直接相连的网络行动者数量，数量越多，该行动者的点度中心性就越强。二是中间中心性（betweenness centrality），即该行动者在多大程度上处于其他行动者的"中间"，如果一个行动者处于许多其他行动者交往的"桥"上，他就可能具有控制其他行动者之间交往的能力。处在这种位置的行动者可以通过控制或曲解信息的传递而影响其他行动者的态度与行为。三是接近中心性（closeness centrality），即某个行动者与网络中其他行动者接近的程度，它表示该行动者不受他人控制的程度。行动者网络中心性的提高，不仅可以提升其在网络中的信息与资源的获取能力，还可以通过对网络中其他行动者获取信息与资源的控制能力来提升其在网络中的影响力。

在本研究背景中，网络中心性是指经销商在自发形成的非正式网络中的位置强度，即单个经销商在其非正式网络中的地位。位于中心位置的经销商可以影响经销商网络中的信息流动，以及其他经销商的预期。

本研究认为，当与一个处于高网络中心性的经销商发生冲突时，相对权力会促使制造商缓解使用竞争性冲突解决策略。因为，处在高网络中心性的经销商可以影响网络中的信息流动和其他经销商对于制造商强制行为的公正性感知。一旦制造商所使用的冲突解决策略被位于中心性较高的经销商解读为过于严厉时，该经销商可能会对制造商产生负面回应，在网络中曲解信息，削弱制造商在经销商网络中的声誉和支持。该经销商对冲突解决

---

① Fehr, E., and Simon, G.. Cooperation and punishment in public goods experiments [J]. *American Economic Review*, 2000, 12（6）：980-994.

策略的严厉解读会影响网络中其他经销商对该冲突解决策略的相同感知，进而导致制造商协调经销商关系的交易成本大大上升①。这种潜在风险可能会使拥有权力的制造商在解决冲突时少使用竞争性策略。此外，从权力角度来看，处于依赖地位的其他经销商网络成员可以通过同第三方（高中心性位置的经销商）建立联系，改变与制造商之间原本的权力关系。相对于处于网络边缘位置的经销商，占据高中心性的经销商往往被认为具备更强的能力和可靠，可以获得或控制其他网络成员的资源，与制造商形成一致对峙。在这种情况下，拥有权力优势的制造商可能更关注在现有和潜在经销商网络之间保持自己良好的声誉，而会谨慎使用严厉的冲突解决策略，因为严厉的冲突解决策略会玷污其名声、危害自己优势的权力地位②。相反，更多地使用合作性冲突解决策略，可以提高中心性较高的经销商对制造商的积极回应，进而影响经销商群体在态度与行为上与冲突主体经销商一致的积极回应。因此，我们提出假设：

H3：当冲突主体经销商处在高中心性的经销商网络时，制造商的相对权力越大，制造商越会倾向于少使用竞争性冲突解决策略（a），而越倾向于多使用合作性冲突解决策略（b）和回避性冲突解决策略（c）。

相反，当与一个处于低网络中心性的经销商发生冲突时，制造商的相对权力会促使其多使用竞争性策略。处于低网络中心性的经销商影响网络信息流动的可能性较小，尤其是不可能影响其他经销商对于制造商强制行为的公正感知。因此，即使该经销商认为制造商解决冲突的方式过于严厉而产生一个负面回应，制造商也不会过多担心其声誉在经销商网络中受到影响。相反，如果制造商采用合作性解决策略，在网络观测者效应下，反而让其他经销商感知不公平，从而降低他们对制造商的信任感；此外，合作性冲突解决策略会让其他经销商感知冲突行为的所得大于预期成本而学习冲突行为，从而增加了整体渠道冲突的可能性。基于以上分析，我们提出如下假设：

H4：当冲突主体经销商处在低中心性的经销商网络时，制造商的相对权力越大，制造商越会倾向于多使用竞争性冲突解决策略（a），而越倾向于少使用合作性冲突解决策略（b）和回避性冲突解决策略（c）。

4. 研究方法

4.1 样本与数据收集

本文主要对经销商群体网络嵌入性在制造商权力与冲突解决策略关系中的调节作用进行研究，故本文选取的样本总体是制造企业。为了获得稳定而广泛的研究结论，本研究没有对制造企业的具体类型进行限定。为了保证样本企业经销商群体网络结构变量有充分的变异，我们采用非排他性渠道结构的制造企业作为抽样总体，即样本企业在区域市场内某

---

① Ford, D., McDowell, R., and Tomkins, C. Relationship strategy, investments and decision making [J]. *Networks in Marketing*, 1996, 24 (13): 144-178.

② Boyle, Brett. A., and Dwyer, F. R.. Power, bureaucracy, influence, and performance: their relationships in industrial distribution channels [J]. *Journal of Business Research*, 1995, 32 (3): 189-200.

一层面上拥有多个经销商。为了保证调查的有效性，在实施问卷调查以前，我们对来自11个企业（包括制造商、经销商与零售商）的总经理、营销经理及采购经理进行了深度访谈。访谈的目的一方面是获得不同类型产品分销渠道的结构特征以及渠道权力等方面的信息，另一方面则是了解这些企业，尤其是制造商销售（市场）经理对渠道网络结构的认知情况。深度访谈为调研操作提供了有价值的指导性意见。为了提高调查问卷的回收率，委托一家专业市场调研公司实施调研。调研公司分别在武汉、长沙、广州、杭州、成都等城市抽取样本，调研对象为制造企业的销售经理、市场经理和主要业务员等了解企业渠道状况的边界人员。调查在2012年11月至2013年8月进行，共发放问卷1006份，回收270份，剔除较为严重的缺失数据的问卷后，最终获得238份有效问卷。样本描述性统计如表1所示。

为了检验是否有无反应偏差，我们对无应答者和有效问卷企业在所有制、员工数量、年销售收入等关键指标上进行了卡方检验和方差分析。检验发现，二者之间在统计上无显著差异（$p > 0.05$）。因此，代表性样本大小足够进行实证分析。

表1   样本特征的分布情况

基本特征		样本量	百分比（%）	基本特征		样本量	百分比（%）
行业	食品饮料	38	15.97	公司性质	国有企业	46	19.34
	计算机、电子及通信设备	50	21.01		民营企业	97	40.75
	纺织及服装	48	20.16		集体企业	18	7.56
	金属、塑料及橡胶制品	33	13.87		股份制企业	38	15.97
	软件	10	4.2		外资企业	23	9.66
	化工及医药企业	15	6.3		其他	16	6.72
	家居制造	40	16.81				
	其他	4	1.68				
公司员工人数	低于100人	54	22.69	公司分布情况	珠三角地区	108	45.38
	100~199人	62	26.06		长三角地区	72	30.25
	200~499人	46	19.32				
	500~999人	35	14.71		华中地区	58	24.37
	1000人以上	41	17.22				
年销售收入	小于300万元	16	6.72	受访人职位	高层管理人员	95	39.92
	300万~1000万元	48	20.16		中层管理人员	103	43.28
	1000万~2500万元	46	19.33				
	2500万~5000万元	37	15.55		基层管理人员	17	7.14
	5000万~1亿元	27	11.34				
	1亿元以上	64	26.90		其他销售业务员	23	9.66

4.2 问卷和变量测量

本研究的调查问卷有 6 页，完成填写大约需要 20 分钟。Farh 等总结了中国学者在管理研究中量表开发的四种取向，分别是直接翻译取向、修改取向、去情境化取向和情境化取向。为保证量表的有效性，本研究采用修改取向的量表开发方式，选取国外公开发表的高质量的成熟量表翻译成中文，在不改变原意的前提下，根据中国人的语言习惯和企业的具体情况对量表问项做了适当修改，使其更符合中国本土文化情境下的渠道关系。下面只说明本研究中用到的量表。如果没有另外说明，问卷采用 7 点李克特量表测量（1 最低程度到 7 最高程度）。

本研究主要涉及了 6 个一级潜变量研究变量，包括制造商渠道权力、冲突解决策略（竞争性冲突解决、合作性冲突解决、回避性冲突解决）、经销商网络结构嵌入性（网络密集度和网络中心性）。其中，制造商渠道权力的测量题项来自庄贵军等的研究成果，包含 6 个观察指标。竞争性冲突解决和合作性冲突解决的测量题项来自 Ganesan 等的研究成果，分别包含 5 个观察指标。回避性冲突解决的测量题项来自 Kirkbride 等人的研究成果，包含 3 个观察指标。经销商网络密度和网络中心性的测量题项来自 Antia 和 Frazier 的研究成果，分别包含 3 个观察指标。为了区分经销商网络的密集度，我们根据密集度平均分（4.322），并适当考虑分组样本数量的合理分布，以 4.5 分把原始数据分成 2 组，低密集度样本为 114，高密集度样本为 124，密集度的两组数据之间的回归系数 z 分数超过 1.96，这证实了我们方法的合理性与准确性。采取相同的方法区分了经销商的网络中心性，中心性的平均分为 4.376，以 4.5 分将原始数据分成 2 组，低中心性样本为 117，高中心性样本为 121，中心性的两组数据之间的回归系数 z 分数超过 1.96。

根据现有研究，组织间权力距离和渠道双方关系信任是影响冲突解决策略的主要因素，因此本研究将这些变量作为控制变量。其中，组织间权力距离的测量题项来自 Wuyts 和 Geyskens 的研究成果，包含 3 个题项。关系信任的测量题项来自 Gulati 和 Sytch 的研究，包含 4 个题项。

4.3 量表的信度、效度检验

采用 Amos18 软件对反应式量表进行了验证性因子分析，表 2 给出了量表信度和验证性因子分析结果。本研究根据 Bagozzi 和 Yi 的建议来评估量表的信度。如表 2 所示，所有量表的 a 值均大于 0.70，说明量表的信度均在可接受的范围内。进一步计算各个变量的复合信度，所有变量的复合信度均在 0.841 ~ 0.948，这说明量表的内部一致性较高。除 CRA_3 的因子载荷较低外，其余题项因子载荷均大于 0.70，且所有题项的因子载荷都在 0.01 水平上显著，说明量表中的各变量有较好的聚合效度。根据 Fornell 和 Larcker（1981）的标准，测量区分效度的方式是每个构念的 AVE 系数大于该构念与其他构念的相关系数的平方，表 3 显示符合上述评估标准，因此，量表具有较高的区分效度。

表2

验证性因素分析结果

变量	题项	因子载荷	a 值	复合效度	变量	题项	因子载荷	a 值	复合效度
制造商权力	MP_1	0.827	0.899	0.926	竞争性冲突解决	$CRCom_1$	0.862	0.907	0.931
	MP_2	0.835				$CRCom_2$	0.846		
	MP_3	0.880				$CRCom_3$	0.896		
	MP_4	0.871				$CRCom_4$	0.895		
	MP_5	0.809				$CRCom_5$	0.770		
关系信任	RT_1	0.796	0.907	0.935	合作性冲突解决	$CRCoo_1$	0.806	0.912	0.934
	RT_2	0.915				$CRCoo_2$	0.896		
	RT_3	0.918				$CRCoo_3$	0.877		
	RT_4	0.906				$CRCoo_4$	0.889		
						$CRCoo_5$	0.829		
权力距离	PD_1	0.876	0.918	0.942	回避性冲突解决	CRA_1	0.813	0.714	0.841
	PD_2	0.899				CRA_2	0.881		
	PD_3	0.925				CRA_3	0.696		
	PD_4	0.884							
密集度	De_1	0.848	0.903	0.892	中心性	Ce_1	0.858	0.905	0.889
	De_2	0.861				Ce_2	0.847		
	De_3	0.859				Ce_3	0.853		

模型拟合指数：$\chi^2/df = 1.931$；GFI = 0.95；CFI = 0.98；NNFI = 0.94；RMSEA = 0.074

表3   **均值、标准差和相关系数**

	制造商权力	权力距离	关系信任	密集度	中心性	竞争性冲突解决	合作性冲突解决	回避性冲突解
制造商权力	**0.714**							
权力距离	−0.119	**0.803**						
关系信任	0.126	−0.102	**0.784**					
密集度	0.297**	−0.145**	0.315**	**0.733**				
中心性	0.248**	−0.177**	0.396**	0.533**	**0.727**			
竞争性冲突解决	−0.159*	0.108	−0.278**	−0.492**	−0.351**	**0.731**		
合作性冲突解决	0.273**	−0.134*	0.390**	0.606**	0.544**	−0.663**	**0.739**	
回避性冲突解决	0.226**	−0.012	0.206**	0.510**	0.434**	−0.487**	0.715**	**0.641**
均值	4.313	3.233	4.757	4.308	4.366	3.586	4.559	**4.444**
标准差	1.049	1.221	1.090	1.288	1.255	1.180	1.023	**0.873**

注：** 代表 $p<0.01$，* 代表 $p<0.05$，对角线上的数据为该构念的 AVE 值。

从表 2 的数据可以看出，最终各项指标都超过了临界值，模型的整体拟合度较好（拟合度指数 $\chi^2/df = 1.931$，近似误差均方根 RMSEA 值为 0.074，绝对拟合度指数 GFI、比较拟合指数 CFI、NNFI 指数分别为 0.95、0.98、0.94。

共同方法偏差可能对研究效度产生影响，因为所有数据都是感知数据，它们在同一时间点上从同一来源收集。为了解决共同方法偏差问题，第一，采纳 Podsakoff 和 Organ 的建议，每个变量都用多题项来测量，以防单一题项可能导致的共同方法偏差；第二，参照 Lindell 和 Whitney 提供的特征变量评估技术，我们进行了相应的测试。在控制了特征变量的影响后，偏相关系数分析显示，重要变量由共同方法引起的变化不显著。因此，在本研究中，共同方法偏差问题并不严重。

4.4 数据分析与结果

我们使用普通最小二乘法（Ordinary Least Squares，OLS）对研究假设进行了检验。因为本研究假设主要探讨在不同经销商网络情境下，制造商权力与冲突解决策略两变量之间的直接关系，而 OLS 为这种情境提供了有效、适当的方法。分析结果如表 4 所示。

如表 4 所示，在高密度的经销商网络中，制造商权力对竞争性冲突解决有显著的负向影响（$\beta = -0.523$，$p < 0.01$）；制造商权力分别对合作性冲突解决（$\beta = 0.515$，$p < 0.01$）和回避性冲突解决（$\beta = 0.251$，$p < 0.01$）有显著的正向影响，这说明当冲突主体经销商处在高密度经销商网络中时，制造商权力越大，在解决冲突时越倾向于少使用竞争性解决策略，而多使用合作性和回避性解决策略，因而 H1a、H1b 和 H1c 得到支持。在低密度的经销商网络中，制造商权力对竞争性冲突解决有显著的正向影响（$\beta = 0.472$，$p < 0.01$），H2a 得到支持；制造商权力对合作性冲突解决有显著的负向影响（$\beta = -0.321$，$p < 0.01$），H2b 得到支持；制造商权力对回避性冲突解决有负向影响，但不显著（$\beta = -0.057$，$p > 0.1$），因而 H2c 被拒绝。

在高中心性的经销商网络中，制造商权力对竞争性冲突解决有显著的负向影响（$\beta = -0.481$，$p < 0.01$），而制造商权力分别对合作性冲突解决（$\beta = 0.468$，$p < 0.01$）和回避性冲突解决（$\beta = 0.22$，$p < 0.05$）有显著的正向影响，因而 H3a、H3b 和 H3c 得到支持。在低中心性的经销商网络中，制造商权力对竞争性冲突解决有显著的正向影响（$\beta = 0.177$，$p < 0.1$），H4a 得到支持；制造商权力对合作性冲突解决有负向影响，但不显著（$\beta = -0.078$，$p > 0.1$），H4b 被拒绝；制造商权力对回避性冲突解决有负向影响，但不显著（$\beta = -0.036$，$p > 0.1$），因而 H4c 被拒绝。

表 4　　　　　　　　制造商权力、结构因素对冲突解决策略的检验结果

结构因素		竞争性冲突解决	合作性冲突解决	回避性冲突解决
高密集度	制造商权力	-0.523^{**}	0.515^{**}	0.220^{*}
	权力距离	0.063	-0.153^{*}	-0.054
	关系信任	-0.151^{*}	0.199^{**}	0.171^{*}
	F 值	14.962^{**}	21.417^{**}	2.200^{*}
	Ad-R^2	0.254	0.332	0.028

结构因素		竞争性冲突解决	合作性冲突解决	回避性冲突解决
低密集度	制造商权力	0.472 **	−0.321 **	−0.057
	权力距离	0.154†	−0.069	−0.041
	关系信任	−0.170 *	0.296 **	0.185 *
	F 值	13.549 **	9.871 **	1.501†
	Ad-R^2	0.25	0.191	0.013
高中心性	制造商权力	−0.481 **	0.468 **	0.251 **
	权力距离	0.098†	−0.057	−0.126†
	关系信任	−0.134 *	0.265 **	0.037
	F 值	15.255 **	17.884 **	3.247 *
	Ad-R^2	0.258	0.292	0.052
低中心性	制造商权力	0.177 *	−0.078	−0.036
	权力距离	0.051	−0.191 *	−0.042
	关系信任	−0.137†	0.229 **	0.093
	F 值	2.120†	3.254 **	0.414
	Ad-R^2	0.029	0.068	0.011

注：** 代表 $p < 0.01$，* 代表 $p < 0.05$，† 代表 $p < 0.1$。

5. 讨论与未来研究展望

根据 Antia、Frazier、Welch 和 Wilkinson 的观点，网络结构因素对渠道行为有着复杂的直接和间接影响，企业对交易伙伴网络密度和网络中心性的感知会影响到企业强制行为的使用，而现有研究对这些观点的实证证据还比较缺乏。本研究以中国市场为研究背景，从结构嵌入视角研究经销商网络结构因素在制造商权力和冲突解决策略关系中的影响，实证结论证实了制造商权力与不同冲突解决策略二者之间的关系受到经销商网络密度和网络中心性的影响。研究结论为渠道权力与渠道冲突解决策略二者间关系不一致的结论提供了更加全面的解释。本研究不仅丰富与拓展了现有渠道权力、渠道冲突解决的研究，同时也充分表明在研究渠道行为问题时有必要继续加强渠道网络结构的研究。本研究结论主要体现在以下几个方面。

第一，反映网络结构因素的经销商网络密度越高，在冲突解决过程中，制造商权力越大，越会倾向于少使用竞争性冲突解决（H1a），多使用合作性冲突解决（H1b）和回避性冲突解决（H1c），这体现了经销商之间关系中的高水平联系与互动所形成的共同价值观念，以及对制造商行为的一致性的影响。相反，当经销商网络密度越低时，在冲突解决过程中，制造商权力越大，越倾向于多使用竞争性冲突解决（H2a），而少使用合作性冲突解决（H2b），这体现了在低密度经销商网络中，制造商不必担心经销商对制造商行为的一致性报复，而更多考虑的是维护自己在其他经销商中的信任、权威与公平。

第二，反映网络结构因素的经销商中心性越高，在冲突解决过程中，制造商权力越大，越会倾向于少使用竞争性冲突解决（H3a），多使用合作性冲突解决（H3b）和回避性冲突解决（H3c），这是由于处在网络中心位置的经销商可以控制甚至曲解信息与传递，进而影响其他经销商对制造商的态度与行为。相反，经销商中心性越低，制造商越会倾向于多使用竞争性冲突解决（H4a），来维护自己在其他经销商中的信任、权威与公平。

　　第三，研究结论显示，在中国东方儒家文化情境下，在渠道冲突解决过程中确实存在回避方式。尽管回避在西方国家基本上被认为是一种无效的冲突解决方法，然而，对于以集体主义精神为特征、以和为贵的中国社会，回避策略可以人为降低争议问题的重要性，抑制冲突双方对争议问题的思考，符合中国人"以和为贵"、"息事宁人"的特征，可以保全冲突双方的面子问题。在高密度和高中心性的经销商网络中，制造商权力与回避性冲突解决均有显著的正向影响，但在低密度和低中心性的经销商网络中，制造商权力与回避性冲突解决均没有显著影响。一个可能的解释是在低密度和低中心性的经销商网络中，制造商在选择回避性冲突解决时，不会过多关注经销商网络结构因素的影响，而是强调渠道二元关系因素，如关系信任，或者组织间权力距离的影响。如果渠道冲突双方之间的关系信任越高，具有相对权力的制造商在冲突解决过程中越有可能淡化冲突，此时制造商权力与回避冲突解决之间可能存在正向影响；相反，如果渠道冲突双方之间的关系信任越低，具有相对权力的制造商在冲突解决过程中越不可能淡化冲突，此时制造商权力与回避冲突解决之间可能存在负向影响，或没有影响，因而在未来的研究中要继续加以检验。

　　第四，与先前一些研究结果一致，本研究的控制变量制造商与经销商之间的权力距离（不管在高密度或高中心性，还是低密度或低中心性的经销商网络中），对竞争性冲突解决策略有正向影响，而对合作性冲突解决策略有负向影响，这说明制造商与经销商组织间的权力距离越大，在解决冲突过程中，会越倾向于使用竞争性冲突解决策略，而少使用合作性冲突解决策略。制造商与经销商之间的关系信任对竞争性冲突解决有显著的负向影响，而对合作性冲突解决和回避性冲突解决有显著的正向影响，这表明渠道二元关系氛围会影响冲突解决策略的使用。

　　本研究的结论可以为企业的渠道管理者提供一定的指导启示。

　　首先，具有相对权力的制造商管理者在冲突解决过程中，除了需要关注二元渠道关系特征外，还需要充分考虑经销商群体网络的结构特征。经销商群体间联系的紧密程度，以及冲突主体经销商在网络中的位置都会影响管理者冲突解决策略的选择。因而，从经销商网络的角度着眼于冲突解决策略的选择可以更有效地管理经销商渠道关系。

　　其次，权力相对较弱的经销商，在冲突解决过程中尽管没有主导权，但可以与同行经销商之间形成紧密互动的经销商网络，提高其在经销商网络中的地位，抑制制造商在冲突解决过程中使用带有强制性特征的竞争性冲突解决策略。

　　最后，本研究样本来源于中国市场，所得的结论可以在和中国市场相似的行业背景中使用。当外资企业将其国内市场延伸到中国市场时，有必要建立良好的渠道系统和形成与维持良好的渠道关系。根据本研究结论，如果强势的外国企业想获得中国经销商的满意，应该更多使用合作性冲突解决策略。回避性冲突解决策略可能受经销商的欢迎，因为回避策略可以人为降低争议问题的重要性，抑制冲突双方对争议问题的思考，符合中国人

"以和为贵"、"息事宁人"的特征，可以保全冲突双方的面子问题。

本研究存在一定的局限，未来研究仍需要进一步强化和关注。

第一，社会网络理论被越来越多的学者用于渠道研究中，并且关系嵌入和结构嵌入可能会对渠道成员的行为产生不同的影响。本研究仅从结构层面检验网络在冲突解决策略中的影响机制，未能对两个不同层面的网络嵌入影响机制的差异进行比较，这显然构成了一个重要的研究主题。因此，为了全面反映经销商网络在制造商权力与冲突解决策略二者间关系中的作用，未来的研究有必要将网络结构变量和网络关系变量同时纳入研究框架，这也是今后营销渠道行为研究从二元分析向网络分析延伸的一个重要方向。

第二，尽管本研究将网络密度和网络中心性两个变量纳入了权力与冲突解决策略的研究框架，但出于可操作性的考虑，仅从主观感知上关注了渠道关系中的经销商网络，因此，未来研究可以探索对网络结构变量的客观测量方法，或者改进主观感知测量方法，并将渠道关系双方的网络纳入分析范围，使渠道网络的分析更加贴近现实。

第三，根据渠道行为理论的主流研究范式，仅仅从制造商单边获取相关数据，研究结果仅仅代表了制造商的感知和行为。虽然检验结果表明数据的同源偏差问题并不严重，但未来的研究仍需要考虑从制造商和经销商双边视角来获取配对数据。

◎ 参考文献

[1] 寿志钢，张起元．渠道冲突真的一无是处吗？分销商的感知冲突、感知承诺与信息分享意愿的关系 [J]．经济管理，2011，33（11）．

[2] 叶志桂．组织冲突解决机制研究 [J]．经济管理，2004（12）．

[3] 庄贵军，周筱莲．权力、冲突与合作：中国工商企业之间渠道行为的实证研究 [J]．管理世界，2002（3）．

[4] 张闯．网络视角下的渠道权力结构：理论模型与研究命题 [J]．营销科学学报，2008，4（1）．

[5] 张闯，徐健，夏春玉．契约型农产品渠道中农户人际关系网络结构对企业权力应用及其结果的影响 [J]．营销科学学报，2010，6（1）．

[6] Anderson, J. C., and Narus, J. A.. A model of the distributor's perspective of distributor-manufacturer working relationships [J]. *Journal of Marketing*, 1984, 48（4）.

[7] Anderson, J. C., James, A., and Narus, J. A.. A model of distributor firm and manufacturer firm working partnerships [J]. *Journal of Marketing*, 1990, 54（1）.

[8] Anderson, J. C., Hakan, H., and Jan, J.. Dyadic business relationships within a business network context [J]. *Journal of Marketing*, 1994, 58（4）.

[9] Antia, K. D., and Gary, L. F.. The severity of contract enforcement in interfirm channel relationships [J]. *Journal of Marketing*, 2001, 65（4）.

[10] Assael, H.. The political role of trade associations in distributive conflict resolution [J]. *Journal of Marketing*, 1968, 32（6）.

[11] Bagozzi, Richard, P., and Youjae, Y.. On the evaluation of structural equation models

[J]. *Journal of The Academy of Marketing Science*, 1988, 16 (1).

[12] Bandura, and Albert. Self-efficacy: Toward a unifying theory of behavioral change [J]. *Psychological Review*, 1977, 84 (2).

[13] Benson, J., Kenneth. The interorganizational network as a political economy [J]. *Administrative Science Quarterly*, 1975, 20 (2).

[14] Bradford, K. D., Anne, S., and Barton, A. W.. Managing conflict to improve the effectiveness of retail networks [J]. *Journal of Retailing*, 2004, 80 (3).

[15] Boyle, Brett. A., and Dwyer, F. R.. Power, bureaucracy, influence, and performance: their relationships in industrial distribution channels [J]. *Journal of Business Research*, 1995, 32 (3).

[16] Burt, R. S.. The social structure of competition [J]. *Explorations in Economic Sociology*, 1993 (9).

[17] Brass, D. J., Kenneth, D. B., and Bruce C. S.. Relationships and unethical behavior: A social network perspective [J]. *Academy of Management Review*, 1998, 23 (1).

[18] Brass, D. J., and Marlene, E. B.. Potential power and power use: An investigation of structure and behavior [J]. *Academy of Management Journal*, 1993, 36 (3).

[19] Coleman, J. S. . Social capital in the creation of human capital [J]. *American Journal of Sociology*, 1988, 7.

[20] Dwyer, F. R., Orville, C., and Walker, J.. Bargaining in an asymmetrical power structure [J]. *Journal of Marketing*, 1981, 45 (1).

[21] Dant, R. P., and Patrick, L. S.. Conflict resolution processes in contractual channels of distribution [J]. *Journal of Marketing*, 1992, 6.

[22] Elster, J.. Social norms and economic theory [J]. *The Journal of economic Perspectives*, 1989, 3 (4).

[23] Etzioni, A.. Comparative analysis of complex organizations [J]. *Simon and Schuster*, 1975, 7 (2).

[24] Farh, J. L., Albert, A., Cannella, and Cynthia, L.. Approaches to scale development in Chinese management research [J]. *Management and Organization Review*, 2006, 2 (3).

[25] Fehr, E., and Simon, G.. Cooperation and punishment in public goods experiments [J]. *American Economic Review*, 2000, 12 (6).

[26] Ford, D., McDowell, R., and Tomkins, C. Relationship strategy, investments and decision making [J]. *Networks in Marketing*, 1996, 24 (13).

[27] Frazier, G. L., and John, O. S.. Perceptions of interfirm power and its use within a franchise channel of distribution [J]. *Journal of Marketing* Research, 1986, 23 (2).

[28] Frazier, G. L., James, D. G., and Sudhir, H. K.. Dealer dependence levels and reciprocal actions in a channel of distribution in a developing country [J]. *Journal of Marketing*, 1989, 53 (1).

[29] Frazier, G. L., and Raymond, C.. The use of influence strategies in interfirm

relationships in industrial product channels [J]. *Journal of Marketing*, 1991, 55 (1).

[30] French, J., John, R. P, and Bertram, R.. The bases of social power [J]. *Studies in Social Power*, 1959, 13 (4).

[31] Freeman, L. C.. Centrality in social networks conceptual clarification [J]. *Social Networks*, 1979, 1 (3).

[32] Ganesan, S.. Negotiation strategies and the nature of channel relationships [J]. *Journal of Marketing Research*, 1993, 30 (2).

[33] Granovetter, M. S.. Problems of explanation in economic sociology [M]. Boston: Harvard Business School Press, 1992, (7).

[34] Galaskiewicz, J., and Stanley, W.. Mimetic processes within an interorganizational field: An empirical test [J]. *Administrative Science Quarterly*, 1989, 34 (3).

[35] Galaskiewicz, J.. Interorganizational relations [J]. *Annual Review of Sociology*, 1985, 11.

[36] Gnyawali, D. R., and Ravindranath, M.. Cooperative networks and competitive dynamics: A structural embeddedness perspective [J]. *Academy of Management Review*, 2001, 26 (3).

[37] Gulati, R., and Maxim, S.. Dependence asymmetry and joint dependence in interorganizational relationships: Effects of embeddedness on a manufacturer's performance in procurement relationships [J]. *Administrative Science Quarterly*, 2007, 52 (1).

[38] Hagel, J., and John, S. B.. Productive friction: How difficult business partnerships can accelerate innovation [J]. *Harvard Business Review*, 2005, 83 (2).

[39] Heide, J. B., and George, J.. Do norms matter in marketing relationships [J]. *Journal of Marketing*, 1992, 56 (2).

[40] Kasulis, J. J., and Robert, E. S.. A framework for the use of power [J]. *Journal of Marketing*, 1980, 14 (4).

[41] Kim, K.. On interfirm power, channel climate, and solidarity in industrial distributor-supplier dyads [J]. *Journal of the Academy of Marketing Science*, 2000, 28 (3).

[42] Kirkbride, P. S., Sara, F. T., and Robert, I. W.. Chinese conflict preferences and negotiating behaviour: Cultural and psychological influences [J]. *Organization Studies*, 1991, 12 (3).

[43] Kilduff, M., and Wenpin, T.. *Social networks and organizations* [M]. London: Sage Publications Ltd, 2003, 7 (2).

[44] Koza, K. L., and Rajiv, P. D.. Effects of relationship climate, control mechanism, and communications on conflict resolution behavior and performance outcomes [J]. *Journal of Retailing*, 2007, 83 (3).

[45] Kumar, N., Scheer, L. K., and Steenkamp, J. E.. The effects of supplier fairness on vulnerable resellers [J]. *Journal of Marketing* Research, 1995, 32 (2).

[46] Kumar, K., and Han, G. V.. Sustainable collaboration: Managing conflict and cooperation

in interorganizational systems [J]. *Mis Quarterly*, 1996, 20 (3).

[47] Kumar, N., Lisa, K. S., and Jan, E. S. Interdependence, punitive capability, and the reciprocation of punitive actions in channel relationships [J]. *Journal of Marketing Research*, 1998, 35 (2).

[48] Lai, C.. The use of influence strategies in interdependent relationship: The moderating role of shared norms and values [J]. *Industrial Marketing Management*, 2009, 38 (4).

[49] Lusch, R. F., and James, R. B.. A modified model of power in the marketing channel [J]. *Journal of Marketing Research*, 1982, 19 (3).

[50] Magrath, Allan J., and Kenneth G. Hardy. A strategic paradigm for predicting manufacturer-reseller conflict [J]. *European Journal of Marketing*, 1989, 23 (2).

[51] McAlister, L., Max, H. B., and Peter, F.. Power and goal setting in channel negotiations [J]. *Journal of Marketing* Research, 1986, 23 (3).

[52] Meyer, J. W., and Brian, R.. Institutionalized organizations: Formal structure as myth and ceremony [J]. *American Journal of Sociology*, 1977, 83 (2).

[53] Neslin, S. A., and Leonard, G.. Nash's theory of cooperative games as a predictor of the outcomes of buyer-seller negotiations: An experiment in media purchasing [J]. *Journal of Marketing* Research, 1983, 20 (4).

[54] Nahapiet, J., and Sumantra, G.. Social capital, intellectual capital, and the organizational advantage [J]. *Academy of Management Review*, 1998, 23 (2).

[55] Priem, R. L., and Kenneth, H. P.. Process and outcome expectations for the dialectical inquiry, devil's advocacy, and consensus techniques of strategic decision making [J]. *Group and Organization Management*, 1991, 16 (2).

[56] Pfeffer, J., and Huseyin, L.. The effect of competition on some dimensions of organizational structure [J]. *Social Forces*, 1973, 52 (2).

[57] Powell, Walter, W., Kenneth, W. K., and Laurel, S.. Interorganizational collaboration and the locus of innovation: Networks of learning in biotechnology [J]. *Administrative Science Quarterly*, 1996, 5 (3).

[58] Reagans, R., and Bill, M.. Network structure and knowledge transfer: The effects of cohesion and range [J]. *Administrative Science Quarterly*, 2003, 48 (2).

[59] Roering, K. J.. Bargaining in distribution channels [J]. *Journal of Business Research*, 1977, 5 (1).

[60] Rosenbloom, B.. Conflict and channel efficiency: Some conceptual models for the decision maker [J]. *Journal of Marketing*, 1973, (3).

[61] Rindfleisch, A., and Christine, M.. The acquisition and utilization of information in new product alliances: A strength-of-ties perspective [J]. *Journal of marketing*, 2001, 65 (2).

[62] Scheer, L. K., and Louis, W. S.. The effect of influence type and performance outcomes on attitude toward the influencer [J]. *Journal of Marketing* Research, 1992, 29 (1).

[63] Sparrowe, R. T. , et al. . Social networks and the performance of individuals and groups [J]. *Academy of Management Journal*, 2001, 44 (2).

[64] Sparrowe, R. T. , and Robert, C. L. . Two routes to influence: Integrating leader-member exchange and social network perspectives [J]. *Administrative Science Quarterly*, 2005, 50 (4).

[65] Thomas, K. W. . Conflict and conflict management: Reflections and update [J]. *Journal of Organizational Behavior*, 1992, 13 (3).

[66] Thomas, K. W. . *Thomas-Kilmann conflict mode instrument* [M]. NewYork: Cpp ComXicom, 1976, 3 (1).

[67] Uzzi, B. . The sources and consequences of embeddedness for the economic performance of organizations: The network effect [J]. *American Sociological Review*, 1996, 61 (4).

[68] Van, D. B. , and Wuyts, S. . *Social networks and marketing* [M]. Cambridge: Marketing Science Institute, 2007, 6.

[69] Wang, D. T. , Flora, F. G. , and Maggie, C. D. . Observer effects of punishment in a distribution network [J]. *Journal of Marketing Research*, 2013, 50 (5).

[70] Welch, C. , and Ian, W. . Network perspectives on interfirm conflict: Reassessing a critical case in international business [J]. *Journal of Business Research*, 2005, 58 (2).

[71] Wuyts, S. , and Inge, G. . The formation of buyer-supplier relationships: Detailed contract drafting and close partner selection [J]. *Journal of Marketing*, 2005, 69 (4).

The Impacts of Manufacturer's Power on the Channel Conflict Resolution Strategies: The Influences of Network Structural Embeddedness of Dealer

Wang Hui[1]   Zhan Zhifang[2]

(1   Human University of Chinese Medicine, Changsha, 410208;

2   Human University of Commerce, Changsha, 410205)

Abstract: The relationship between channel power and conflict resolution has always been an important research subject of marketing scholars, but previous studies do not provide a more consistent explanation on it, which means that the relationship between channel power and conflict resolution may be affected by other variables. According to social network theory, the channel itself is a kind of social network. Therefore, network density and network centrality, two important constructs from the social network theory, are introduced to our research framework. We test the moderating influence of the dealer's network structure on the relationship between manufacturer's power and the various conflict resolution strategies. By applying the ordinary least square and SPSS17. 0, we test the research hypothesis on base of 238 survey samples from manufacturers. Empirically, we find that manufacturer's power has significant and negative influences on conflict resolution strategy but significant and positive effects on cooperative resolution strategy and avoid resolution strategy in higher density and centrality of dealer's network; in contrast, it has significant and positive influences on competitive resolution strategy, but significant and negative effects on cooperative resolution strategy in lower density and centrality of dealer's network.

Key words: Channel power; Conflict resolution strategy; Network density; Network centrality

专业主编：曾伏娥

网络红包为何如此风靡？*

——基于顾客感知价值视角的分析

● 张亚玲

（广西电力职业技术学院　南宁　530007）

【摘　要】网络红包几乎是一夜之间在人们之间流行起来。如果企业的产品能像网络红包一样迅速被人们接受和使用，企业就再不用担心产品的销量了，因此研究网络红包流行的原因就显得尤为重要。文章从网络人际互动的角度探讨人们在网络红包中的感知价值及情感忠诚。通过回归分析，笔者发现社会价值和情感价值在人际互动与情感忠诚之间起中介作用，人际互动越多，人们所获得的感知价值就越高，购买产品的意愿就越强。此外，研究发现社会价值与情感忠诚的关系受感知风险的调节，感知风险越大，社会价值对情感忠诚的影响越小。

【关键词】人际互动　感知价值　情感忠诚

1. 引言

网络红包作为一种新兴事物，像"病毒一样"在人们之间传播开来。文中的网络红包指朋友间玩耍祝福的互联网工具及互联网运营商、商家通过组织互联网线上活动、派发红包与送钱的互联网工具。2014 年春节微信红包一夜成名，从除夕到初八，超 800 万人参与抢红包活动。随着红包的风靡，越来越多的企业加入红包大战中，抢红包越来越火爆，开始从城市蔓延到农村，从国内蔓延至国外。如春晚播出期间微信摇一摇总量达到110 亿次①，全球有 185 个国家在摇，网络红包正成为中国一个新的年俗。为什么一个小小的红包惹得人们如此疯狂？其给人们带来的价值在哪里？对金融服务企业有无启示？

在体验经济时代顾客体验及其体验价值的形成关键在于消费或服务过程中顾客之间、顾客与企业员工之间的互动②。国内外关于感知价值的研究都强调了顾客与员工之间互动

---

*　通讯作者：张亚玲，E-mail：zyl3273012@ 163. com。

①　谢鹏. duang! 在互联网红包里读懂中国 ［EB/OL］. 南方周末网，http：//www. infzm. com/content/108077.

②　朱世平. 体验营销及其模型构造 ［J］. 商业经济与管理，2003，5：12.

的重要性①②。人际互动对于顾客评价消费或者服务体验及其质量具有重要作用③，对顾客的价值体验及情感忠诚有着积极的促进作用，因为顾客在消费的互动过程中会将个人的价值体验与产品形象联系，从而产生情感忠诚并最终购买该产品。

对于产品或服务对顾客感知价值的研究，国内外学术界主要围绕产品或服务的感知价值对顾客忠诚的影响，对人际互动对感知价值的影响的研究比较少，特别是对网络红包这种虚拟商品的研究更少，而这一研究对于正在日益兴起的网络虚拟商品或服务具有十分重要的意义。网络红包大战的背后是通过网络人际互动占有更多用户。在互联网时代如何根据客户需求，为正在茁壮成长的互联网新业态量身定制一些金融服务、吸引更多的客户是金融服务企业值得深思的问题。

网络红包的关键是网络社交，人们在网络社交活动中获得社会价值和情感价值，其感知价值的满足往往会促发人们的消费行为。随着网络消费的增加，网络安全也越来越引起人们的关注，网络风险已成为影响人们网络消费行为的重要因素。因此本文从网络人际互动的角度分析网络互动对感知价值的影响，同时也分析了感知风险在社会价值、情感价值和情感忠诚关系中的调节作用。

2. 理论框架

2.1 人际互动

在互联网时代，网络互动已成为现代社会人际交往的重要方式。Novak 和 Hoffman 以互联网为基础，提出网络互动的概念，把网络互动分为机器互动和人际互动两种形式④。Levy 和 Massey 从新闻学角度把网络互动分为人际互动与内容互动。对于网络互动性的研究主要集中在以下几个方面：Ha 和 James 基于结构特征观的互动性进行研究，对网站特征、内容进行分类，分析不同于传统媒介的特征与互动性结果之间的关系；Berthon 等基于互动价值进行研究，强调互动性对于维护顾客关系管理的重要性；Day 基于感知观进行研究，关注消费者如何感知和体验互动性。

网络红包带给人们的是网络人际互动过程中的互动性体验和感知。因此本文从网络人际互动对网络红包的感知和评价的角度来进行论述。

2.2 感知价值

学者们对网络环境中的顾客感知价值维度划分提出了不同的观点。研究发现学者们对

---

① 卫海英，刘桂瑜. 互动对服务品牌资产影响的实证研究 [J]. 软科学，2009，11：22.

② Gronroos, C.. Relationship marketing: Interaction, dialogue and value [J]. *Management Decision*, 2000, 38 (4): 50.

③ Brady, M. K., and Cronin, J. J. . Customer orientation: Effects on customer service perceptions and outcome behaviors [J]. *Journal of Service Research*, 2001, 3: 24.

④ Novak, D. L. H. T. . Marketing in hypermedia computer-mediated environments [J]. *Journal of Marketing*, 1997, 60 (3): 31.

顾客感知价值维度的研究主要集中在感知利得和感知利失两个方面。网络红包作为一种虚拟商品，既具有一定的游戏性又具有一定的社交性，同时还有一定的网络风险。基于网络红包的特殊性，结合国内外学者的研究，本文从社会价值、情感价值和感知风险三个方面来研究感知价值。文中的社会价值指网络红包能满足个人与其他社会群体联结，能显示自己的内在形象，使自己的行为符合社会规范；情感价值指触发人与人之间的友情和亲情等情感，满足个人社交的情感需求；感知风险是个人对各种客观风险的心理感受和主观感知[①]，在网络红包活动中，感知风险主要来源于网络不安全造成的财物风险和心理风险。

Stewart 和 Pavlou 提出在网络红包活动中，互动性可以创造价值，Teo 等提出也可以增加顾客对产品和服务的感知价值。顾客的感知价值越高，越容易产生情感忠诚[②]。情感忠诚是指消费者对网络红包产生偏爱和欣赏。

感知风险不仅影响顾客的感知利得，也降低顾客消费意愿[③]。因此，在网络红包互动中，顾客感知利得对情感忠诚的影响受感知风险的调节。感知风险越大，感知利得对情感忠诚的影响越小。图 1 是根据相关理论构建的分析框架。

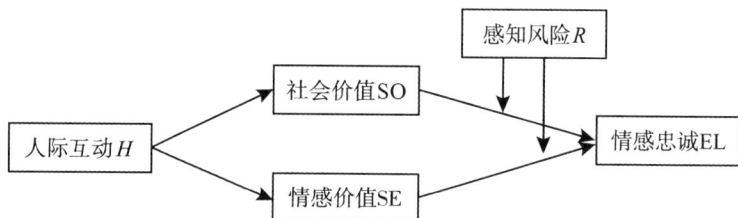

图 1　本文的分析框架

2.3　网络人际互动和感知价值

Kimmel 和 Skadberg 提出互动性直接影响用户的虚拟体验。互动水平越高，顾客的虚拟体验程度也越高。互动是虚拟体验的本质，在虚拟体验的消费过程中，顾客对产品的认知都是在互动中获得的[④]。网络人际互动可消除彼此的陌生感，减弱互动障碍，增进信任基础，让顾客体验到被尊重和被满足的价值，获得愉悦和满足。国内外学者研究发现互动性对网络顾客的感知价值有显著影响[⑤]。网络互动给社区成员带来社会价值[⑥]和情感价

---

① 张刚．C2C 交易中顾客感知风险对购买意愿影响的研究［D］.浙江工商大学，2008：45.

② 刘卫．商店形象对自有品牌感知价值及店铺忠诚的影响研究［J］.广东商学院学报，2012，2：50.

③ 梁健爱．顾客感知风险对网络零售商惠顾意愿影响实证研究［J］.企业经济，2012，8：32.

④ 黄勇，黄敏学．略论虚拟体验［J］.商业时代，2003，20：34.

⑤ 涂天华．购物网站的互动性对顾客感知价值的影响研究［D］.江西财经大学，2008：22.

⑥ 范晓屏，马庆国．基于虚拟社区的网络互动对网络购买意向的影响研究［J］.浙江大学学报（人文社会科学版），2009，5：52.

值。在人际背景下，人与人之间越相互喜欢和信任，人际交流越通畅，人们的社会价值和情感价值越高。

2.3.1 网络人际互动与社会价值

人际互动沟通体现了互动方的社会属性，人的社会化是通过人的互动而产生的，在互动中获得社会价值。随着互联网的发展，网络人际互动已成为人们社会交往的重要组成部分，越来越多的人选择通过网络互动表达和展现自我，增加自身的社会价值。因此网络人际互动对顾客的社会价值有显著的正向影响。基于以上分析提出以下假设：

H1：网络红包活动中，人际互动越多，获得的社会价值越高。

2.3.2 网络人际互动与情感价值

Hoffman 和 Novak 认为消费者在人际互动中会进入一种畅体验状态，获得一种愉悦感。徐乘错、卢艳峰都通过实证研究证明了虚拟社区的互动交流对于消费者的畅体验有显著的正向影响。刘晓莉通过实证分析了网络互动影响人们的情感价值。基于以上分析提出以下假设：

H2：网络红包活动中，人际互动越多，获得的情感价值越高。

2.4 感知价值与情感忠诚

理性行为理论（TRA）认为个人的态度受到个人行为信念及评价结果的影响，技术接受模型（TAM）认为感知的有用和感知的易用都对使用态度产生影响。态度实际上就是顾客的情感忠诚，情感忠诚受顾客的感知价值的影响。在网络消费中，消费者在互动体验中的感知价值与消费者形成对企业的忠诚之间存在密切关系，美好的情感体验所形成的价值有利于消费者形成对企业积极的情感忠诚。如果人们对于某个事物有着良好的形象感知，那么他们会对该事物形成忠诚。基于以上分析提出以下假设：

H3：在网络红包活动中，获得的社会价值越多，人们对网络红包的情感忠诚度就越高。

H4：在网络红包活动中，获得的情感价值越多，人们对网络红包的情感忠诚度就越高。

消费者感知价值的核心是感知利得与感知风险的比较。在消费者决策过程中，感知风险具有重要影响（Kotler，1997），感知风险会降低消费者对网络产品的情感忠诚。通过分析国内外学者的研究，笔者发现顾客感知利得与情感忠诚的关系受感知风险的调节，结合网络红包自身的特点，提出假设：

H5：网络红包活动中，感知风险对社会价值与情感忠诚间的关系起调节作用，感知风险越大，社会价值对情感忠诚的影响越小。

H6：网络红包活动中，感知风险对情感价值与情感忠诚间的关系起调节作用，感知风险越大，情感价值对情感忠诚的影响越小。

3. 研究方法

文章采用SPSS19.0软件进行变量的描述性统计分析、探索性因子分析、信效度分析和回归分析，得到模型的拟合指标和变量间的关系。

3.1 变量测量

文中所有构念都是在现有文献已有成熟量表上改编而成的。人际互动量表来源于 Hoffman 和 Novak（1996）研究中的量表；情感价值量表来源于 Sweeney 等（2001）、Wang 等（2004）、贾薇 等（2009）等研究中的量表；社会价值量表来源于 Sweeney 和 Soutar（2001）、熊曾静（2010）、杨本芳（2007）等研究中的量表；感知风险量表来源于 Sandra 等（2003）、陈永爬等（2011）、俞佳峰（2012）等研究中的量表；情感忠诚量表来源于 Oliver（1999）、Gremler 等（2001）研究中的量表。所有问项采用 Likert-5 级量表，1 表示完全不同意，5 表示完全同意。

3.2 样本信息

文中数据收集分两个阶段：预调研和正式调研。预调研阶段进行小规模调研，然后对问卷进行分析优化，完善量表。正式调研分为线上调研和线下调研，线上调研收回有效问卷 123 份，线下调研发放问卷 280 份，回收有效问卷 246 份，有效回收率为 87.9%。经过方差分析，线上样本和线下样本没有显著差异，故将两种样本合并作为总体样本，本调研的总体样本情况如表 1 所示。据南方周末网报道：支付宝数据显示，发红包一半是 90 后；QQ 数据也表明 90 后抢走了 62.3% 的 QQ 红包，80 后抢了 17.4%，00 后抢了 16.2%，70 后抢了 4.1%。这和不同年龄阶段的人对问卷的填写情况基本一致，因此该样本具有一定的代表性。

表 1 总体样本信息

项目	类别	频数	百分比
性别	男	141	48.2
	女	228	51.8
年龄	25 岁及以下	271	73.4
	25~35 岁	73	19.8
	36~45 岁	23	6.2
	45 岁以上	2	0.5
学历	高中（中专）及以下	9	2.4
	大专	61	16.5
	本科	173	46.9
	研究生以上	126	34.1

3.3 信效度分析

文章使用 Cronbach's α 系数对预测试数据进行信度分析，具体见表 2。总体样本信度是 0.92，说明总体样本量表具有较好的信度。人际互动、社会价值、情感价值、感知风险、情感忠诚各分量表的信度系数均大于 0.8，表明均具有较好的信度。

表 2 　　　　　　　　　　　　测量题项及信效度检验结果

类别		测量指标	因子载荷	AVE	CR
人际互动 H（3） α = 0.82		我经常积极参加微信群的讨论	0.82	0.65	0.85
		我在微信群里发起的话题可以获得其他人的积极响应	0.86		
		我经常与微信成员之间联系感情	0.73		
感知价值 α = 0.89	社会价值 SO（5） α = 0.93	微信红包有助于我给别人留下好印象	0.76	0.68	0.91
		微信红包有助于扩展我的社交圈	0.79		
		微信红包有助于改善别人对我的看法	0.85		
		微信红包有助于我更容易获得别人的认同	0.87		
		微信红包让我赢得别人更多的赞许	0.84		
	情感价值 SE（5） α = 0.94	微信红包让我沉浸在抢、发红包的乐趣中	0.73	0.62	0.89
		抢发微信红包让我感到非常愉快	0.84		
		我非常享受抢发微信红包的过程	0.83		
		抢发微信红包是一件很好玩的事	0.79		
		抢发微信红包让我体会到快乐与激动	0.75		
	感知风险 R（4） α = 0.91	使用微信红包我担心有财务安全隐患	0.89	0.79	0.94
		使用微信红包我担心泄露个人隐私	0.91		
		使用微信红包我担心有手机病毒隐患	0.91		
		使用微信红包我担心网络诈骗	0.84		
情感忠诚 EL（4） α = 0.91		与线下发红包相比，我对微信红包更感兴趣	0.70	0.56	0.83
		我非常喜欢使用微信红包	0.80		
		与其他网络红包相比，对我来说微信红包更吸引人	0.77		
		对我来说使用微信红包是一件有意义的事	0.71		
总变量 α = 0.92					

3.4　效度分析

人际互动、社会价值、情感价值、感知风险、情感忠诚经 KMO 检验和 Bartlett 球形检验结果为 0.91，近似卡方为 6495.99，自由度为 210，显著性为 0.000，可以做因子分析。采用主成分分析法一共提取 5 个因子，其数据因子解释总方差累积为 79%。各变量的因子载荷系数都大于 0.5，表明具有较好的聚合效度。表 3 显示了各变量的平均值、平均方差抽取量（AVE）的平方根（对角线）和各变量之间的相关系数（对角线下方的数值），从表中可以看出，AVE 大于 0.5，CR>0.7，各变量和其他变量相关系数都小于 AVE 的平方根，说明变量之间具有较好的区分效度。

表 3　　　　　　　　　　　　变量的平均值、AVE 及相关系数

变量	人际互动 H	社会价值 SO	情感价值 SE	感知风险 R	情感忠诚 EL	均值
人际互动 H	0.81					3.29
社会价值 SO	0.42**	0.82				2.74
情感价值 SE	0.71**	0.59**	0.79			3.27
感知风险 R	0.07	0.006	0.08	0.89		3.37
情感忠诚 EL	0.54**	0.65**	0.69**	0.025	0.75	2.97

注：对角线数字是各变量平均方差抽取量（AVE）的平方根；下方为各变量之间的相关系数。**表示 $p<0.01$，双尾检验。

3.5　控制变量

消费行为理论认为，消费者的消费行为受其个体特征的影响。性别、年龄和学历是造成个体心理活动和心理过程差异性的重要因素。在数据分析时，文章把性别、年龄和学历作为控制变量，控制变量的基本情况见表 2。

4. 数据分析

把性别、年龄、学历作为控制变量，分别做人际互动（H）对情情感价值（SE）和社会价值（SO）的回归分析，回归结果如表 4 所示。从表中可以看出，在 SE 模型中，加入人际互动（H）的模型 2 的 F 值显著不为 0，且模型 2 的拟合优度指标调整 R^2 大于未加入人际互动（H）的模型 1。在 SE 模型 2 中，人际互动（H）的系数显著为正（$b=0.69$，$p<0.01$），说明假设 H2 得到支持。在 SO 模型中，加入人际互动（H）的模型 4 的 F 值显著不为 0，且模型 4 的拟合优度指标调整 R^2 大于未加入人际互动（H）的模型 3。在 SE 模型 4 中，人际互动（H）的系数显著为正（$b=0.38$，$p<0.01$），说明假设 H1 得到支持。

表 4　　　　　　　　　　　　多元层次回归分析：标准化系数

自变量	因变量：情感价值（SE）		因变量：社会价值（SO）	
	模型 1	模型 2	模型 3	模型 4
人际互动（H）		0.69***		0.38***

控制变量	因变量：情感价值（SE）		因变量：社会价值（SO）	
	模型 1	模型 2	模型 3	模型 4
性别	0.20**	0.06+	0.03	-0.05
年龄	0.18***	0.05	0.21***	0.13**
学历	-0.14***	-0.02	-0.20***	-0.14**
R^2	0.08***	0.51***	0.08***	0.21***
调整 R^2	0.075***	0.50***	0.07***	0.20***
R^2 的变化		0.42***		0.13***
F 值	10.9***	93.4***	9.9***	23.61***
F 值的变化		313.05***		59.96***

注：***表示 $p<0.001$，**表示 $p<0.01$，*表示 $p<0.05$，+表示 $p<0.1$，VIF<3。

分别以情感价值（SE）和社会价值（SO）为自变量，以感知风险（R）为调节变量，情感忠诚（EL）为因变量，采用多元层次分析对假设行检验。为避免直接生成交叉项导致多重共线性，本研究把自变量和调节变量中心化，然后再生成交叉项并进行回归分析。在进行数据分析时，控制了性别、年龄、学历等变量的影响。分析结果如表 5 所示。

表 5 多元层次回归分析：标准化系数

自变量	因变量：情感忠诚（EL）		自变量	因变量：情感忠诚（EL）	
	模型 5	模型 6		模型 7	模型 8
情感价值（SE）	0.42***	0.42***	社会价值（SO）	0.36***	0.35***
感知风险（R）	-0.01	-0.02	感知风险（R）	-0.01	-0.02
SE×R		-0.06	SO×R		-0.09**

控制变量	因变量：情感忠诚（EL）		控制变量	因变量：情感忠诚（EL）	
	模型 5	模型 6		模型 7	模型 8
性别	-0.02	-0.02	性别	-0.02	-0.03
年龄	-0.003	-0.002	年龄	-0.003	-0.004
学历	-0.075*	-0.07*	学历	-0.08*	-0.07
人际互动（H）	0.084+	0.078	人际互动（H）	0.08+	0.08+
社会价值（SO）	0.36***	0.36***	情感价值（SE）	0.42***	0.42***
R^2	0.58***	0.59	R^2	0.58***	0.59***
调整 R^2	0.58***	0.58	调整 R^2	0.58***	0.58***

控制变量	因变量：情感忠诚（EL）		控制变量	因变量：情感忠诚（EL）	
	模型 5	模型 6		模型 7	模型 8
R^2 的变化		0.003	R^2 的变化		0.008 ***
F 值	72.5 ***	64.02 ***	F 值	72.47 ***	65.27 ***
F 值的变化		2.61	F 值的变化		6.77 ***

注：*** 表示 $p<0.001$，** 表示 $p<0.01$，* 表示 $p<0.05$，+表示 $p<0.1$，VIF<3。

根据表 5 的结果，4 个模型的 F 值均显著不为 0（$p<0.001$），表明 4 个模型中自变量与因变量的线性关系显著。其中分别以情感价值（SE）和社会价值（SO）为自变量，情感忠诚（EL）为因变量的模型 5 和模型 7 中，回归系数均显著为正，分别为 0.42（$p<0.001$）、0.36（$p<0.001$），说明情感价值（SE）和社会价值（SO）对情感忠诚（EL）均具有显著的正向影响，即获得的情感价值和社会价值越多，人们对产品的情感忠诚度越高。假设 H3、假设 H4 成立。

引入交叉项 SO×R 后，在以社会价值（SO）为自变量的模型 8 中，拟合优度指标 R^2 有显著提高，F 值变化显著（$p<0.001$），交互项的回归系数为-0.09（$p<0.01$）。这说明感知风险对社会价值与情感忠诚间的关系起调节作用，即感知风险会减弱社会价值对情感忠诚的影响。因此假设 H5 成立。

引入交叉项 SE×R 后，在以情感价值（SE）为自变量的模型 6 中，拟合优度指标 R^2 不显著，并且交叉项的回归系数也不显著，这说明感知风险对情感价值与感情忠诚之间关系没有显著影响。假设 H6 不成立。

根据温忠麟等（2004）中介作用的检验方法，构建"人际互动（H）→社会价值（SO）→情感忠诚（EL）"和"人际互动（H）→情感价值（SE）→情感忠诚（EL）"两个模型。在"人际互动（H）→社会价值（SO）→情感忠诚（EL）"模型中，各标准化回归系数均显著（见表 6），说明社会价值起部分中介作用。在"人际互动（H）→情感价值（SE）→情感忠诚（EL）"模型中，在包含自变量和中介变量的模型中，自变量对因变量的标准化回归系数不显著（$C'=0.08$，$p>0.1$），说明情感价值完全中介了人际关系对情感忠诚的影响。因此在人际互动与情感忠诚的关系中，社会价值起部分中介作用，情感价值起完全中介作用。

表 6　　　　　　　　　　　中介作用分析表

模型	c	a	b	C'	结论
H→SO→EL	0.51 ***	0.38 ***	0.63 ***	0.31 ***	部分中介
H→SE→EL	0.51 ***	0.69 ***	0.68 ***	0.08	完全中介

注：*** 表示 $p<0.001$。

5. 结论

5.1 实证结论

人际互动是情感交流的主要方式，情感交流越顺畅，人们获得的满足感越多。消费者对产品或服务的感知利得越高，其感知价值也就越高。消费者的情感忠诚基于其主观的感知和看法，在网络红包活动中，其感知价值越大，越容易形成积极的态度。感知风险负向影响 TAM 模式中系统的有用性和接受意愿，感知风险越高，有用性和采用意愿越低。在情感忠诚与社会价值的关系中，感知风险起调节作用，感知风险越大，社会价值对情感忠诚的影响越小。但在情感价值与情感忠诚之间不受感知风险的调节，其主要原因可能是情感价值具有一定的稳定性，在短期内不会因感知风险的影响而改变。

5.2 营销启示

第一，人际互动对感知价值有积极影响，企业应当帮助顾客提高互动质量和强度。

无须企业加入，顾客自身也能进行在线互动。为提高消费者的感知价值，企业有必要为顾客互动创造条件。比如引进一些先进的视频、音频、图片技术，增加信息的丰富性和生动性，让互动更快捷、通畅，促进顾客在线互动的质量和强度，从而增加顾客感知价值。

第二，企业应提高网络产品安全性，降低顾客感知风险。

网络产品开发企业应重视网络产品的安全性，积极采用网络技术安全措施，注重保护顾客的财务和隐私安全。此外当出现不安全操作时，应设置提醒服务，及时提醒顾客，提高顾客心理安全感。

◎ 参考文献

[1] 范晓屏，马庆国. 基于虚拟社区的网络互动对网络购买意向的影响研究 [J]. 浙江大学学报（人文社会科学版），2009，5.

[2] 黄勇，黄敏学. 略论虚拟体验 [J]. 商业时代，2003，20.

[3] 梁健爱. 顾客感知风险对网络零售商惠顾意愿影响实证研究 [J]. 企业经济，2012，8.

[4] 刘晓莉. 网络购物互动性、感知价值与顾客满意的关系研究 [D]. 浙江工商大学，2014.

[5] 刘卫. 商店形象对自有品牌感知价值及店铺忠诚的影响研究 [J]. 广东商学院学报，2012，2.

[6] 马颖杰，杨德锋. 服务中的人际互动对体验价值形成的影响——品牌价值观的调节作用 [J]. 经济管理，2014，6.

[7] 涂天华. 购物网站的互动性对顾客感知价值的影响研究 [D]. 江西财经大学，2008.

［8］温忠麟，张雷，侯杰泰等．中介效应检验程序及其应用［J］．心理学报，2004，5．

［9］卫海英，刘桂瑜．互动对服务品牌资产影响的实证研究［J］．软科学，2009，11．

［10］卫海英，张蕾．服务品牌资产驱动模型研究——基于多维互动质量的视角［J］．经济管理，2010，5．

［11］徐小龙．虚拟社区环境下的消费者行为及营销策略［J］．华东经济管理，2010，24（10）．

［12］张刚．C2C 交易中顾客感知风险对购买意愿影响的研究［D］．浙江工商大学，2008．

［13］朱世平．体验营销及其模型构造［J］．商业经济与管理，2003，5．

［14］Brady，M. K.，and Cronin，J. J.．Customer orientation：Effects on customer service perceptions and outcome behaviors［J］．*Journal of Service Research*，2001，3．

［15］Childers，C.，and Chresrwher，J. C.．Hedonic and utilitarian motivations for online retail shopping behavior［J］．*Journal of Retailing*，2001，77（4）．

［16］Day，G. S.．Organizing for interactivity［J］．*Journal of Interactive Marketing*，1998，12（1）．

［17］Featherman M. S.，and Pavlou P. A.．Predicting e-services adoption：A perceived risk facets perspective［J］．*International Journal of Human-Computer Studies*，2003，59（4）．

［18］Gronroos，C.．Relationship marketing：Interaction，dialogue and value［J］．*Management Decision*，2000，38（4）．

［19］Kotler. P.．*Marketing management ：Analysis，planning，implementation and control*［M］．London：Prentice Hall International，1997．

［20］Louisa，H.，and Lincoln James，E.．Interactivity reexamined：A baseline analysis of early business web sites［J］．*Journal of Broadcasting & Electronic Media*，1998，42（4）．

［21］Novak，D. L. H. T.．Marketing in hypermedia computer-mediated environments［J］．*Journal of Marketing*，1997，60（3）．

［22］Sally，J.，and McMillan，Jang-Sun Hwang. Measures of perceived interactivity：An exploration of the role of direction of communication，User control，and Time in shaping perceptions of interactivity［J］．*Journal of Advertising*，2002，31（3）．

［23］Stewart，D. W.，and Pavlou P. A.．From consumer response to active consumer：Measuring the effectiveness of interactive media［J］．*Journal of the Academy of Marketing Science*，2002，30（4）．

Why the Network Red Envelope is so Popular？
— Analysis Based on the Perspective of Customer Perceived Value

Zhang　Yaling

（Guangxi Electrical Polytechnic Institute，Nanning，530007）

Abstract：Network red envelopes are popular among people. If the company´s products can be like network red envelopes as quickly accepted and used by people，companies will not have to worry about the product sales. So it is very important to study the cause of the network red envelope. From the perspective of interpersonal interaction, this paper discusses the perceived value and emotional loyalty of people in the red envelopes. Through regression analysis, we find that social value and emotional value play an intermediary role between interpersonal interaction and emotional loyalty, the more people interact, the higher the perceived value of the people, and the more willing to buy the product. In addition, through the study of the relationship between social value and emotional loyalty, the perceived risk is greater, and social value is less affected by social value.

Key words：Interpersonal interaction；Perceived value；Emotional loyalty

专业主编：曾伏娥

珞珈管理评论［2015 年卷 第 2 辑（总第 17 辑）］ Luojia Management Review No. 2, 2015 (Sum. 17)

高管薪酬差距、产品市场竞争与企业研发投入[*]
——基于 2007—2014 年非金融类上市公司的实证研究

● 冉秋红[1] 刘萍芬[2]

(1, 2 武汉大学经济与管理学院 武汉 430072)

【摘 要】 为了提升创新能力，加大研发投入无疑是十分重要的。影响研发投入的因素很多，本文基于行为理论的视角，以我国 2007—2014 年的沪深非金融类上市公司为研究样本，考察了高管团队内部薪酬差距对企业研发投入的影响，以及产品市场竞争程度的调节作用。研究发现，高管团队的内部薪酬差距会降低企业的研发投资强度。进一步检验发现，产品市场竞争程度会强化高管团队内部薪酬差距对企业研发的负向影响。该研究结论有利于更好地理解高管团队内部薪酬差距、产品市场竞争和企业研发投资这三者之间的关系，为上市公司完善公正合理的高管薪酬制度与激励机制、提高研发投入提供了政策依据。

【关键词】 高管薪酬差距 产品市场竞争 企业研发投入 行为理论

1. 引言

党的十八大报告指出，科技创新是提高社会生产力和综合国力的战略支撑，我们要促进创新资源高效配置和综合集成，把全社会智慧和力量凝聚到创新发展上来。国内外科技创新的理论与实践表明，增加研发支出、提高研发投入强度，是提升科技创新产出能力的有效途径。然而，与国外企业相比，我国企业的研发投入强度总体偏低。据公开数据显示，在 2007—2009 年间，我国高科技上市公司的平均 R&D 投入强度为 1.4%，而在发达国家 R&D 强度一般达到 3% ~ 5%，高新技术企业达到 10% ~ 20%。2012 年，我国研发投入占 GDP 的比重为 1.98%，而同期美国为 2.79%。因此，如何提高我国企业研发投入强度需要企业、政府和学术界等各方面的高度重视和关注。

当前，学术界关于企业研发投资的影响因素研究包括外部因素和内部因素。外部因素

---

* 基金项目：教育部人文社会科学研究规划基金项目（09YJA630118）的阶段性成果。

通讯作者：刘萍芬，E-mail：1263817892@qq.com。

主要是税收政策、财政补贴、信贷政策、行业特征、地区差异等①②③；内部因素包括企业规模、发展战略、盈利水平、资本结构、股权激励等④⑤。到目前为止，很少有学者从薪酬差距的角度，探讨企业研发投资行为。本文试图研究高管薪酬差距对企业研发投资的影响，并进一步考虑产品市场竞争这一外部环境因素的调节作用。具体来说，本文拟对以下两个问题给予解答：第一，高管薪酬差距与企业研发投资之间存在怎样的关系，高管薪酬差距的扩大到底是促进还是抑制企业研发投入？第二，由于管理层的经营管理行为总是受到外部环境的影响，那么产品市场竞争的外部效应是否会影响高管薪酬结构与研发投资之间的关系呢？

2. 文献综述

2.1 行为理论的相关综述

关于高管团队薪酬差异，行为学家进行了较为深入的研究。与锦标赛理论认为更大的薪酬差距有利于提高高管努力程度和公司绩效的观点不同，行为理论强调公平与合作的重要性，认为更少的竞争奖金和更小的薪酬差距有利于促进团队成员之间的合作，以提高公司绩效。具体来说，行为理论认为，个体会通过与他人比较产生公平与否的感知，进而对个体心理产生积极或消极的影响。较小的薪酬差异可能更能使个体产生公平的感知，并由此产生持续的凝聚力，增加个体满意度，从而促进团队协作，提高企业效益⑥。相反，过大的薪酬差异会使低薪酬员工感觉到他们没有得到应该得到的薪酬，产生被剥削的感觉，从而导致怠工、罢工等负面行为，也会导致员工对企业组织目标漠不关心，企业凝聚力下降。一般来说，薪酬差距很容易衡量，能力差别却很难衡量，雇员更容易对他们得到了什么而不是贡献了什么做出判断。因此，即使薪酬差距由生产率的不同造成，也有可能招致

---

① Mamuneas, T. P., and Nadiri, M. I.. Public R&D policies and cost behavior of the US manufacturing industries [J]. *Journal of Public Economics*, 1996, 63 (1): 57-81.

② Hinloopen, J.. Subsidizing cooperative and noncooperative R&D in duopoly with spillovers [J]. *Journal of Economics*, 1997, 66 (2): 151-175.

③ Frenkel, A., Shefer, D., Koschatzky, K., et al.. Firm characteristics, location and regional innovation: A comparison between Israeli and German industrial firms [J]. *Regional Studies*, 2001, 35 (5): 415-429.

④ Bushee, B. J.. The influence of institutional investors on myopic R&D investment behavior [J]. *The Accounting Review*, 1998: 305-333.

⑤ Cho, S.. Agency costs, management stockholding, and research and development expenditures [J]. *Seoul Journal of Economics*, 1992, 5 (2): 127-152.

⑥ Akerlof, G. A., and Yellen, J. L.. Fairness and unemployment [J]. *The American Economic Review*, 1988, 78 (2): 44-49.

不满，这些负面情绪的存在不利于团队的协作，从而降低企业绩效①。

2.2　高管薪酬差距与企业绩效

国外学者较早从高管薪酬差距的角度研究企业绩效。O'Reilly 等（1988）通过对 105 家美国公司进行研究，得出了高管团队内部薪酬差距与企业价值负相关的结论。Hibbs 和 Douglas（2000）、Akerlof 和 Yellen（1988）等发现企业业绩与内部薪酬差距存在负相关关系。Hambrick 和 Siegel（1997）的研究进一步表明，高技术企业中薪酬差异对于公司业绩带来的危害比低技术企业更大。Fedrickson 等（2010）通过分析公司高管团队薪酬差异的经过和结果，发现大型企业中高管更倾向于比较薪酬，薪酬差异与公司绩效负相关。以国内上市公司为样本，张正堂和李欣（2008）基于竞赛理论和行为理论两种理论推演出高层管理团队核心成员之间的薪酬差距与企业绩效之间关系的竞争性假说，并采用绝对薪酬差距和相对薪酬差距两个指标来衡量高层管理团队核心成员之间的薪酬差距。结果发现，两种薪酬差距都对企业绩效有负向的影响关系，符合行为理论预期。

2.3　高管薪酬差距与企业研发投入

从高管团队薪酬差距角度研究企业研发投资起步较晚。Goel 和 Thakor（2008）通过理论模型分析了薪酬差距与风险承担之间的关系，结果表明存在锦标赛激励的薪酬差距导致所有的高管愿意承担更大的风险。Kini 和 Williams（2012）通过实证分析证实了 Goel 等的推论，而且实证结果进一步表明，高管的高风险接受度表现为对企业研发的更多投入。从国内来看，少有专门从高管团队薪酬差距角度研究企业研发投入的文献。巩娜和刘清源（2015）以我国民营企业为研究样本，发现薪酬差距能够提升高管团队对于风险的接受水平，民营上市公司高管薪酬差距与公司的研发支出显著正相关；高管薪酬差距对于研发投资的正向影响会受到高管团队规模及控股股东持股比例的抑制。吕巍和张书凯（2015）基于锦标赛理论的视角进行研究，结果发现高管薪酬差距和企业研发强度显著负相关；董事长和总经理两职合一、非 CEO 高管人数增加会强化该负相关关系，而距离下一次 CEO 变更的时间会削弱上述负相关关系。

综上所述，国内外学者的相关研究主要集中在探讨高管薪酬差距对企业经营绩效等方面，而探讨高管薪酬差距对企业研发投入的影响才刚刚起步，不同学者研究结论并不统一。而且较少从行为理论视角，来深入分析上市公司高管薪酬差距对企业研发投入的影响。另外，已有文献一般只考察高管个人特征和高管团队特征等微观情境或内部环境因素对薪酬差距与企业研发投入关系的调节作用，没有将产品市场竞争这一外部环境因素纳入研究范围。本文拟从行为理论视角，对高管薪酬差距与企业研发投入之间的关系问题进行较深入的探讨。

---

① Cowherd, D. M., and Levine, D. I.. Product quality and pay equity between lower-level employees and top management：An investigation of distributive justice theory［J］. *Administrative Science Quarterly*，1992，37（2）：302- 320.

3. 理论分析与研究假设

3.1 高管薪酬差距与企业研发投入

高层梯队理论认为企业战略选择是由高管团队决定的，是集体智慧的一个反映，而不是靠单个决策者决定。快速变化的市场环境要求企业管理层做出快速、准确的决策，而要做到这一点光靠单个的管理者是无法实现的，因为单个的管理人员所具备的专业知识和技能有限，并不能很好地做出企业经营过程中的所有复杂决策。而高管团队中的成员具备的知识技能不同，考虑事情的角度各不相同，这样就能使不同门类的知识彼此交叉、融合，从而做出更加周全、准确的战略决策以实现企业价值的最大化。高管团队逐渐取代单个管理者成为企业的最高战略制定者，组织和协调整个企业的运行。作为企业最高战略的制定者和推动者，高管团队面对的大多是高度复杂、充满风险的问题，而这些问题不存在明显正确的答案①。企业研发投资作为企业的重大战略，具有高风险、高不确定性等特征，其决策制定和后期实施都离不开高管团队的共同商议与合作支持。

行为理论认为，较大的薪酬差距会使部分员工产生不满情绪和被剥削的感觉。员工的这种"被剥削感"和不满情绪的存在会对企业的团队决策质量产生重大影响，一方面员工的"被剥削感"使员工感到他们所得到的回报与付出并不匹配，从而对企业的利益分配机制产生质疑，因而不愿意再承担高收益所伴随的高风险；另一方面不满情绪转移了团队成员对团队或组织目标的关注，限制了群体的信息处理能力②，这将加大无效决策或者极端性决策的可能性，从而削弱决策的质量，降低企业决策效率。因此过大薪酬差距引起部分高管的"被剥削感"和不满情绪，不仅会降低高管团队的协作效率，也会降低部分高管的风险承担意愿，进而阻碍具有高风险与不确定性特征的企业创新战略的制定和实施，降低企业的研发投入。基于以上分析，本文提出以下研究假设：

H1：高管团队薪酬差距对企业研发投入具有负向影响。

3.2 产品市场竞争、高管薪酬差距与企业研发投入

高管薪酬差距与企业研发投资的关系会受到外部环境的影响。首先，从高管个体风险承受度来看，处于高竞争性行业的公司面临更高的经营风险。Irvine 等（2009）通过研究发现，过去 40 年公司现金流非系统波动性的上升是由于产品市场竞争程度的增加。那么经营风险是如何影响高管薪酬差距与企业研发投资的关系呢？其内在机理是，产品市场竞争程度越高，公司的成本和收入的不确定性程度越高，企业面临倒闭的可能性越大，高管团队的风险规避程度增加。即在高竞争性行业的公司，经理所面临的破产风险增加。当破

---

① 李维安．公司治理学 [M]．北京：高等教育出版社，2005：13．

② Simons, T. L., and Peterson, R. S.. Task conflict and relationship conflict in top management teams: the pivotal role of intragroup trust [J]. *Journal of Applied Psychology*, 2000, 85（1）：102-111.

产风险增加时，经理会减少高风险项目的投资，公司投资总额下降①。其次，从团队决策质量来看，外部环境的不确定性对公司的经营管理提出了更高的要求。已有研究发现，那些更具规模的、更加分散经营的，或者通过技术和高管团队结构追求公司总体效益的企业更加依赖于高管团队的协作，复杂多变的外部市场环境，迫使高管团队在进行战略决策过程中，不断提高集体决策的能力和效率。而这种集体决策的能力在很大程度上依赖于高管团队成员之间的信息共享、信任和合作，而高管薪酬差距的扩大，将会降低高管团队的信息共享与协调合作意愿。因此，产品竞争程度越高，高管内部薪酬差距所引致的对高风险的承担意愿以及团队协调合作意愿进一步下降，从而形成有效的战略决策与采取有利的战略行为的可能性越大，这将会进一步降低企业的研发投入。基于以上分析，本文提出以下研究假设：

H2：产品竞争程度会强化高管薪酬差距对企业的研发投入的负向影响。

4. 研究设计

4.1 研发投入的度量

已有研究结果显示，企业研发投资强度的代理变量主要有三种：研发支出/营业收入、研发支出/企业价值和研发投资/总资产。刘运国和刘雯（2007）指出，我国企业的市场价值难以准确计量，而"收入"，尤其是"应计收入"大多数被"盈余操纵"，因此，研发支出/收入和研发支出/企业价值两个指标误差较大，故本文采用研发支出与总资产之比来衡量企业研发投资强度。

4.2 薪酬差距的度量

本文参照 Kale 和 Reis（2009）、Kini 和 Williams（2012）以及张兆国等（2014）文献，以董事长薪酬和非董事长薪酬的均值之差来衡量薪酬差距。基于稳健性考虑，我们同时使用总经理和其余高管平均薪酬的差别作为薪酬差距的代理变量。对于薪酬差距的衡量采用两者薪酬之差的自然对数，数值越大表示薪酬差距越大。需要特别指出的是，本文使用的高管薪酬是高管在报告期内从公司领取的除津贴以外的报酬总额，属于短期报酬（非长期股权激励）。这是因为我国现今上市公司高管持股比例并不高，且高管自身财富还处于积累阶段，因此短期报酬对他们而言不仅非常重要，而且风险很小，相比之下更具吸引力，对他们的决策行为也会产生更加重要的影响。

4.3 产品市场竞争的度量

采用赫芬达尔—赫希曼指数（Herfindahl-Hirschman Index，以下简称 HHI 指数）进行度量，其计算方式如下：

---

① Panousi, V., and Papanikolaou, D.. Investment, idiosyncratic risk, and ownership [J]. *Journal of Finance*, 2012, 67（3）：1113-1148.

$$HHI_{jt} = \sum_{i=1}^{N_j} \left(\frac{Sales_{ijt}}{Sales_{it}} \right)^2$$

其中 i 表示公司，j 表示行业，t 表示时间。该值越小，表示行业内市场竞争程度越高，反之竞争程度越低。

4.4 研究模型和定义变量

根据本文的研究思路，为了考察高管团队薪酬差距对企业研发投资的影响，本文建立模型（1）和模型（2）。

$$R\&D = \beta_0 + \beta_1 PAYGAP_1 + \beta_2 Age + \beta_3 ROA + \beta_4 SGrowth + \beta_5 ATO + \beta_6 Lev + \beta_7 Size + \beta_8 First + \beta_9 Property + \lambda \text{Industry dummies} + \gamma \text{Year dummies} + \varepsilon \tag{1}$$

$$R\&D = \beta_0 + \beta_1 PAYGAP_2 + \beta_2 Age + \beta_3 ROA + \beta_4 SGrowth + \beta_5 ATO + \beta_6 Lev + \beta_7 Size + \beta_8 First + \beta_9 Property + \lambda \text{Industry dummies} + \gamma \text{Year dummies} + \varepsilon \tag{2}$$

为了检验产品市场竞争程度对高管团队薪酬差距与研发投资关系的影响，本文加入了薪酬差距与竞争程度的交乘项，通过交乘项的系数考察产品市场竞带来的作用，建立模型（3）和模型（4）。

$$R\&D = \beta_0 + \beta_1 PAYGAP_1 + \beta_2 HHI + \beta_3 PAYGAP_1 \times HHI + \beta_4 Age + \beta_5 ROA + \beta_6 SGrowth + \beta_7 ATO + \beta_8 Lev + \beta_9 Size + \beta_{10} First + \beta_{11} Property + \lambda \text{Industry dummies} + \lambda \text{Year dummies} + \varepsilon \tag{3}$$

$$R\&D = \beta_0 + \beta_1 PAYGAP_1 + \beta_2 HHI + \beta_3 PAYGAP_2 \times HHI + \beta_4 Age + \beta_5 ROA + \beta_6 SGrowth + \beta_7 ATO + \beta_8 Lev + \beta_9 Size + \beta_{10} First + \beta_{11} Property + \lambda \text{Industry dummies} + \gamma \text{Year dummies} + \varepsilon \tag{4}$$

其中，R&D 为研发投入的代理变量，PAYGAP 为薪酬差距的代理变量；HHI 为产品市场竞争程度的代理变量。根据 Kini 和 Williams（2012）、Faccio 等（2011）、张兆国等（2014）以及李小荣和张瑞君（2014）的研究成果，本文分别选取公司年龄（Age）、总资产收益率（ROA）、营业收入增长率（Sales Growth）、总资产周转率（ATO）、资产负债率（Lev）、公司规模（Size）和股权集中度（First）作为控制变量。同时加入行业虚拟变量（Industry）和年份虚拟变量（Year），用来控制行业因素和宏观经济环境变化的影响。变量定义的具体内容如表1所示。

表 1 主要变量定义

变量类型	变量名称	变量符号	变量说明
被解释变量	研发投入	R&D	正向指标，研发投入/总资产
解释变量	董事长与非董事长的薪酬差距	$PAYGAP_1$	正向指标，董事长薪酬与非董事长平均薪酬之差的自然对数
	总经理与其他高管间的薪酬差距	$PAYGAP_2$	正向指标，总经理薪酬与非总经理平均薪酬之差的自然对数
	产品市场竞争程度	HHI	反向指标，根据市场占有率分行业计算的赫芬因德指数，该指数越小，说明竞争越激烈

变量类型	变量名称	变量符号	变量说明
控制变量	公司年龄	Age	公司成立年份与统计年份的差额
	总资产收益率	ROA	息税前利润/总资产
	营业收入增长率	SGrowth	（当期营业收入－上期营业收入）/上期营业收入
	总资产周转率	ATO	营业收入/期末总资产
	资产负债率	Lev	总负债/总资产
	公司规模	Size	期末总资产的自然对数
	股权集中度	First	第一大股东持股比例
	产权性质	Property	国有控股上市公司取1，否则取0

4.5　样本选择和数据来源

本文选取2007—2014年沪深两市非金融类上市公司的1533个样本作为研究对象，行业划分依据为2012年中国证监会最新公布的《上市公司行业分类指引》，其中制造业取前两位代码分类。根据以下原则进行样本筛选：（1）剔除金融、保险类上市公司；（2）剔除ST、＊ST类的上市公司，因为这些公司连年亏损；（3）剔除相关数据信息不完整的上市公司；（4）剔除数据异常的上市公司；（5）为消除异常值的影响，对本文所使用的相关连续变量两端的1%进行极值处理，最终得到1533个研究样本。研究所需的财务数据来自于国泰安数据库（CSMAR），采用Stata12.0完成相关回归分析。

5. 实证分析

5.1　描述性统计结果与分析

表2列出了高管团队薪酬差距和其他主要变量的描述性统计特征。数据显示，样本公司研发投资水平普遍不高，占总资产之比的均值为1.41%，最小值为0.14‰，最大值为10.69%，这说明不同上市公司的企业研发投资强度存在较大差异。在薪酬差距方面，董事长与非董事长的薪酬差距均值为12.1763，最小值为9.2472，最大值高达14.8134，标准差为0.9573，这说明不同公司薪酬差距相差较大。同样，总经理与非总经理的薪酬差距最大值将近最小值的2倍之多，差异较为明显。HHI指数的均值为0.09，最小值为0.0156，最大值为0.7229，说明处于不同行业的企业面临的竞争程度差异较大。

变量名称	变量符号	均值	中位数	最小值	最大值	标准差 .
研发投入	R&D	0.0141	0.0090	0.0000	0.1069	0.0155
薪酬差距	PAYGAP$_1$	12.1763	12.1907	9.2472	14.8134	0.9573
	PAYGAP2	11.9884	12.0097	8.8173	14.4820	0.9834
市场竞争程度	HHI	0.0906	0.0570	0.0156	0.7229	0.1062
公司上市年限	Age	13.0822	13.0000	2.0000	29.0000	5.0005
总资产收益率	ROA	0.0591	0.0550	−0.1732	0.2905	0.0531
营业收入增长率	SGrowth	0.1872	0.1398	−0.8888	5.5798	0.5090
总资产周转率	ATO	0.5882	0.5088	0.0804	2.6601	0.3755
股权集中度	First	0.3383	0.3066	0.0900	0.7644	0.1500
资产负债率	Lev	0.3720	0.3561	0.0434	0.9842	0.2180
公司规模	Size	21.5217	21.3201	19.2042	25.6489	1.0683

表2　　　　　　　　　　　各主要变量的描述性统计

注：描述性统计结果为 0.0000 表示数据非常接近于 0。

5.2 相关性分析

为了保证参数估计量的有效性，防止变量间的多重共线性问题，本文对主要变量进行了 Pearson 相关性分析。如表 3 数据显示，企业研发投入与高管薪酬差距（PAYGAP$_1$）在 5% 的显著性水平下负相关，这表明高管团队薪酬差距越大的企业研发投资强度越低。企业研发投资与公司成长阶段、总资产周转率、股权集中度、资产负债率和公司规模显著负相关。这些结果与张兆国等的发现基本是一致的。另外，各个解释变量和主要变量的两两相关系数中，最大的取值（绝对值）为 0.517，这表明变量之间不存在严重的多重共线性。

表3　　　　　　　　　　　Pearson 相关系数矩阵

变量名称	R&D	PAYGAP$_1$	PAYGAP$_2$	Age	ROA	ATO	First	Lev	Size	HHI
R&D	1									
PAYGAP$_1$	−0.051 **	1								
PAYGAP$_2$	−0.024	—	1							
Age	−0.170 ***	−0.003	0.014	1						
ROA	0.015	−0.078 ***	−0.04	−0.110 ***	1					
ATO	−0.071 ***	0.050 **	0.019	0.107 ***	0.088 ***	1				
First	−0.059 **	0.136 ***	0.106 ***	−0.201 ***	0.118 ***	0.110 ***	1			

变量名称	R&D	PAYGAP$_1$	PAYGAP$_2$	Age	ROA	ATO	First	Lev	Size	HHI
Lev	-0.213***	0.115***	0.051*	0.315***	-0.229***	0.363***	0.041	1		
Size	-0.183***	0.101***	0.087***	0.232***	0.046*	0.217***	0.111***	0.517***	1	
HHI	-0.035	0.027	-0.023	-0.050*	-0.027	-0.014	0.0270	-0.004	0.033	1

注：***、**、* 分别代表在 1%、5%、10% 的水平下显著。

5.3 多元回归分析

表 4 为研究假设 H1 的回归结果。其中第 1、3 列为在不加入与公司特征相关的控制变量时，薪酬差距与企业研发投资的回归结果，第 2、4 列是加入与公司特征相关控制变量时，薪酬差距与企业研发投资的回归结果。从表 4 的第 1、3 列可以看出，在不加入其他控制变量时，以董事长与非董事长间的薪酬差距作为代理变量的薪酬差距与企业研发投资在 1% 的水平下显著负相关，以总经理与非总经理间的薪酬差距作为代理变量的薪酬差距与企业研发投资在 5% 的水平下显著负相关。从表 4 的第 2、4 列可以看出，在加入与公司特征相关的控制变量后，高管团队薪酬差距对企业研发投资的影响没有发生实质性的改变。以董事长与非董事长间的薪酬差距作为代理变量的薪酬差距与企业研发投资在 5% 的水平下显著负相关，以总经理与非总经理间的薪酬差距作为代理变量的薪酬差距与企业研发投资在 1% 的水平下显著负相关，与假设 H1 一致。

表 4 　　　　　　　　　　　高管薪酬差距对企业研发投入影响的回归结果

变量名称	（1）	（2）	（3）	（4）
Constant	0.0171***	0.0455***	0.0143*	0.0403***
	（2.74）	（4.35）	（1.92）	（3.24）
PAYGAP$_1$	-0.0011***	-0.0010**		
	（-2.91）	（-2.56）		
PAYGAP$_2$			-0.0011**	-0.0012***
			（-2.50）	（-2.60）
Age		-0.0005***		-0.0005***
		（-5.61）		（-4.96）
ROA		0.0203***		0.0276***
		（2.60）		（2.95）
SGrowth		0.0002		-0.0007
		（0.29）		（-0.81）

变量名称	（1）	（2）	（3）	（4）
ATO		0.0012		0.0009
		(0.96)		(0.58)
First		−0.0038		−0.0048
		(−1.46)		(−1.53)
Lev		−0.0011		−0.00006
		(−0.44)		(−0.02)
Size		−0.0012 ***		−0.0010 *
		(−2.73)		(−1.92)
Property		0.0003		0.0012
		(0.36)		(1.28)
Year	控制	控制	控制	控制
Industry	控制	控制	控制	控制
N	1533	1533	1140	1140
Adj-R^2	0.1836	0.2132	0.2021	0.2326

注：表中数据为各变量的回归系数，括号内的数值为 T 值；*** 、** 、* 代表在1%、5%、10%的水平下显著。

为了进一步验证假设2，我们建立交互变量 PAYGAP×HHI，得到模型（3）和模型（4）。表5为假设 H2 的回归结果。表5中第1、3列为不加入公司特征相关控制变量时，高管薪酬差距与研发投资在产品市场竞争程度调节作用下的回归结果，第2、4列为加入公司特征相关控制变量时，产品市场竞争程度调节高管薪酬差距与企业研发投资关系的回归结果。表5第1、3列的回归结果显示，高管薪酬差距（TMTGAP$_1$ 或者 TMTGAP$_2$）与企业研发投资均在1%的水平下显著负相关。交互项 PAYGAP$_1$×HHI 和 PAYGAP$_2$×HHI 均在1%的水平下与企业研发投资正相关。由于产品竞争程度（HHI）为反向指标，因此说明，在竞争激烈的市场环境下，拉大高管薪酬差距会抑制企业研发投入，与假设 H2 一致。

表5　　　　高管薪酬差距、产品市场竞争与企业研发投入的回归结果

变量名称	（1）	（2）	（3）	（4）
Constant	0.0356 ***	0.0626 ***	0.0319 ***	0.0549 ***
	(3.88)	(5.07)	(3.07)	(3.88)
PAYGAP$_1$	−0.0024 ***	−0.0022 ***		
	(−4.08)	(−3.73)		

变量名称	（1）	（2）	（3）	（4）
PAYGAP$_2$			-0.0024^{***}	-0.0023^{***}
			(-3.65)	(-3.46)
HHI	-0.216^{***}	-0.200^{***}	-0.211^{***}	-0.183^{**}
	(-2.94)	(-2.77)	(-2.69)	(-2.37)
PAYGAP$_1$×HHI	0.0165^{***}	0.0154^{***}		
	(2.85)	(2.70)		
PAYGAP$_2$×HHI			0.0167^{***}	0.0143^{**}
			(2.61)	(2.27)
Age		-0.0005^{***}		-0.0005^{***}
		(-5.43)		(-4.78)
ROA		0.0204^{***}		0.0270^{***}
		(2.62)		(2.88)
SGrowth		0.0002		-0.0007
		(0.27)		(-0.80)
ATO		0.0013		0.0009
		(0.96)		(0.61)
First		-0.0041		-0.0049
		(-1.57)		(-1.55)
Lev		-0.0013		-0.0004
		(-0.52)		(-0.13)
Size		-0.0012^{***}		-0.0010^{*}
		(-2.76)		(-1.84)
Property		0.0003		0.0012
		(0.40)		(1.37)
Year	控制	控制	控制	控制
Industry	控制	控制	控制	控制
N	1533	1533	1140	1140
Adj-R^2	0.1872	0.2162	0.2060	0.2352

注:表中数据为各变量回归系数,括号内的数值为 T 值; *** 、** 、* 代表在 1%、5%、10%的水平下显著。

5.4 稳健性测试

为了控制高管薪酬差距和企业研发投资之间的反向因果关系，减少内生性问题的影响，本文借鉴 Kini 等的做法，进一步检验滞后一期的高管薪酬差距与研发投入之间的关系。我们用 $PAYGAP_{t-1}$ 来替代模型（1）、模型（2）、模型（3）、模型（4）中的变量 $PAYGAP_t$，得到的实证结果见表6和表7。

表6   薪酬差距与企业研发投入的关系的回归结果

变量名称	（1）	（2）	（3）	（4）
Constant	0.0149**	0.0450***	0.0156*	0.0362***
	(2.18)	(3.87)	(1.84)	(2.59)
$PAYGAP_1$	−0.0012**	−0.0010**		
	(−2.56)	(−2.13)		
$PAYGAP_2$			−0.0014***	−0.0014***
			(−2.73)	(−2.75)
Age		−0.0005***		−0.0005***
		(−5.51)		(−4.84)
ROA		0.0224**		0.0287***
		(2.57)		(2.81)
SGrowth		−0.0006		−0.0010
		(−0.65)		(−1.03)
ATO		0.0010		0.0012
		(0.67)		(0.79)
First		−0.0038		−0.0022
		(−1.34)		(−0.64)
Lev		−0.0028		−0.0026
		(−1.02)		(−0.80)
Size		−0.0013***		−0.0008
		(−2.61)		(−1.37)
Property		0.0004		0.0015
		(0.52)		(1.49)
Year	控制	控制	控制	控制
Industry	控制	控制	控制	控制

变量名称	（1）	（2）	（3）	（4）
N	1266	1266	951	951
Adj-R^2	0.1936	0.2310	0.2233	0.2589

注：表中数据为各自变量的回归系数，括号内的数值为 T 值；*** 、 ** 、 * 分别在 1%、5%、10% 的水平下显著。

表7　　　　　　　薪酬差距、产品市场竞争与企业研发投入的回归结果

变量名称	（1）	（2）	（3）	（4）
Constant	0.0447 ***	0.0713 ***	0.0445 ***	0.0592 ***
	（4.32）	（5.16）	（3.63）	（3.66）
$PAYGAP_1$	−0.0030 ***	−0.0026 ***		
	（−4.39）	（−3.85）		
$PAYGAP_2$			−0.0032 ***	−0.0029 ***
			（−4.09）	（−3.77）
HHI	−0.333 ***	−0.298 ***	−0.312 ***	−0.263 ***
	（−3.84）	（−3.48）	（−3.24）	（−2.78）
$PAYGAP_1$×HHI	0.0248 ***	0.0222 ***		
	（3.51）	（3.19）		
$PAYGAP_2$×HHI			0.0229 ***	0.0193 **
			（2.92）	（2.49）
Age		−0.0005 ***		−0.0005 ***
		（−5.19）		（−4.60）
ROA		0.0211 **		0.0266 ***
		（2.42）		（2.61）
SGrowth		−0.0006		−0.0010
		（−0.67）		（−1.01）
ATO		0.0010		0.0014
		（0.74）		（0.86）
First		−0.0044		−0.0024
		（−1.54）		（−0.69）
Lev		−0.0033		−0.0031
		（−1.21）		（−0.95）

变量名称	（1）	（2）	（3）	（4）
Size		-0.0013^{***}		-0.0007
		(-2.59)		(-1.25)
Property		0.0006		0.0016
		(0.67)		(1.64)
Year	控制	控制	控制	控制
Industry	控制	控制	控制	控制
N	1266	1266	951	951
Adj-R^2	0.2024	0.2378	0.2301	0.2640

注：表中数据为各自变量的回归系数，括号内的数值为 T 值；***、**、* 分别代表在 1%、5%、10% 的水平下显著。

表 6 为高管团队薪酬差距的滞后一期对上市公司研发投资的回归结果。其中第 1、3 列为不加入与公司特征相关的控制变量时，滞后一期的高管薪酬差距与企业研发投资的回归结果，第 2、4 列为加入与公司特征相关控制变量时，滞后一期的高管薪酬差距与公司研发投资的回归结果。表 6 所示结果与表 4 的实证结果基本保持一致，这一结果从更加严格的角度揭示了高管团队薪酬差距对企业研发投资的影响。表 7 为滞后一期的高管团队薪酬差距、产品市场竞争对公司研发投资的回归结果。该结果与表 5 中的实证结果基本保持一致，从更严格的角度揭示了产品市场竞争对高管团队薪酬差距与企业研发投资关系的调节作用。本文的假设 1 和假设 2 因而得到了更充分的实证检验。

6. 研究结论及启示

本文以我国 2007—2014 年 1533 家上市公司为研究样本，基于行为理论的视角，考察了高管薪酬差距对企业研发投资行为的影响以及产品市场竞争程度在高管薪酬差距影响企业研发投资中的调节作用。研究发现，拉大高管内部薪酬差距会减少企业的研发投入，并且产品市场竞争程度会强化高管团队内部薪酬差距对企业研发投入的负向影响。

本研究的政策含义在于：第一，鉴于我国这样一个集体主义和平均主义传统强大的市场环境，高管团队的薪酬分配需要注重公平原则，较小的高管薪酬差距有利于高管间的合作以及创新研发战略的制定和实施。第二，企业在进行薪酬制度的设计时，应充分考虑其所处的经营环境，处于激烈竞争环境中的公司应尽可能地缩小高管团队内部薪酬差距，利益共享，风险共担，以协调高管团队的未来预期，鼓励高管团队的战略行为，从而提高企业的研发投入强度。第三，本研究为当前国有企业正在进行的公平合理的薪酬制度改革提供了经验证据和理论依据。需要说明的是，本文仍存在一些有待完善的地方，例如本文的高管薪酬仅仅指的是短期薪酬，没有考虑高管长期股权激励。随着中国企业高管持股比例的提高，长期股权激励对于其个人收入的影响会越来越大，这将在今后的研究中加以补充和完善。

◎ 参考文献

［1］成力为，戴小勇. 研发投入分布特征与研发投资强度影响因素的分析——基于我国30万个工业企业面板数据［J］. 中国软科学，2012，8.

［2］巩娜，刘清源，陈慧. CEO 还是 TMT——民营上市公司高管薪酬差距对于企业研发的影响［J］. 南方经济，2015，1.

［3］解维敏，方红星. 金融发展，融资约束与企业研发投入［J］. 金融研究，2011，5.

［4］李小荣，张瑞君. 股权激励影响风险承担：代理成本还是风险规避？［J］. 会计研究，2014，1.

［5］李维安. 公司治理学［M］. 北京：高等教育出版社，2005.

［6］刘运国，刘雯. 我国上市公司的高管任期与 R&D 支出［J］. 管理世界，2007，1.

［7］吕巍，张书恺. 高管薪酬差距对企业研发强度的影响——基于锦标赛理论的视角［J］. 软科学，2015，1.

［8］王任飞. 企业 R&D 支出的内部影响因素研究——基于中国电子信息百强企业之实证［J］. 科学学研究，2005，23（2）.

［9］温军，冯根福，刘志勇. 异质债务，企业规模与 R&D 投入［J］. 金融研究，2011，1.

［10］张兆国，刘亚伟，杨清香. 管理者任期，晋升激励与研发投资研究［J］. 会计研究，2014，9.

［11］张正堂，李欣. 高层管理团队核心成员薪酬差距与企业绩效的关系［J］. 经济管理，2007，2.

［12］Cowherd, D. M. , and Levine, D. I. . Product quality and pay equity between lower-level employees and top management：An investigation of distributive justice theory［J］. *Administrative Science Quarterly*，1992，37（2）.

［13］Faccio, M. , Marchica, M. T. , and Mura, R. . Large shareholder diversification and corporate risk-taking［J］. *Review of Financial Studies*，2011，65.

［14］Fredrickson, J. W. , Davis-Blake, A. , and Sanders, W. M. G. .Sharing the wealth：Social comparisons and pay dispersion in the CEO's top team［J］. *Strategic Management Journal*，2010，31（10）.

［15］Goel, A. M. , and Thakor, A. V. . Overconfidence, CEO selection, and corporate governance［J］. *Journal of Finance*，2008，63（3）.

［16］Hambrick, D. C. , and Siegel, P. A. . Pay dispersion within top management groups：Harmful effects on performance of high-technology firms［J］. *Academy of Management Proceedings*，1997，1（2）.

［17］Hibbs, Douglas A. J. , and Locking, H. . Wage dispersion and productive efficiency：Evidence for Sweden［J］. *Journal of Labor Economics*，2000，18（4）.

［18］Irvine, P. J. , and Pontiff, J. . Idiosyncratic return volatility, cash flows, and product market competition [J]. *Review of Financial Studies*, 2009, 22 (3).

[19] Jones, G. R., and Hill, C. W. L.. Transaction cost analysis of strategy-structure choice [J]. *Strategic Management Journal*, 1988, 9 (2).

[20] Kale, J. R., Reis, E., and Venkateswaran, A.. Rank-order tournaments and incentive alignment: The effect on firm performance [J]. *The Journal of Finance*, 2009, 64 (3).

[21] Kini, O., and Williams, R.. Tournament incentives, firm risk, and corporate policies [J]. *Journal of Financial Economics*, 2012, 103 (2).

[22] O'Reilly, C. A., Main, B. G., and Craystal, G. S.. CEO compensation as tournament and social compensation: A tale of two theories [J]. *Administrative Science Quarterly*, 1988, 33 (2).

Executive Pay Gap, Product Market Competition and R&D Investment

Ran Qiuhong[1]   Liu Pingfen[2]

(1, 2   Economics and Management School of Wuhan University, Wuhan, 430072)

Abstract: Based on behavioral theory, this paper studies the relationship between executive pay gap and corporate R&D investment using the data of Chinese listed companies from 2007 to 2014. We find a significantly negative relationship between executive pay gap and R&D investment. Further investigation has been made to explores how product market competition function in the process of executive pay gap influencing R&D investment. The empirical results suggest that product market competition plays the role of positive adjustment in the process of executive pay gap influencing corporate R&D investment. These findings are helpful to develop a deep understanding of the relationship among executive pay gap, product market competition and corporate R&D investment. And it has great reference value to improve the compensation mechanism of listed enterprises and corporate R&D investment.

Key words: Behavioral theory; Executive pay gap; Product market competition; corporate R&D investment

专业主编：李青原

双重委托代理理论视角下的企业多元化
经营与现金持有水平研究*

● 南晓莉[1],[2]

（1 大连理工大学管理与经济学部　大连　116023；
2 中国大连高级经理学院博士后科研工作站　大连　116086）

【摘　要】本文以多元化经营公司双重委托代理问题为理论背景，实证研究多元化经营公司现金持有水平的差异及影响机理。基于 2010—2014 年上市公司财务数据，实证分析得出：相比专业化公司，基于内部资本市场的优势，我国多元化经营公司现金持有水平较低，并与其多元化程度负相关，内部资本市场具有资金配置的作用；同时，多元化公司复杂的组织结构会在一定程度上导致公司代理冲突更严重，出于代理动机增持现金弱化了初始多元化经营减持现金的功能，多元化企业内部资本市场资金配置作用效果减弱。这种现象在公司治理水平较低、代理冲突更严重的多元化经营公司中表现更显著。上述实证结论进一步丰富了现金持有静态权衡理论和委托代理理论的相关研究成果。

【关键词】多元化经营　现金持有　双重委托代理问题

1. 引言

随着企业集团的不断发展壮大，多元化经营成为国内企业经营的主要形式。多元化经营究竟如何影响公司现金持有量？目前学术界研究主要集中在两方面：一类研究集中在多元化公司经营优势对现金持有的影响上。如 Irvine 认为，多元化与专业化公司相比的内部融资优势，多元化公司可以通过构建内部资本市场获取资金。苏冬蔚通过我国上市公司数据验证了有效的内部资本市场在我国多元化公司也存在。多元化经营可能带来规模经济效应，提高资源使用效率，从而降低现金持有水平。因此，基于该观点的实证研究结果也都

---

* 基金项目：中国博士后科学基金面上资助项目（150525）、辽宁省社科规划青年项目（L15CGL018）。

通讯作者：南晓莉，E-mail：beer009@163.com。

证明，上市公司多元化经营程度与现金持有负相关①②。Almeida、Fresard、Acharya 和 Bates 等人的研究集中在多元化经营下代理成本对现金持有的影响上。Shin、Stulz 和 Scharfstein 认为由于多元化公司内部存在代理冲突和内部信息不对称，会导致具有信息优势的各部门经理为了获得更多资源，提高在企业中的地位，过多持有现金，扭曲企业总部的资源再配置。

本文将多元化经营理论与现金持有理论有机契合，剖析了多元化经营公司中内部资本市场的存在对现金持有动机的影响。本文的贡献在于：首先，将多元化经营模式纳入现金持有的权衡理论，将公司现金持有的边际成本与边际收益对比分析，验证了多元化经营和现金持有的负相关关系，该结论与 Irvine 在 2009 年针对美国公司实证检验的结果相一致，进而从现金形成的源头上更好地解释现金持有问题，拓展了有关公司现金持有动机的研究思路。其次，利用 2010—2014 年我国上市公司多元化经营数据，结合经济转型过程中部分公司在一味追求规模的多元化经营扩张中，存在治理水平低、信息不对称严重的现实背景，实证验证了多元化公司代理冲突越严重，现金持有水平将越高。这种状况在大股东绝对控股的样本中表现更严重；股东与股东之间、股东与经理层之间的利益纠纷造成的双重代理冲突增加了现金持有的代理动机。该结果也进一步说明了多元化公司内部资本市场有效性减弱的机理和具体路径，为公司管理层充分理解现金持有问题，做出科学的现金持有决策提供了借鉴和参考，也为监管部门有效约束上市公司行为提供了政策参考。本文结构安排如下：第二部分为理论分析与研究假设，第三部分为实证分析，第四部分为研究结论。

2. 理论分析与研究假设

2.1 多元化经营与现金持有的理论分析

有关公司最优现金持有的研究，最早由 Krause 在 1973 年提出权衡理论，认为以股东利益最大化为原则，现金最优持有量是持有现金的边际成本与边际收益权衡的结果。持有现金的成本主要包括代理成本和短缺成本，持有现金的收益则主要包括减少公司陷入财务困境的概率，节约筹集资金的交易成本以及把握公司面临融资约束时的投资机会，即现金持有的交易动机和预防动机。Opler 等采用静态权衡分析框架，研究发现公司会比较现金持有成本和收益确定目标现金持有量。Myers 等针对信息不对称下公司筹集外部资金需要付出高昂的成本，认为公司更偏好内部融资，现金是留存收益与投资需求之间的缓冲物，在实证中进一步验证了融资约束的公司更偏好持有较高现金。除此之外，从现金持有的公司治理层面出发，Jensen 等认为，当管理层手中持有大量可处置的自由现金流时，会由于

① Pinkowitz, L., Stulz, R., and Williamson, R.. Do firms in country with poor protection of investor rights hold more cash [J]. *Journal of Finance*, 2006, 27: 2725-2751.

② Kraus, A., and Litzenberger, R. H.. A state-preference model of optimal financial leverage [J]. *Journal of Finance*, 1973, 33: 911-922.

过度投资而牺牲股东利益或消费更多的额外津贴来为自身牟利。多元化经营公司的内部资本市场因具有众多的内部化优势，可以降低外部融资约束；庞大复杂的机构也容易导致代理冲突从而使资源配置低效。因此，下文将现金持有的相关理论和公司多元化经营模式整合到统一框架内进行分析。

首先，多元化经营涉及的行业大多数不完全相关，由于不同行业在同一时间面临的成长机会不同，多元化企业内部不同分部或子公司面临的投资机会和现金流不完全相关。Shleifer 和 Lensink 的研究表明现金持有充裕且成长机会较少的部门可以将现金满足于现金持有不足且成长机会较多的部门。多元化经营的企业通过将内部部门或子公司的现金流整合再分配，可以有效解决企业投资不足的问题，能够更多地利用净现值为正的投资机会，从而提高企业的价值。因此，多元化经营企业通过利用内部资本市场的有效运行，持有更少交易性动机的现金。其次，多元化经营的企业可以通过出售非核心部门资产缓解融资约束。根据融资优序理论，企业融资会遵循内部融资、债务融资和权益融资的顺序①。多元化企业凭借内源融资的优势进一步降低了现金持有的边际收益。多元化经营公司可以通过外部资金缓解项目融资约束。根据大数定律，如果企业内部投资机会不完全相关，企业涉及行业越多，对投资资本需求量的估计就越准确。Gertner 和 Stein 指出，从银行角度出发，信息不对称时，向多元化企业借款比一组独立企业更有利。所以，多元化经营企业比专业化经营企业更容易从市场上融得资金。图 1、图 2 表明了一个公司最佳现金持有水平的决定因素。图 1 中向下倾斜的曲线代表持有流动性资产的边际收益曲线，水平直线是持有流动性资产的边际成本曲线，这里遵循 Opler 等认为的持有现金的成本主要来自固定的闲置成本。最佳现金持有量是这两条曲线的交点。根据前文阐述的多元化公司内部资本市场对融资约束的缓解，多元化公司持有现金的边际收益小于专业化公司。因此，多元化公司的边际收益曲线应该比专业化公司的偏左，也就是说前者比后者持有流动性资产的最佳水平要低。内部资本市场作为对不完善外部资本市场的补充，可以通过多种方式缓解企业的融资约束。

尽管多元化经营结构为公司提供了很多便利，但也有学者研究发现，多元化公司内部存在严重的经理层代理问题②。Scharfstein 和 Stein 构建的代理模型认为：多元化经营公司存在外部投资者、CEO 以及部门经理，其中 CEO 负责分配资源以及雇佣部门经理。由于CEO 不是最终投资者，不能完全代表股东利益，且 CEO 和部门经理的私人利益源于其职权范围内的资产，所以这三者之间的目标函数不一致，部门经理从其所在部门中追求利益最大化，CEO 从各部门中追求利益最大化。Rajan 等人认为多元化公司的部门经理会争取公司的资源，这就有潜在的过度投资的可能，或者无谓损失。因此，多元化公司与代理成本有关的现金和流动性资产的边际成本就比专业化经营的公司高。为了缓解代理问题，多元化公司比专业化公司现金持有量少。这样一来，较之专业化公司，影响现金持有成本的

---

① Khanna, N., and Tice, S.. The bright side of internal capital markets [J]. *Journal of Finance*, 2001, 56: 1489-1528.

② Lamont, O.. Cash flow and investment: Evidence from internal capital markets [J]. *Journal of Finance*, 1997, 52: 83-109.

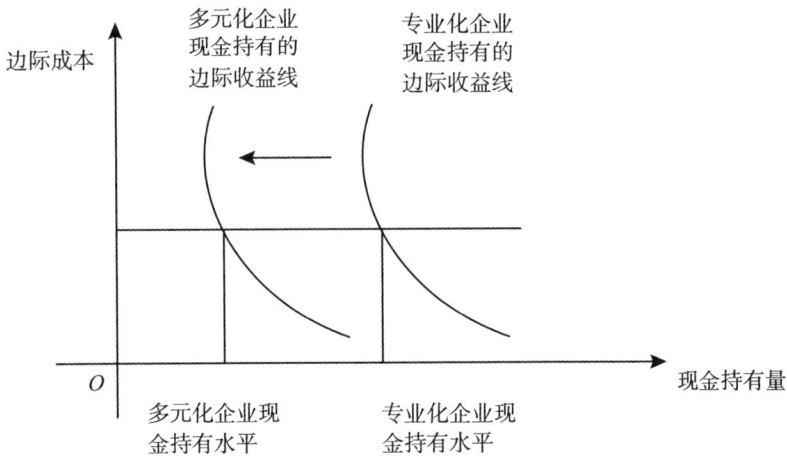

图1 基于静态权衡理论的多元化经营对现金持有影响机理（一）

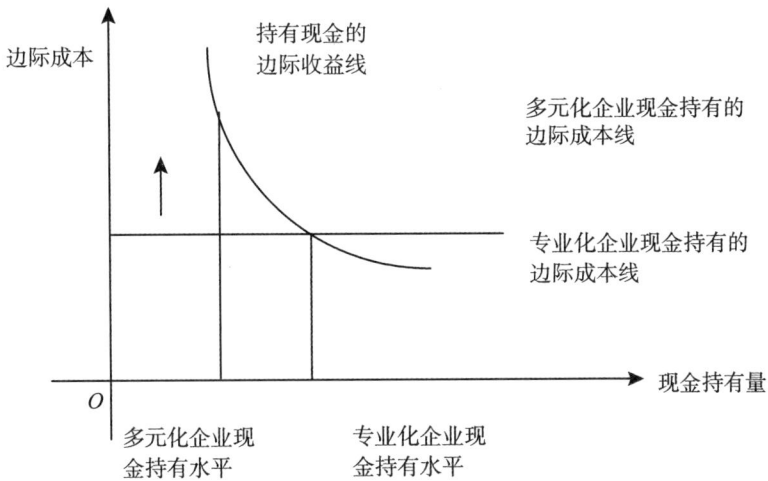

图2 基于静态权衡理论的多元化经营对现金持有影响机理（二）

经理层代理成本对于多元化公司会更高，人们就会预期多元化公司持有现金的边际成本线会进一步提高（如图2所示）。保持边际收益曲线不变，边际成本线向上移动会引起两条线的交点向左移动，可以进一步预期到多元化公司的现金持有水平更低。综上所述，多元化经营通过作用于现金持有的边际收益和边际成本两方面影响公司最优现金持有水平，因此，提出如下假设：

假设1：与专业化公司相比较，多元化经营公司的现金持有量偏低。

2.2 双重代理冲突、多元化经营与现金持有水平分析

前述分析表明，多元化公司中多部门结构及内部资本市场，为部门经理"寻租行为"带来机会。而学术界近年来的研究表明，在新兴市场经济国家，公司集团内部资本市场正在演变为控股股东侵占中小股东利益的平台。具体表现在公司内部层级结构使控制权和现金流权分离，控股股东以较低的成本控制公司的决策权，特别是控股股东通过交叉持股、金字塔式持股等两权分离来侵占中小股东利益①，即相对于经理层与股东之间的第一类代理冲突，多元化公司还存在股东内部利益间的第二类代理冲突②。刘星等比较国有公司集团和民营公司集团发现，国有大股东的支持行为加剧了上市公司的投资过度问题，同时也缓解了地方公司集团的投资问题。而民营公司的大股东的掏空行为加剧了其投资不足问题，其内部资本市场正异化为利益输送的渠道。集团公司成员企业的现金持有量高于独立企业，并且当代理问题严重时，代理动机导致的现金增持程度大于预防动机减弱导致的现金减持程度，现金持有增加。因此，多元化经营公司在缓解融资约束的同时，有可能会加剧代理冲突，且两者影响现金持有量的方向相反。为判断其具体效果，需进一步比较公司治理水平差异下，多元化公司与现金持有的关系。本文借鉴刘星等的方法，以第一大股东持股比例作为内部治理环境的分类标准，以此对比现金持有的预防交易动机和代理动机的强弱，并分析最优现金持有水平。

第一大股东的治理角色具有复杂性，肩负第一类代理冲突中的监督人以及第二类代理冲突中的责任人的双重角色。一方面，大股东的存在有助于解决监督经理人问题上分散股东的搭便车问题，Shleifer 和 Vishny 研究表明第一大股东持股比例提高可以充分发挥监督治理效应，减少管理层的机会主义倾向，降低经理层代理冲突。另一方面，如果第一大股东控制权和现金流权存在分离，大股东可能以隧道行为挪用公司资源以谋求自身利益。因此，当大股东持股比例较低时，即当股权相对分散时，所有层代理冲突几乎不存在。代理冲突主要集中在股东与总经理以及总经理与部门经理之间③④。复杂的组织结构使外部监督难度加大，总经理可能仅投资有利于自己利益的项目，而部门经理有可能诱导总经理将资源分配给经营活动差的部门，代理动机增加使现金持有的边际成本增加，这同时也导致多元化企业内部资本市场运作失效，企业现金持有的边际收益增加。由于边际收益与边际成本的增加对现金持有的作用力量相反，提出第二个研究假设：

假设 2a：当股权相对分散时，经理层代理冲突使多元化程度对现金持有水平的负向

---

① Chu, T., Haw, I., M., Lee, B. H., et al.. Cost of equity capital, control divergence, and institutions：The international evidence [J]. *Review of Quantitative Finance and Accounting*，2014，43（3）：483-527.

② Khanna, T.. Business groups and social welfarein emerging markets：Existing evidence and unanswered questions [J]. *European Economic Review*，2000，44：748-761.

③ La Porta, R., Lopez-de-Silanes F., and Shleifer A.. Corporate ownership around the world [J]. *Journal of Finance*，1999，54：2-13.

④ Claessens, S., Simeon D., Joseph, P. H., and Larry H. P. Lang. Disentangling the incentives and entrenchment effects of large shareholdings [J]. *Journal of Finance*，2002，57：2741-2771.

作用减弱。

假设 2b：当股权相对分散时，经理层代理冲突使多元化程度对现金持有水平的负向作用增强。

当大股东持股比例较高时，即呈现相对控股。随着大股东持股比例的提高，大股东逐渐起到监督人的作用，大股东的存在可以有效约束经理层机会主义行为，提高内部资本市场运行效率。假定现金持有的边际收益不变，那么由于大股东监督使持有现金的边际成本增加，提出第三个研究假设：

假设 3：当大股东相对控股时，经理层代理冲突减弱，多元化程度与现金持有水平呈负相关关系。

当大股东持股比例增持到绝对控股时，控股股东与中小股东之间的代理冲突较为尖锐，同时内部资本市场容易异化为控股股东侵占中小股东利益的平台。公司治理水平的降低，也将助长经理层代理问题，多元化公司组织结构优势不存在，代理动机驱使下现金持有量可能高于专业化公司。多元化公司出于减少代理成本动机下的减持现金收益将可能高于其融资预防动机下的增持现金收益，多元化公司边际成本的提高将可能高于边际收益的提高。由于边际收益的减少与边际成本的增加对现金持有量的作用力量相反，本文提出第四个研究假设：

假设 4a：当大股东绝对控股时，双重代理冲突使多元化程度与现金持有量呈正向关系。

假设 4b：当大股东绝对控股时，双重代理冲突使多元化程度与现金持有量呈负向关系。

3. 数据与研究设计

3.1 数据来源

本文选取 2008 年之前在沪深两市上市的 A 股公司为研究样本，以 2010—2014 年 4 个年度为研究区间，并做以下处理：剔除金融类，公共事业类等财务数据具有特殊性的公司；剔除 ST、PT 财务状况异常公司；剔除同时发行 B 股和 H 股的公司。最终得到样本公司共 1256 家，4768 个观测样本。数据来自 Wind 数据库，其中多元化程度指标通过巨潮资讯网披露的上交所和深交所统计年鉴人工整理所得。多元化与专业化公司的分类综合袁淳、陈信元、苏东蔚的方法，首先依据上市公司年报中披露的经营信息，同时以证监会 2002 年发布的《上市公司行业分类指引（修订版）》为标准进行划分，当上市公司所涉行业大类代码大于一个，且行业主营业务收入占总主营业务收入的 10% 以上时，界定为多元化公司，否则为专业化公司。

3.2 变量定义

3.2.1 被解释变量

现金持有量的衡量，已有文献中主要有三种定义方式：现金及现金等价物与总资产的比值；现金及现金等价物与扣除现金后的总资产的比值；货币资金与短期投资之和与总资产比值①。从会计角度讲，前两种方式定义的现金持有量更具流动性，因为货币资金和短期投资的定义比现金及现金等价物要宽泛，变现能力也相对较低。为了保证本文结论的稳健性，我们在文章的主体部分采用第一种定义方式，并采用第三种定义方式进行了稳健性检验。

3.2.2 解释变量

对于多元化程度度量，最早学者强调以企业运营的生产领域数目的增加作为多元化的度量，Gort 则强调产品的异质性，将满足不同市场的跨产业的不同产品或服务作为多元化的定义。我国学者康荣平等认为企业不仅在多个行业内从事生产经营活动，还要向不同市场提供不同的产品。尹义省认为多元化有静态和动态两种含义，而后者指企业进入新的行业的行为，是一种成长方式。本文采用的是尹义省的定义方式，即多元化是指企业的产品或服务跨一个以上行业的经营方式或成长方式②，并采用以下三个指标综合衡量多元化程度：一是行业数目（N），占主营业务收入 10% 以上的行业数目，本文的行业分类采用中国证监会行业分类标准且精确到行业大类代码。二是收入 Herfindahl 指数（HHI）：$HHI = \sum p_i^2$。其中 p_i 为行业收入占总收入的比重。公司多元化程度越高，HHI 越低。专业化经营的公司 HHI 为 1。三是多元化经营哑变量（Div_dum），当公司所涉及行业收入占主营业务收入 10% 以上的个数大于等于两个时，Div_dum 取 1，否则为 0。我国上市公司大都具有"一业为主，多业为辅"的特点，若只用行业数目衡量公司会高估其多元化程度，用 HHI 指数可以防止计算偏差③。

多元化公司的代理冲突，通过以下两方面衡量：一方面，经理层代理冲突。文献多采用管理层持股比例、前三名高管薪酬额、CEO 两职合一以及管理费用率衡量综合衡量管理层代理问题，本文借鉴李金洁的方法，采用管理费用率（MG）衡量管理层代理问题，采用管理层持股比例进行稳健性检验。另一方面，股东代理冲突。已有文献采用股权集中度、两权分离度、独立董事比例及监事会规模等衡量公司内部治理水平。本文借鉴 Dittmar 等和 Pinkowitz 等的分组检验法，通过第一大股东持股比例衡量公司股东代理冲突的大小。

3.2.3 控制变量

依据 Opler（1999）等已有的现金持有相关文献，选取如下控制变量：

（1）公司规模。由于规模经济，大规模公司外部融资成本低于小规模公司。大规模公司通常采用多元化经济战略，通过运作内部资本市场来获取现金流量，如出售非核心部

---

① 连玉君，苏治，丁志国. 现金—现金流敏感性能检验融资约束假说吗？［J］. 统计研究，2008，25（10）：92-99.

② 尹义省. 中国大型企业多角化实证研究：兼与美国大公司比较分析［J］. 管理工程学报，1998，3：1-12.

③ 王勇，刘志远，郑海东. 多元化经营与现金持有"竞争效应"——基于中国制造业上市公司的实证分析［J］. 管理评论，2015，1：64-70.

门的资产，陷入财务困境的可能性较低。对于小规模公司，陷入财务困境时被清算的可能性较高。因此，公司规模应与现金持有量负相关。

（2）成长机会。公司面临的成长机会越多，持有的现金应该越多①。特别是拥有优质投资机会的公司，更要保持高水平的现金以防止财务困境的发生，本文采用托宾 q 值衡量。

（3）杠杆率。在权衡理论中，杠杆率与现金持有量的关系不是很明晰，一方面高杠杆公司为降低财务困境发生的可能性，一般持有较高水平的现金量；另一方面高杠杆公司的举债能力强，现金持有量低。

（4）现金流波动率。本文采用上市公司 3 年的现金流量的标准差与平均总资产比值的自然对数。

（5）净营运资本。本文采用的流动资产扣除流动负债、现金及现金等价物后和总资产的比值，由于现金以外的流动资产可以较低的成本变现，公司可以将流动资产作为现金的等价物，所以净营运资本较多的公司现金持有量水平较低。

（6）现金流。现金流量是公司现金持有量的来源，其中，经营活动现金流量越多，面临财务困境和放弃优质投资机会的可能性越低，实证表明经营活动现金流量与现金持有量负相关。

（7）支付股利哑变量。现金持有量水平与股利支付的关系同样不明晰，一方面支付股利的公司可以通过减少股利支付积累现金，故持有较少的现金②；另一方面，公司又会为避免支付股利时出现资金短缺而持有较多现金③。

主要变量定义及说明见表 1。

表 1   主要变量定义及说明

变量类型	变量名称	符号	备　注
被解释变量	现金持有量	Cash	现金及现金等价物/总资产
解释变量	行业数目	Num	占主营业务收入 10%以上的行业数目
	收入 HHI 指数	HHI	公司所涉行业收入占公司主营业务收入的比重
	多元化哑变量	Divers_dum	当公司所涉及行业大于等于两个时，取 1，否则为 0
	管理费用率	MG	管理费用/主营业务收入

---

① 徐敏锋. 上市公司现金持有影响因素的实证研究［J］. 东南大学学报（哲学社会科学版），2007，9（2）：57-64.

② 张俊生，曾亚敏. 上市公司多元化经营、盈余管理与业绩背离［J］. 审计与经济研究，2010，25（4）：58-64.

③ Faccio, M., and Lang, L. H. P.. *The ultimate ownership of western European corporations*［M］. Newburyport：Social Science Electronic Publishing, 2001.

变量类型	变量名称	符号	备　注
控制变量	公司规模	Size	公司总资产对数
	成长机会	Tobinq	公司市场价值/账面价值
	杠杆率	Lev	总负债/总资产
	现金流波动率	Cash_var	现金流在三年内的标准差/总资产的平均值
	净营运资本	NWC	（流动资产–流动负债–现金及现金等价物）/总资产
	支付股利哑变量	Div_dum	公司当年支付现金股利取值为1，否则为0
	现金流	Cash_flow	经营活动现金流净额/总资产

3.3　描述性统计

2010—2014年各行业上市公司现金持有量水平的描述性统计结果如表2所示。

表 2　　　　　　　　　　　　分行业描述性统计

证监会行业代码	行业描述	N	Media	Mean	Std.
A组：前十大行业					
70	房地产业	483	0.113	0.615	10.593
65	软件和信息技术服务业	135	0.253	0.275	0.156
52	零售业	240	0.186	0.215	0.149
15	酒、饮料和精制茶制造业	115	0.153	0.203	0.152
37	铁路、船舶、航空航天和其他运输设备制造业	85	0.169	0.2	0.122
39	计算机、通信和其他电子设备制造业	449	0.165	0.19	0.124
9	有色金属矿采选业	90	0.138	0.185	0.147
51	批发业	190	0.132	0.172	0.139
48	土木工程建筑业	119	0.129	0.162	0.133
B组：后十大行业					
14	食品制造业	55	0.119	0.125	0.081
17	纺织业	119	0.102	0.124	0.091
25	石油加工、炼焦和核燃料加工业	65	0.083	0.123	0.137
30	非金属矿物制品业	180	0.088	0.117	0.104
28	化学纤维制造业	75	0.097	0.114	0.081
22	造纸和纸制品业	70	0.077	0.111	0.1

证监会行业代码	行业描述	N	Media	Mean	Std.
55	水上运输业	65	0.085	0.108	0.095
27	医药制造业	370	0.071	0.104	0.078
44	电力、热力生产和供应业	215	0.067	0.097	0.105
31	黑色金属冶炼和压延加工业	125	0.065	0.082	0.063

按照证监会行业大类代码划分且只计算观察值大于 50 的行业。其中 A 组是现金持有量高的前十大行业。B 组是现金持有量低的后十大行业。在样本所涉及的行业中，房地产业的现金持有量均值最大，为 61.45%，其次是软件和信息技术服务业（27.47%），零售业（21.52%），原因可能在于公司成长机会多，自身业绩水平高。现金持有均值最小的行业为黑色金属冶炼和压延加工业（8.16%），其次是电力、热力生产和供应业（9.67%），该类行业市场化水平较低，有一定的行业特殊性。

表 3 报告了主要变量的描述性统计结果。由全样本描述性统计可知，现金持有量水平在 17.9%~15.1%，专业化公司现金持有量均值为 17.9%，多元化公司现金持有量均值为 15.1%，低于专业化公司，在 5% 水平上显著。因此，多元化公司内部资本市场活跃程度高于专业化公司，融资约束程度较小。多元化公司的多元化程度衡量指标 HHI 的均值为 0.497，公司所涉行业数目均值为 3，说明 2010—2014 年公司多元化程度提高，样本中涉猎房地产行业的多元化公司占样本多元化公司的 51.28%。同时，除了现金流标准差没有显著差异外，其他控制变量指标均有显著差异，值得注意的是多元化公司的资产负债率显著高于专业化公司，可能的解释是代理问题引起的内部资本市场资源配置的低效，理论上，当公司内部资产市场活跃时，公司对外源融资的依存度会降低。此外，专业化公司和多元化公司的大股东持股比例均值分别为 36% 和 29.3%，说明我国上市公司一股独大的水平较高，且专业化公司的均值显著高于多元化公司，为探寻代理冲突对现金持有量的影响，我们将第一大股东持股比例为分类标准，再次对主要变量进行描述性统计以及均值检验，如表 3 所示。

表 3   **多元化公司与专业化公司描述性统计**

变量名	专业化公司		多元化公司		T-Stat
	mean	median	mean	median	
Cash	0.179	0.148	0.151	0.129	13.912
Size	22.071	21.962	21.913	21.998	7.502
Tobinq	1.675	1.185	1.701	1.122	−0.782
Lev	0.519	0.522	0.535	0.564	−4.154
Cashflow	0.039	0.040	0.023	0.027	8.570

变量名	专业化公司		多元化公司		T-Stat
	mean	median	mean	median	
NWC	-0.014	-0.003	-0.003	0.016	-2.708
Varcash	0.062	0.049	0.067	0.058	1.748
Divdum	0.649	1.000	0.575	1.000	9.193
HHI	1.000	1.000	0.510	0.497	29.207
Num	1.000	1.000	2.890	3.000	38.746
Owncon1	0.360	0.338	0.293	0.251	24.810
MG	0.108	0.069	0.110	0.079	0.169

以第一大股东持股比例为分类标准，进一步分析多元化程度对公司现金持有的影响。其中大股东持股比例小于 30% 的为股权分散组，大股东持股比例大于 30% 小于 50% 的为相对控股组，大股东持股比例大于 50% 的为绝对控股组。表 4 的结果显示，按照股权集中度分组后，公司现金持有水平呈现出先减少再增加的 U 形。当股权较为分散时，专业化公司和多元化公司的现金持有量较高，原因可能是两种类型的经理层代理冲突严重，股权较分散时，股东监督成本过高，监督动力不高，经理层寻租行为下现金持有量增加。随着大股东持股比例的增加，专业化公司与多元化公司的现金持有量均显著减少，原因可能在于大股东的监督行为可以有效约束管理者的机会主义行为，多元化公司的内部资本市场的运行效率也会提高。当大股东达到绝对控股时，样本公司的现金持有量又有提高，原因可能是大股东的掏空行为损害了公司发展，内部资本市场效率降低。值得注意的是，此时，多元化公司的现金持有量高于专业化公司的现金持有量。此外，大部分的控制变量均值为显著差异，以上结论初步证实了本文的假设，但描述性统计没有考虑变量间的相互关系，因此，采用面板数据多元回归分析进行进一步的验证。

表4 大股东持股比例分组后描述性统计

变量名	股权分散组			相对控股组			绝对控股组		
	0≤Owncon1<30%			30%≤Owncon1<50%			Owncon1≥50%		
	专业化	多元化	T-Stat	专业化	多元化	T-Stat	专业化	多元化	T-Stat
Cash	0.19	0.16	10.78	0.17	0.13	15.08	0.17	0.18	-3.57
Size	21.69	21.56	4.02	22.09	22.55	-14.97	22.81	22.47	6.92
Tobinq	2.03	2.05	-0.38	1.51	1.05	12.78	1.27	1.16	2.51
Lev	0.51	0.51	0.26	0.51	0.57	-10.03	0.54	0.60	-7.64
Cashflow	0.03	0.02	2.91	0.04	0.03	2.91	0.05	0.01	13.29

变量名	股权分散组 0≤Owncon1<30%			相对控股组 30%≤Owncon1<50%			绝对控股组 Owncon1≥50%		
	专业化	多元化	T-Stat	专业化	多元化	T-Stat	专业化	多元化	T-Stat
NWC	−0.03	0.00	−4.05	0.00	−0.01	2.95	−0.02	−0.01	−1.19
Firmsigma	0.06	0.07	−3.13	0.06	0.06	−0.19	0.07	0.08	−6.44
Divdum	0.57	0.48	7.09	0.68	0.74	−4.75	0.75	0.73	0.83
HHI	1.00	0.51	−21.45	1.00	0.54	−18.60	1.00	0.46	−11.41
Num	1.00	2.90	31.28	1.00	2.94	17.50	1.00	2.70	19.97
MG	0.10	0.11	0.17	0.08	0.09	3.54	0.11	0.12	5.12

4. 实证结果

4.1 多元化经营与现金持有的实证结果

首先，判别采用个体固定效应还是个体随机效应的面板 GLS 方法估计回归方程，通过 Hausman 检验确定采用随机效应模型。本文对主要变量做了相关系数检验，多元化经营哑变量、多元化 HHI 指数和多元化涉及行业个数 3 个变量之间的相关系数较高，在 5% 的显著性水平下，3 个变量之间的相关系数较大，说明 3 个变量的替代性很强。其他变量的相关系数不大，这表明变量间共线性的可能性比较低。表 5 报告了 2010—2014 年多元化程度对现金持有量影响的实证分析结果。4 个模型的 R^2 验证了模型的解释度是可以接受的。随着多元化经营变量的加入，控制变量的系数和显著性没有发生较大的变化，且 t 统计量的绝对值有所增加，表明加入多元化经营程度指标使得模型的效果更理想。

模型（2）的回归结果显示，多元化经营虚拟变量对应的系数为−0.021，与现金持有在 5% 水平下显著，说明多元化程度对现金持有量具有显著的负向影响，这与假设一吻合。在模型（3）中，衡量多元化的变量是公司所涉行业个数，其对应的系数为−0.009，即在其他条件相同的情况下，上市公司由专业化转化为多元化后，现金持有量水平降低0.90%，在描述性统计中，专业化公司与多元化公司现金持有量均值差值为 2.8%，说明其中 0.90% 是由于公司所涉行业个数造成的。多元化公司所涉行业个数对现金持有的负向影响不显著，说明了这种相关关系的不稳定性，原因可能是我国大部分多元化公司具有一业为主的特点，单纯用个数衡量，对多元化的衡量会偏大。在模型（4）中，对模型（3）出现的问题可以做出解释。HHI 是衡量多元化程度的重要指标，HHI 指标可以平衡模型（3）中对多元化衡量偏大的现象。HHI 指数越小，公司的多元化程度越高。其相关系数为−0.006，在 5% 的水平上与现金持有负相关。

表5 总样本回归结果

	1	2	3	4
Size	0.009***	0.009***	0.009***	0.009***
	(3.700)	(3.630)	(3.660)	(3.690)
Tobinq	0.009***	0.009***	0.009***	0.009***
	(9.530)	(9.490)	(9.500)	(9.520)
Lev	−0.315***	−0.315***	−0.315***	−0.315***
	(−28.490)	(−28.420)	(−28.400)	(−28.460)
Cashflow	−0.012	−0.012	−0.012	−0.012
	(−1.070)	(−1.100)	(−1.090)	(−1.070)
NWC	−0.204***	−0.204***	−0.204***	−0.204***
	(−20.020)	(−19.970)	(−19.950)	(−20.000)
Divdum	0.013***	0.013***	0.013***	0.013***
	(4.260)	(4.240)	(4.250)	(4.260)
Firmsigma	0.475***	0.477***	0.477***	0.476***
	(8.990)	(9.030)	(9.040)	(9.000)
Divers_dum		−0.021**		
		(−2.040)		
Num			−0.009	
			(−1.960)	
HHI				−0.006**
				(2.100)
_cons	0.096	0.101*	0.107*	0.091
	(1.880)	(1.980)	(2.090)	(1.720)
N	3768	3768	3768	3768
R^2	22.95%	23.19%	23.14%	23.19%

注：回归结果均为采用面板异方差稳健标准误进行异方差修正后的稳健性结果；括号内为 t 值，***、**和*分别表示在1%、5%和10%水平下显著。下同。

模型（1）的控制变量与现金持有水平在1%水平显著相关，说明选择这些控制变量的必要性和恰当性。公司规模与现金持有量在1%水平下显著正相关，表明公司规模越大，组织结果越复杂，出现代理问题的可能性越大，内部资本市场效率低的可能性越大，公司持有现金的边际收益增加，因而持有较多的现金。公司成长机会对应的系数为

0.009，在1%的水平下显著，说明公司的成长机会越多，公司的现金持有量越大。公司拥有好的投资项目时，会持有较高水平的现金量防止财务困境的发生。杠杆率与现金持有量在1%水平下显著负相关，表明公司的负债率越高，举债能力越强，因而持有较少的现金。现金流与现金持有量负相关，但不具有显著性。净营运资本与现金持有量在1%水平下显著负相关，公司的流动资产可以较低成本变现，所以可视为现金等价物，流动资产越多，公司现金持有量越少。支付股利虚拟变量对应的系数为0.013，在1%的水平下与现金持有量显著正相关，公司可能为避免支付股利时出现资金短缺而持有较多现金，这与Fresard的研究结果一样。现金流的波动性的系数是0.475，与现金持有量在1%的水平下显著正相关，现金流的不确定性越大，公司为避免财务危机而持有的现金量越大。综上所述，模型（1）、模型（2）、模型（3）、模型（4）的实证结果符合假设1。

4.2 代理冲突下多元化经营与现金持有量的实证结果

针对全样本的股权集中度分组后现金持有量的差异性统计结果，将样本分为股权分散组、相对控股组及绝对控股组三个子样本，并纳入管理费用作为解释变量，衡量不同治理水平下代理冲突对现金持有量的影响。描述性统计结果显示，多元化程度越高，股权分散的多元化公司现金持有量越高。与表5相比，表6中多元化程度变量前系数绝对值变小，说明在股权分散时，多元化程度对现金持有量的负向作用更弱。引入管理费用率作为解释变量，并考虑其与多元化程度的交叉项回归结果。模型（5）表明管理费用与现金持有量在10%水平下显著正相关，说明管理层代理问题增大了现金持有水平。模型（6）、模型（7）、模型（8）表明管理费用率与多元化程度的交叉项（Mg×Div，Mg×Num 和 Mg×HHI）均与现金持有量在5%水平上显著正相关，这说明，管理费用叠加作用下的多元化水平与现金持有水平有显著正向关系。即股权集中度较低时，外部股东监督水平较弱，多元化经营加剧了管理层寻租行为。随着管理层代理问题的严重，管理费用增加，多元化公司现金持有量增多。假设2a得到支持。

表6　　　　　　　　　　　　　　股权分散组回归结果

	1	2	3	4	5	6	7	8
Size	0.016***	0.016***	0.016***	0.016***	0.017***	0.016***	0.017***	0.017***
	(−4.060)	(−4.010)	(−4.060)	(−4.060)	(−4.190)	(−4.040)	(−4.200)	(−4.190)
Tobinq	0.009***	0.009***	0.009***	0.009***	0.009***	0.009***	0.009***	0.009***
	(−7.210)	(−7.180)	(−7.180)	(−7.230)	(−7.100)	(−7.210)	(−7.090)	(−7.100)
Lev	−0.353***	−0.352***	−0.353***	−0.353***	−0.351***	−0.353***	−0.351***	−0.351***
	(−21.310)	(−21.230)	(−21.210)	(−21.280)	(−21.240)	(−21.310)	(−21.250)	(−21.250)
Cashflow	−0.062***	−0.062***	−0.062***	−0.062***	−0.046**	−0.061***	−0.046**	−0.046**
	(−4.590)	(−4.600)	(−4.590)	(−4.580)	(−3.210)	(−4.570)	(−3.250)	(−3.200)
NWC	−0.231***	−0.229***	−0.231***	−0.231***	−0.230***	−0.231***	−0.230***	−0.230***

	1	2	3	4	5	6	7	8
	(−15.180)	(−15.090)	(−15.180)	(−15.150)	(−15.170)	(−15.180)	(−15.180)	(−15.170)
Divdum	0.018***	0.018***	0.018***	0.018***	0.018***	0.018***	0.018***	0.018***
	(−3.710)	(−3.670)	(−3.710)	(−3.710)	(−3.800)	(−3.710)	(−3.800)	(−3.790)
Varcash	0.470***	0.472***	0.473***	0.471***	0.463***	0.473***	0.462***	0.463***
	(−6.550)	(−6.600)	(−6.550)	(−6.560)	(−6.460)	(−6.590)	(−6.450)	(−6.460)
Divers_dum		−0.018*						
		(−2.140)						
Num			−0.009					
			(−1.440)					
HHI				−0.060				
				(−2.760)				
Mg					0.008*			
					(−3.220)			
Mg×Div						0.033**		
						(−0.820)		
Mg×Num							0.008**	
							(−3.180)	
Mg×hhi								0.008**
								(−3.220)
_cons	−0.041	−0.034	−0.041	−0.047	−0.054	−0.039	−0.054	−0.053
	(−0.490)	(−0.410)	(−0.490)	(−0.540)	(−0.640)	(−0.460)	(−0.650)	(−0.640)
N	1625	1625	1625	1625	1625	1625	1625	1625
R^2	30.38%	30.37%	30.37%	30.31%	23.32%	23.17%	23.27%	23.34%

表 7 中模型（2）的回归结果显示，多元化经营虚拟变量对现金持有量不显著，其对应的系数是−0.029。模型（3）的回归结果同样不显著，所涉行业数目对应的系数为−0.0136。描述性统计中，专业化公司与多元化公司现金持有量差值为 3%，说明其中 1.36% 是行业所涉行业个数造成的。模型（4）中，HHI 的相关系数为−0.0326，在 10% 水平上与现金持有量负相关。所以在大股东相对控股组，多元化经营公司现金持有量显著低于专业化经营公司，多元化程度越高，多元化公司现金持有量越低。与表 5 相比，多元化程度变量前系数的绝对值变大，说明在大股东相对控股时，多元化程度对现金持有量的负向作用增强。

表 7　相对控股组回归结果

	1	2	3	4	5	6	7	8
	Cash	Cash	Cash	Cash	Cash	Cash	Cash	Cash
Size	0.005	0.005	0.005	0.005	0.006	0.005	0.005	0.006
	(−1.240)	(−1.330)	(−1.350)	(−1.370)	(−1.630)	(−1.230)	(−1.340)	(−1.680)
Tobinq	0.012***	0.012***	0.012***	0.012***	0.012***	0.012****	0.012****	0.012***
	(−4.70)	(−4.68)	(−4.67)	(−4.66)	(−4.89)	(−4.67)	(−4.76)	(−4.92)
Lev	−0.262***	−0.262***	−0.263***	−0.263***	−0.253***	−0.262***	−0.260***	−0.252***
	(−11.980)	(−11.980)	(−12.000)	(−11.980)	(−11.490)	(−12.000)	(−11.800)	(−11.450)
Cashflow	0.134***	0.134***	0.134***	0.134***	0.142***	0.133***	0.137***	0.143***
	(−5.290)	(−5.270)	(−5.280)	(−5.280)	(−5.590)	(−5.270)	(−5.380)	(−5.630)
NWC	−0.179***	−0.179***	−0.179***	−0.179***	−0.176***	−0.179***	−0.178***	−0.175***
	(−10.260)	(−10.260)	(−10.250)	(−10.260)	(−10.100)	(−10.270)	(−10.210)	(−10.090)
Divdum	0.016***	0.016***	0.016***	0.016***	0.007	0.007	0.007	0.007
	(−3.700)	(−3.720)	(−3.730)	(−3.760)	(−1.680)	(−1.540)	(−1.550)	(−1.700)
Varcash	0.351***	0.355***	0.359***	0.360***	0.364***	0.346***	0.357***	0.364***
	(−3.940)	(−3.990)	(−4.040)	(−4.140)	(−4.090)	(−3.890)	(−4.000)	(−4.090)
Divers_dum		−0.029						
		(−1.570)						
Num			−0.014					
			(−1.550)					
HHI				−0.033*				
				(−2.980)				
Mg					0.142**			
					(−2.870)			
Mg×Div						−0.275*		
						(−1.960)		
Mg×Num							0.042	
							(−1.140)	
Mg * HHI								0.160**
								(−3.230)

	1	2	3	4	5	6	7	8
_cons	0.148	0.141	0.152	0.166	0.094	0.150	0.132	0.088
	(−1.720)	(−1.630)	(−1.760)	(−1.730)	(−1.080)	(−1.740)	(−1.510)	(−1.000)
N	1399	1399	1399	1399	1399	1399	1399	1399
R^2	26.53%	26.88%	26.90%	26.69%	27.02%	27.07%	26.48%	27.27%

考虑了公司管理费用率与多元化程度的交叉项后对模型进行回归，模型（5）表明管理费用与现金持有量在1%水平下显著正相关。交叉项结果显示，管理费用率与是否多元化经营的交叉项 Mg×Div 与现金持有量在10%水平上显著负相关，但是管理费用率与 HHI 的交叉项 Mg×HHI 与现金持有量在5%水平上显著正相关，管理费用率与多元化公司所涉行业个数的交叉项 Mg×Num 变量的结果不显著但符号同样为正，说明管理层代理成本使多元化程度对现金持有水平负向作用减弱。综上所述，相对控股组中，大股东监管程度增强，多元化程度与现金持有量呈负相关关系，但考虑到管理层代理成本，负向关系减弱，假设3得到部分验证。

表8报告了绝对控股组的回归结果。模型（2）的回归结果显示，多元化经营虚拟变量对现金持有量在10%水平下显著，其对应的系数是0.032，说明多元化变量对现金持有量具有正向影响。说明在大股东绝对控股情况下，多元化程度越高，公司现金持有量越高。模型（3）的回归结果同样不显著，所涉行业数目对应的系数为0.009。描述性统计中，专业化公司与多元化公司现金持有量差值为1%，说明其中0.902%是所涉行业个数造成的。模型（4）中，HHI 的相关系数为0.071，在5%水平上与现金持有量正相关。综合模型（2）、模型（3）、模型（4）可以得到，在大股东绝对控股组，多元化经营公司现金持有量显著高于专业化经营公司，多元化程度越高，多元化经营公司现金持有量越高，且与表7相比，多元化程度变量的系数绝对值变大，说明大股东绝对控股时，多元化程度对现金持有量的正向作用增强。在考虑了公司管理层代理成本及其与多元化程度的交叉项之后对模型进行回归，模型（5）中管理费用率与多元化程度衡量指标的交叉项（Mg×Div，Mg×Num 和 Mg×HHI）均与现金持有量在1%水平上显著正相关，这说明代理冲突越强，多元化程度与现金持有水平具有显著正向关系，即代理冲突增强了公司现金持有水平。假设4a得到支持。

表8   绝对控股组回归结果

	1	2	3	4	5	6	7	8
Size	0.0037	0.0040	0.0044	0.0048	0.0021	0.003	0.003	0.002
	(−0.740)	(−0.800)	(−0.890)	(−0.960)	(−0.420)	(−0.710)	(−0.490)	(−0.430)
Tobinq	0.009**	0.009**	0.009**	0.009**	0.009**	0.009**	0.009**	0.009**
	(−2.630)	(−2.650)	(−2.640)	(−2.690)	(−2.740)	(−2.610)	(−2.690)	(−2.760)

	1	2	3	4	5	6	7	8
Lev	-0.223***	-0.224***	-0.226***	-0.228***	-0.230***	-0.223***	-0.228***	-0.230***
	(-7.510)	(-7.540)	(-7.650)	(-7.720)	(-7.680)	(-7.520)	(-7.650)	(-7.680)
Cashflow	0.160***	0.161***	0.162***	0.161***	0.154***	0.159***	0.155***	0.154***
	(-5.390)	(-5.420)	(-5.470)	(-5.450)	(-5.190)	(-5.360)	(-5.220)	(-5.190)
NWC	-0.125***	-0.125***	-0.125***	-0.126***	-0.128***	-0.125***	-0.127***	-0.128***
	(-5.250)	(-5.250)	(-5.250)	(-5.310)	(-5.360)	(-5.250)	(-5.320)	(-5.380)
Divdum	0.013***	0.013***	0.013***	0.013***	0.003	0.004	0.004	0.004
	(-4.760)	(-4.700)	(-4.780)	(-5.570)	(-0.560)	(-0.620)	(-0.610)	(-0.550)
Varcash	0.547***	0.544***	0.544***	0.547***	0.523***	0.547***	0.530***	0.522***
	(-4.920)	(-4.890)	(-4.870)	(-4.900)	(-4.650)	(-4.920)	(-4.740)	(-4.640)
Divers_dum		0.032*						
		(-2.050)						
Num			0.009					
			(-0.490)					
HHI				0.071*				
				(-1.980)				
Mg					0.192*			
					(2.140)			
Mg×Div						0.185		
						(0.740)		
Mg×Num							0.132***	
							(2.000)	
Mg×HHI								0.200***
								(-2.200)
_cons	0.144	0.137	0.123	0.194	0.197	0.148	0.185	0.197
	-1.250	-1.190	-1.050	-1.610	-1.670	-1.280	-1.580	-1.670
N	744	744	744	744	744	744	744	744
R^2	26.53%	26.88%	26.90%	26.89%	18.47%	19.12%	21.30%	20.82%

4.3 稳健性检验

4.3.1 分行业稳健性检验

由分行业描述性统计可知，行业之间的现金持有量存在差异，A组前十大行业的现金持有量是B组后十大行业的两倍。为了进一步确定多元化程度对公司现金持有量的影响。本文选取总样本中房地产业上市公司为稳健性检验子样本，原因在于：①房地产业现金持有量位列第一，能够更具代表性地考察多元化经营模式对公司现金持有水平的影响。②房地产业一定程度上能够反映国民经济的运行状况①。表9报告了在房地产业2010—2014年多元化程度对现金持有量影响的实证分析。模型（2）结果显示，多元化经营虚拟变量系数为-0.013，与现金持有量在10%水平下显著，说明多元化程度对现金持有量具有显著的负向影响，这与假设1吻合。在模型（3）中，衡量多元化的变量是公司所涉行业个数，其对应的系数为-0.022，但不显著。在模型（4）中，HHI指数越小，公司的多元化程度越高。其相关系数为-0.011，在10%的水平上与现金持有量负相关。综上所述，公司多元化程度越高，现金持有量越少。

表9　　　　　　　　　　　　　　　　房地产业回归结果

	1	2	3	4
Size	0.016***	0.015***	0.016***	0.016***
	(4.800)	(4.670)	(4.720)	(4.780)
Tobinq	0.009***	0.009***	0.009***	0.009***
	(6.140)	(6.130)	(6.150)	(6.170)
Lev	-0.400***	-0.399***	-0.398***	-0.398***
	(-23.070)	(-23.050)	(-22.970)	(-22.980)
Cashflow	-0.057***	-0.057***	-0.057***	-0.057***
	(-4.360)	(-4.360)	(-4.350)	(-4.340)
NWC	-0.249***	-0.247***	-0.247***	-0.247***
	(-15.350)	(-15.290)	(-15.230)	(-15.260)
Divdum	0.014***	0.014**	0.014**	0.014***
	(3.310)	(3.230)	(3.250)	(3.310)
Firmsigma	0.518***	0.520***	0.519***	0.518***
	(6.950)	(7.000)	(6.990)	(6.990)
Divers_dum		-0.013*		

---

① 李金洁. 企业集团内部资本市场的价值破坏［D］. 西南财经大学，2011：56-78.

	1	2	3	4
		(−2.390)		
Num			−0.022	
			(−2.090)	
HHI				−0.011*
				(2.120)
_cons	−0.024	−0.013	0.004	−0.063
	(−0.340)	(−0.190)	(0.060)	(−0.840)
N1722	1722	1722	1722	
R^2	28.67%	29.22%	29.14%	29.12%

以绝对控股组为例，检验存在代理冲突下，多元化对现金持有量的影响进行稳健性检验。表10为实证结果，与总样本下实证结果类似。模型（7）、模型（8）表明管理费用率与多元化程度衡量指标的交叉项 Mg×Num 与 Mg×HHI 均与现金持有量在1%水平上显著正相关，这说明，管理费用作用下的多元化水平与现金持有水平有显著正向关系。即随着代理问题的严重，管理费用的增加，多元化公司现金持有量增多，多元化与现金持有量的负向作用将减弱。

表10 房地产业绝对控股组回归结果

	1	2	3	4	5	6	7	8
Size	0.012*	0.011*	0.011*	0.0112*	0.018***	0.013**	0.014**	0.014**
	(−2.370)	(−2.230)	(−2.270)	(−2.340)	(−5.470)	(−2.740)	(−2.890)	(−2.880)
Tobinq	0.005**	0.005**	0.005**	0.005**	0.008***	0.006***	0.006**	0.006**
	(−2.940)	(−2.940)	(−2.970)	(−2.980)	(−6.010)	(−3.510)	(−3.130)	(−3.130)
Lev	−0.430***	−0.429***	−0.428***	−0.427***	−0.374***	−0.379***	−0.380***	−0.380***
	(−17.710)	(−17.710)	(−17.660)	(−17.600)	(−22.170)	(−15.800)	(−15.980)	(−15.980)
Cashflow	−0.095***	−0.095***	−0.095***	−0.095***	−0.040**	−0.102***	−0.076***	−0.076***
	(−6.240)	(−6.230)	(−6.230)	(−6.210)	(−2.850)	(−6.880)	(−4.670)	(−4.660)
NWC	−0.279***	−0.278***	−0.277***	−0.277***	−0.215***	−0.220***	−0.223***	−0.223***
	(−12.280)	(−12.240)	(−12.190)	(−12.170)	(−13.420)	(−9.600)	(−9.810)	(−9.810)
Divdum	0.022**	0.021**	0.021**	0.022**	0.015***	0.021**	0.021**	0.021**
	(−3.270)	(−3.170)	(−3.180)	(−3.250)	(−3.570)	(−3.180)	(−3.210)	(−3.210)

	1	2	3	4	5	6	7	8
Varcash	0.727***	0.723***	0.724***	0.724***	0.549***	0.736***	0.728***	0.728***
	(-7.680)	(-7.660)	(-7.670)	(-7.690)	(-7.460)	(-7.880)	(-7.810)	(-7.810)
Divers_dum		-0.037*						
		(-1.970)						
Num			-0.010*					
			(-2.010)					
HHI				-0.033				
				(-2.10)				
Mg					0.013***			
					(-4.490)			
Mg×Div						0.132		
						(-0.680)		
Mg×Num							0.013***	
							(-3.820)	
Mg×HHI								0.013***
								(-3.830)
_cons	0.073	0.089	0.107	0.044	-0.087	0.012	-0.003	-0.002
	(-0.680)	(-0.840)	(-0.990)	(-0.400)	(-1.210)	(-0.110)	(-0.030)	(-0.020)
N	826	826	826	826	826	826	826	826
R^2	29.83%	30.21%	30.27%	30.19%	27.62%	28.94%	29.13%	29.14%

4.3.2 一阶差分广义矩估计（GMM）检验

多元化的经营结构影响公司现金持有水平可能存在一定的内生性，即公司的现金持有水平也可能影响多元化战略模式。为了消除这两者之间内生性的影响，采用一阶差分的广义矩估计（GMM）动态面板方法对两者的关系进一步回归分析。GMM 估计是一个稳健估计量，因为它不要求扰动项的准确分布信息，允许随机误差项存在异方差和序列相关，也能消除变量间的内生性。回归结果如表 11 所示，其中，多元化哑变量的符号变为正，公司所涉行业个数和 HHI 指数均为负，从整体看指标关系变化不大，符合理论分析假设。

表 11	多元化程度与现金持有之间的 GMM 动态面板回归结果		
	1	2	3
L. cash	0.693**	0.611**	0.693**
	(−2.820)	(−3.010)	(−2.820)
Size	0.028	0.025	0.028
	(−0.640)	(−0.570)	(−0.640)
Tobinq	0.010	0.007	0.010
	(−0.340)	(−0.240)	(−0.340)
Lev	−0.469***	−0.471***	−0.469***
	(−3.860)	(−3.880)	(−3.860)
Cashflow	0.003	0.009	0.003
	(−0.020)	(−0.050)	(−0.020)
NWC	−0.368**	−0.360**	−0.368**
	(−2.700)	(−2.650)	(−2.700)
Divdum	0.009	0.009	0.009
	(−1.180)	(−1.140)	(−1.180)
Diversdummy	−1.286		
	(−0.580)		
Diversity		−0.013	
		(−0.220)	
Num			−4.348
			(−0.580)
_cons	−0.447	−0.243	4.589
	(−0.430)	(−0.240)	(−0.540)
N	2512	2512	2512

4.3.3 变量替换的稳健性检验

本文在计算现金持有水平时采用的现金及现金等价物与总资产的比值，为了保持结论的稳健性，替换为货币资金与短期投资与总资产比值，一种更宽泛的现金持有定义方式。同时，对代理问题变量进行替换，采用管理层持股比例指标作为管理层代理问题变量进行衡量。杨兴权的实证结果表明，当管理层持股比例较高时，管理层与股东利益趋于一致，更有动机阻止大股东对小股东的利益侵占。回归结果与本文结论大致相同。

5. 研究结论

实证结果表明，多元化程度与公司现金持有量呈显著负向关系。此结果符合现金持有的权衡理论分析，公司会通过比较现金持有成本和收益确定目标持有量。在本文中，公司多元化经营定义为在两位行业代码下所涉行业大于一个，多元化公司内部面临的投资机会和现金流不完全相关，公司可以通过内部资本市场的有效运行，将现金流整合后再分配，减少持有交易性动机的现金，也即现金持有的边际收益减少。同时，多元化结构带来的代理问题使公司持有现金的边际成本增加。为了缓解代理问题，多元化公司会减持现金。因此，多元化公司对现金的交易性动机需求小，同时为了缓解代理问题，公司利用内部资本市场的有效资金配置降低现金持有水平。

但考虑到部分多元化公司复杂公司结构下存在严重的代理冲突，内部资本市场无法有效运行，因此，实证结果验证了存在代理冲突影响下，多元化程度与现金持有量的负向关系会减弱。尤其是在股权较为分散以及大股东绝对控股时，公司治理水平降低，所有层与管理层的代理冲突使多元化程度对现金持有水平呈显著正向关系，这一结论支持了现金持有研究中的"代理理论"。本文认为在大股东绝对控股时，多元化公司内部资本市场异化为控股股东侵占中小股东利益的平台，并且随着管理层代理问题的严重，出于代理动机增持现金将致使多元化结构对现金持有水平的优化作用减弱。

上述研究结论丰富了多元化经营理论及委托代理理论的相关研究成果。同时，也具有如下政策启示：

第一，从公司角度来看，多元化公司应充分利用多元化战略的优势，优化配置内部资源，提高资金使用效率。与此同时，公司在实施多元化战略前应注意要具备够强的核心竞争力，能为公司多元化扩张同稳定的现金流，并在核心能力的基础上实施适度的相关多元化。

第二，从投资者的角度来看，应该认识到在考虑公司现金持有水平时，不仅要关注公司财务状况和治理水平，还要关注多元化战略方面的经营行为。在投资时应谨慎区分现金持有的内在动机，合理判断公司正常的现金持有需求。

第三，具体到多元化公司采用何种现金持有政策，本文认为，当公司股权结构不合理，治理水平较低时，多元化公司应持有较少的现金应对较高的代理成本。当大股东达到相对控股时，出于对内部资本市场有效性的考虑，多元化公司同样应该持有较少的现金，避免造成持有现金的成本升高。对于如何克服代理问题，本文认为除了完善投资者法律保护机制，提高董事会治理效能以及完善管理层激励机制外，应改变"一股独大"的局面，增加股权制衡的力量。

◎ 参考文献

[1] 陈信元，黄俊. 政府干预、多元化经营与公司业绩 [J]. 管理世界，2007，1.
[2] 姜付秀. 我国上市公司多元化经营的决定因素研究 [J]. 管理世界，2006，5.

［3］ 康荣平，柯银斌．多元化经营的战略类型 ［J］．企业改革与管理，1999，5．

［4］ 李捷瑜，江舒韵．市场价值，生产效率与上市公司多元化经营：理论与证据 ［J］．经济学，2009，8（3）．

［5］ 李金洁．企业集团内部资本市场的价值破坏 ［D］．西南财经大学，2011．

［6］ 连玉君，苏治，丁志国．现金-现金流敏感性能检验融资约束假说吗 ［J］．统计研究，2008，25（10）．

［7］ 刘星，代彬，郝颖．掏空、支持与资本投资——来自集团内部资本市场的经验证据 ［J］．中国会计评论，2010，2．

［8］ 刘星，计方，郝颖．大股东控制、集团内部资本市场运作与公司现金持有 ［J］．中国管理科学，2014，4．

［9］ 陆正飞，韩非池．宏观经济政策如何影响公司现金持有的经济效应？——基于产品市场和资本市场两重角度的研究 ［J］．管理世界，2013，6．

［10］ 苏冬蔚．多元化经营与企业价值：我国上市公司多元化溢价的实证分析 ［J］．经济学，2005，7．

［11］ 汪昌云，孙艳梅．代理冲突、公司治理和上市公司财务欺诈的研究 ［J］．管理世界，2010，7．

［12］ 王福胜，宋海旭．终极控制人、多元化战略与现金持有水平 ［J］．管理世界，2012，7．

［13］ 王勇，刘志远，郑海东．多元化经营与现金持有"竞争效应"——基于中国制造业上市公司的实证分析 ［J］．管理评论，2015，1．

［14］ 徐敏锋．上市公司现金持有影响因素的实证研究 ［J］．东南大学学报（哲学社会科学版），2007，9（2）．

［15］ 杨兴全，张丽平，吴昊旻．控股股东控制、管理层激励与公司过度投资 ［J］．商业经济与管理，2012，1（10）．

［16］ 尹义省．中国大型企业多角化实证研究：兼与美国大公司比较分析 ［J］．管理工程学报，1998，3．

［17］ 袁淳，刘思淼，陈玥．大股东控制、多元化经营与现金持有价值 ［J］．中国工业经济，2010，4．

［18］ 詹雷，王瑶瑶．管理层激励、过度投资与企业价值 ［J］．南开管理评论，2013，16（3）．

［19］ 张俊生，曾亚敏．上市公司多元化经营、盈余管理与业绩背离 ［J］．审计与经济研究，2010，25（4）．

［20］ Acharya, V., Almeida, H., and Campello, M.. Is cash negative debt? A hedging perspective on corporate financial policies ［J］. *Journal of Financial Intermediation*, 2007, 16（4）.

［21］ Almeida, H., Campello, M., and Weisbach, M.. The cash flow sensitivity of cash ［J］. *Journal of Finance*, 2004, 59.

[22] Bates, T. W. , Kahle, K. M. , and Stulz, R. M. . Why do U. S. firms hold so much more cash than they used to [J]. *Journal of Finance*, 2009, 64 (5).

[23] Campa, J. M. , and Kedia, S. . Explaining the diversification discount [J]. *Journal of Finance*, 2002, 57.

[24] Chu, T. , Haw, I. M. , Lee, B. H, et al. . Cost of equity capital, control divergence, and institutions: The international evidence [J]. *Review of Quantitative Finance and Accounting*, 2014, 43 (3).

[25] Claessens, Stijn, Simeon Djankov, Joseph P. H. Fan, and Larry H. P. Lang. Disentangling the incentives and entrenchment effects of large shareholdings [J]. *Journal of Finance*, 2002, 57.

[26] Dittmar, A. , and Mahrt-Smith, J. . Corporate governance and the value of cash holdings [J]. *Journal of Financial Economics*, 2007, 83.

[27] Duchin, R. . Cash holdings and corporate diversification [J]. *Journal of Finance*, 2010, 65 (3).

[28] Faccio, M. , and Lang, L. H. . P. . *The ultimate ownership of Western European corporations* [M]. Newburyport: Social Science Electronic Publishing, 2001.

[29] Fresard L. . Financial strength and product market behaviors: The real effects of cooperate cash holdings [J]. *Journal of Finance*, 2010, 65 (3).

[30] Gertner, R. H, Scharfstein, D. S, and Stein, J. C. . Internal versus external capital markets quarterly [J]. *Journal of Economics*, 1994, 109 (4).

[31] Irvine, Paul J. , Jeffrey P. . Idiosyncratic return volatility, cash flows and product market competition [J]. *Review of Financial Studies*, 2009, 22 (3).

[32] Jensen, M. C. . Agency costs of free cash flow, corporate finance, and takeovers [J]. *American Economic Review*, 1986, 76 (2) .

[33] Khanna, N. , and Tice, S. . The bright side of internal capital markets [J]. *Journal of Finance*, 2001, 56.

[34] Khanna, T. . Business groups and social welfare in emerging markets: Existing evidence and unanswered questions [J]. *European Economic Review*, 2000, 44.

[35] Kraus, A. , and Litzenberger R. . H. . A state-preference model of optimal financial leverage [J]. *Journal of Finance*, 1973, 33.

[36] Lamont, O. . Cash flow and investment: Evidence from internal capital markets [J]. *Journal of Finance*, 1997, 52.

[37] La Porta, R. , Lopez-de-Silanes F. , and Shleifer A. . Corporate ownership around the world [J] . *Journal of Finance*, 1999, 54.

[38] Lensink, R, Molen, R. V. D. , and Gangopadhyay, S. . Business groups, financing constraints and investment: The case of India [J]. *Journal of Development Studies*, 2010, 40 (2).

[39] Michael, and Gort. *Diversification and integration in American industry* [M]. Princeton : Princeton University Press, 1962.

[40] Myers, S. C., and Majluf, N. S.. Corporate financing and investment decisions when firms have information that investors do not have [J] . *General Information*, 1984, 13 (2).

[41] Opler, T., Pinkowitz, L., Stulz R., et al.. The determinants and implications of corporate cash holdings [J]. *Journal of Financial Economics*, 1999, 52 (1).

[42] Pinkowitz, L., Stulz, R., and Williamson, R.. Do firms in country with poor protection of investor rights hold more cash [J]. *Journal of Finance*, 2006, 27.

[43] Rajan, R., Servaes, H., and Zingales, L.. The cost of diversity: The diversification discount and inefficient investment [J]. *The Journal of Finance*, 2000, 55 (1).

[44] Scharfstein, D. S., and Stein J. C.. The dark side of internal capital markets: Divisional rent-seeking and inefficient investment [J]. *Journal of Finance*, 2001, 55 (6).

[45] Shleifer, A., and Vishny, R.. Liquidation values and debt capacity: A market equilibrium approach [J]. *Journal of Finance*, 1992, 47.

[46] Stein, C.. Internal capital markets and the competition for corporate resources [J]. *Journal of Finance*, 1995, 52 (1).

[47] Stulz, R.. Managerial discretion and optimal financing policies [J]. *Journal of Financial Economics*, 1990, 26 (1).

[48] Subramaniam, V., Tang, T., Yue, H., and Zhou, X.. Firm structure and corporate cash holdings [J]. *Journal of Corporate Finance*, 2011, 17 (3).

[49] Tong, Z.. Firm diversification and the value of corporate cash holdings [J]. *Journal of Corporate Finance*, 2011, 17 (3).

The Study on Corporate Diversification, Agency Conflict and Cash Holdings

Nan Xiaoli [1 2]

(1　Faculty of Management and Economics of Dalian University of Technology, Dalian, 116023;

2　China Business Executives Academy Post-Doctoral Research Station, Dalian, 116086)

Abstract: Based on the combination of Cash Flow Static Trade Model and Corporate Diversification Model, this paper focuses on whether the organizational structure and agency conflict in diversified firms affects their cash holdings. We conduct an empirical study of 1256 China A-listed companies in from 2010 to 2014 and find that diversified firms hold significantly less cash than their focused counterparts because of their internal capital market advantages. However, the availability of active internal capital markets, and the increased agency problems cause the cash holding deduction function decline, especially in those firms with much lower company governance lever and more agency conflict problems. On providing China firm's empirical results, this paper enriches both the theory of Cash Flow Static Trade of Model and principal-agent problems.

Key words：Cash holdings；Diversification；Agency conflict

专业主编：李青原

审计资源投入、外部监管与
财务会计信息有用性[*]

● 刘国升[1]　贺俊瑛[2]　余玉苗[3]

（1，3　武汉大学经济与管理学院　武汉　430072；2　新华基金管理有限公司　北京　100089）

【摘　要】本文从影响财务会计信息有用性的三个主要博弈环节入手，分析审计师、客户管理层等相关参与方的行为决策、行为决策之间的相互作用及其对财务报表质量和独立审计质量的共同影响。我们发现，外部监管、审计效率、管理层与审计师之间的策略博弈对财务会计信息有用性具有重要影响。研究结果的实践启示是，会计师事务所应健全质量控制体系以提高审计效率；中注协应在修订审计准则时要求审计师高度关注审计过程中客户管理层的舞弊策略，降低审计程序的可预见性；对于监管部门而言，加大对审计师和公司管理层的惩处力度能更有效地实现监管目标。

【关键词】客户管理层舞弊　策略博弈　审计资源投入　财务会计信息有用性

1. 引言

随着资本市场的不断发展，上市公司财务会计信息在保护投资者权益、优化社会资源配置中的作用日趋突出，深化对财务会计信息有用性的研究无疑具有十分重要的理论和实践意义。上市公司财务报表由企业编制，经外部审计师出具审计意见后，由公司董事会批准对外报出。财务报表的真实性和独立审计的质量均会对信息的有用性产生影响。虚假的财务报表与低质量的独立审计将会导致企业财务会计信息无效，还可能使信息使用者遭受严重经济损失。但是若审计质量高，信息使用者参考审计意见仍可以做出正确的投资、信贷等决策，因此财务会计信息相对有效。如图 1 所示，财务报表在编制过程中，既可能由于会计系统或财会人员的失误而错报，也可能由于管理层的故意舞弊而不实。而审计质量则是审计师发现客户财务报表错报并且愿意披露该错报的联合概率，审计师发现客户财务报表错报的可能性取决于其专业技能和审计投入，而报告错报的可能性则取决于其独立性，即审计师能否抵制住客户管理层的威胁或是否会与其合谋。

　＊ 基金项目：国家自然科学基金面上项目（71272227）。

　通讯作者：余玉苗，E-mail：yymiao2006@163.com。

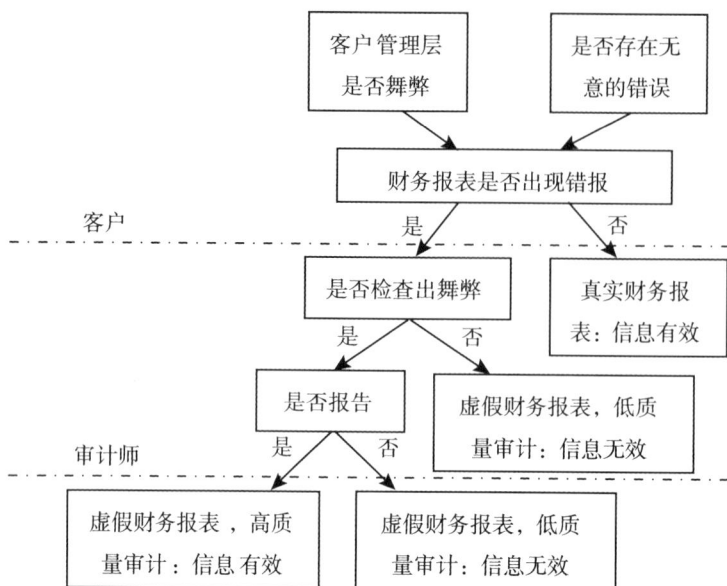

图 1 财务会计信息有用性的形成机理

现有此方面的研究可分为两大类。一类是从公司内部治理结构入手，研究通过抑制委托代理问题以提高财务报表质量。另一类是从外部独立审计角度，研究如何通过提高审计鉴证质量来提高财务会计信息的决策与契约有用性。这一类的研究成果较多，学者们主要采用实证研究方法，如 Francis 等（1999）对会计师事务所规模、Balsam（2003）对事务所行业专门化、Myers 等（2003）对强制审计师轮换制度、Larcker 和 Richardson（2004）对审计费用、Zhang（2007）对监管法案影响审计质量的情况等进行了考察。

有关财务会计信息有用性的研究成果尽管已很丰富，但总体来看却存在以下局限性：一方面，研究对象多为企业和会计师事务所整体，而较少对各市场参与主体的具体行为决策进行深入的微观考察；另一方面，虽然学术界已关注到财务会计信息形成过程中的博弈性质，如 Zimbelman 和 Waller（1999）、King（2002）、余玉苗等（2007）、Bowlin（2011）等运用博弈论分析审计活动中的主体行为，然而却忽视了会计师事务所内外部资源约束、外部监管活动对审计效率和审计效果的影响。为了研究管理层的舞弊选择，深入分析审计质量的形成机理，本文将企业财务报表错报的风险分为固有风险和舞弊风险，并在博弈模型中引入审计效率参数和外部监管参数，随后运用期望效用理论和纳什均衡博弈模型对影响财务会计信息有用性的主要博弈环节进行分析，探究个体行为选择的影响因素及个体行为决策之间的相互影响，进而为提高财务会计信息有用性提供新的思路。

2. 影响财务会计信息有用性的策略博弈

2.1 博弈的焦点

从图 1 可以看出，财务会计信息有用性的形成过程中，受到个体决策影响的有两个环节：一是客户管理层的舞弊行为，二是审计师的审计意见。这两个环节并非相互独立，管理层和审计师的行为选择之间存在着策略博弈。

首先，审计委托人与会计师事务所会对审计费用和时间进行洽谈，并签订合约。约定的审计费用和时间既会对客户管理层预期产生影响，也会约束审计师在审计过程中实际可用的审计资源。其次，客户管理层根据所聘会计师事务所风险偏好、约定的审计费用和审计师审计失败可能遭受的惩罚来推测实际审计投入，根据其所了解的会计师事务所和审计师的专业能力来推测实际审计效率，根据以往的审计活动来推测审计师制订的审计方案，最终决定是否舞弊以及如何舞弊。最后，审计师根据客户性质、账户特征等因素判断固有风险的高低，根据管理层进行舞弊的潜在损益推定其舞弊的可能性，根据管理层对审计师及审计程序的了解来推测管理层如何规避审计检查，最终依据风险评估的结果来制定和调整审计程序。学术界对审计师与客户管理层的合谋的研究众多，并且已经取得了一定的成果，因此，为了简化分析框架，本文将不考虑合谋对审计质量及财务会计信息有用性的影响。

根据以上分析，可以将影响财务会计信息有用性的博弈分为三个阶段（见图2）。图2中箭头表示决策之间产生的影响，实线代表已知信息，虚线代表预测信息。第一阶段的参与主体为审计委托人和会计师事务所，双方谈判审计费用和时间；第二阶段的参与主体是客户管理层，其决定是否舞弊及如何进行舞弊；第三阶段的参与主体是审计师和客户管理层，审计师制订审计计划，管理层的行为和态度会反作用于审计活动；最后，外部监管作为一种外部调节机制，对整个过程产生约束。从图2可以看出，三个阶段的博弈之间并非完全独立，而是相互影响的。接下来，本文借助期望效用理论和一般纳什均衡，对这三个阶段博弈中的主体决策和影响因素进行剖析。

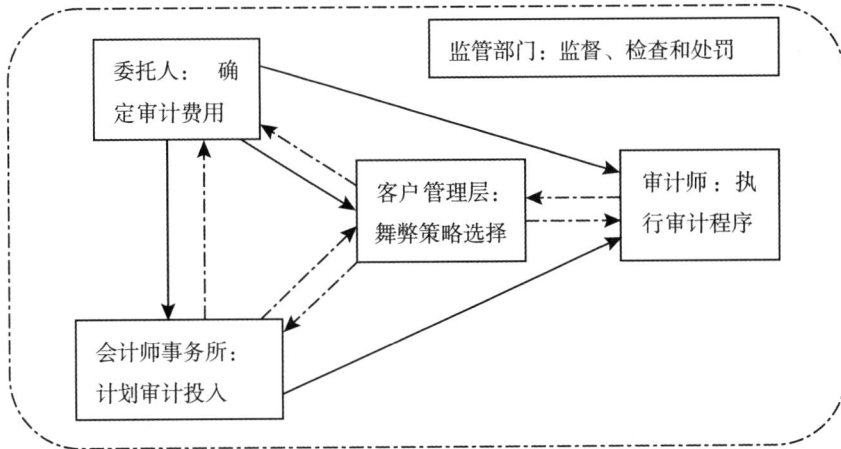

图2 财务会计信息有用性形成中的博弈

2.2 博弈假设以及参数设定

2.2.1 固有风险和舞弊风险

一般来说，财务报表出现错报的原因可分为两类，一是由于会计政策应用、业务复杂性、工作人员粗心等原因产生的无意错误；二是由于管理层刻意舞弊而出现的虚报。本文将前者称为固有风险 m，后者称为舞弊风险 f。在财务报表编制过程中，客户管理层可以选择是否进行舞弊。为简化模型，本文假定，倘若管理层决定在某个项目上进行舞弊，那么该项目将不再出现无意的错报。

2.2.2 审计费用

审计费用 F 由客户委托人和会计师事务所双方谈判决定，有市场定价法和成本加成法两种定价方法。采用成本加成法进行审计定价的前提是会计师事务所具有占优的谈判地位，市场环境允许会计师事务所根据审计投入要价。而事实上，这一前提能否成立值得商榷。审计过程具有专业性强、难以观测的特点，审计的实际投入是难以监控的，因此委托人有理由相信审计师会存在机会主义倾向，虚报审计投入，从而产生"逆向选择"，宁愿选择报价较低的会计师事务所。特别是在我国审计自主需求还不足的环境下，采用成本加成法定价的情形更为少见，审计委托人常常压低审计费用，审计费用基本上是由审计市场的供求关系决定的。

2.2.3 审计投入

会计师事务所在签订审计合约、确定了审计费用和时间之后，决定计划的审计投入水平 e。审计师在对固有风险和舞弊风险进行评估后，制订审计计划、决定实际的审计投入水平 e_0，并且在审计过程中随着风险评估水平的变化而调整。

2.2.4 审计效率

审计效率 t 代表审计师在审计工作中的生产效率，是审计师在工作过程中将成本投入转化为发现虚假财务报表的概率，审计效率高意味着投入较少的审计成本即能有效地识别虚假财务报表。审计效率受多种因素的影响。例如，审计经验、行业知识越丰富，在审计过程中越能发现问题，审计效率越高；会计师事务所可用审计资源越少，审计师难以获得所需的信息和技术，审计效率越低；突然缩短审计期限，审计师压力增大，审计效率降低。

2.2.5 审计效果

审计效果由审计投入 e 和审计效率 t 决定，审计效果的函数为 $E(e, t)$。$E(e, t) \in [0, 1]$，审计失败的概率为 $1 - E(e, t)$。e 越大，审计效果越好，$\frac{\partial E(e, t)}{\partial e} > 0$；$e$ 越大，边际效用递减，$\frac{\partial^2 E(e, t)}{\partial e^2} < 0$；$t$ 越高，审计效果越好，$\frac{\partial E(e, t)}{\partial t} > 0$；$t$ 越高，审计投入的边际效用越大，$\frac{\partial^2 E(e, t)}{\partial e \partial t} > 0$。

2.2.6 外部监管

外部监管既包括监管机构进行的检查监督，也包括来自投资者和媒体的社会监督。假设外部监管机制查出企业财务报表存在虚假信息的概率为 c，股东遭受的损失越大、市场影响越恶劣，则监管机构和社会各方对企业的关注程度越高，进行调查的可能性和力度也越大，c 也就越大。

2.2.7 支付

当财务报表存在错误时，审计委托人的损失为 X_L；当财务报表中存在舞弊时，委托人的损失为 X_H，$X_H > X_L$。客户管理层通过提供虚假财务会计信息可获得额外的收益 M，而无意的错误不会为管理层带来超额收益。若错误被发现，管理层会因"管理不力"受到惩罚 Y_L；若舞弊被发现，管理层将受到惩罚 Y_H，Y_H 包括经济处罚与声誉损失，$Y_H > Y_L$。监管机构若查出被出具了无保留意见的财务报表中存在错误，将给予会计师事务所惩罚 P_L，给予审计师将惩罚 Q_L；监管机构若查出被出具无保留意见的财务报表中存在舞弊，则将给予会计师事务所惩罚 P_H，给予审计师惩罚 Q_H，$P_H > P_L$，$Q_H > Q_L$。对于会计师事务所和审计师而言，受到的惩罚均包括经济处罚和声誉损失。

3. 博弈模型构建与分析

3.1 第一阶段的博弈：审计服务的定价

在由市场供求关系决定审计定价的情形下，审计费用 F 是给定的。审计委托人的期望效用为：

$$EU_1 = -F - f[1 - E(e, t)](1 - c)X_H - (1 - f)m[1 - E(e, t)](1 - c)X_L \quad (1)$$

对 EU_1 求 e 的一阶和二阶导数，可得 $\dfrac{\partial EU_1}{\partial e} = f \dfrac{\partial E(e, t)}{\partial e}(1 - c)X_H + (1 - f)m \dfrac{\partial E(e, t)}{\partial e}(1 - c)X_L$。可以看出，$EU_1$ 对 e 的一阶导数恒大于零。这意味着，一旦审计费用给定，事务的审计投入越多，委托人的总效用越大。

对 EU_1 求 c 的一阶导数，可得 $\dfrac{\partial EU_1}{\partial c} = f[1 - E(e, t)]X_H + (1 - f)m[1 - E(e, t)]X_L$。可以看出，$EU_1$ 对 c 的一阶导数恒大于零。这意味着，一旦审计费用给定，外部监管力度越强，委托人的总效用越大。会计师事务所的期望效用为：

$$EU_F = F - e - f[1 - E(e, t)]cP_H - (1 - f)m[1 - E(e, t)]cP_L \quad (2)$$

同样，对 EU_F 求 e 的一阶和二阶导数，可以得到 EU_F 最大时的需要满足的条件为：

$$cf \dfrac{\partial E(e, t)}{\partial e}P_H + c(1 - f)m \dfrac{\partial E(e, t)}{\partial e}P_L = 1 \quad (3)$$

这意味着，计划的审计投入越多，会计师事务所的成本越高，但同时审计效果提高，审计失败的可能性降低，当二者的边际替代率等于 1 时，会计师事务所的效用实现最大化。

3.2 第二和第三阶段博弈：管理层舞弊和审计计划制定

在第二阶段博弈中，客户管理层进行舞弊选择。在第三阶段博弈中，审计师制订审计计划。虽然在时间顺序上，管理层的行动先于审计师的行动，但实际上管理层对审计师的行为形成预期，并根据自己的预期进行决策；而审计师也会对管理层的行为进行预测，同时不断地修正审计计划。因此，此处将第二和第三阶段的决策放在一起讨论。这是一个动态博弈过程，但出于模型简化，本文假定其为完全信息静态博弈，并采用混合战略纳什均衡进行分析。管理层的期望效用为：

$$\mathrm{EU}_M = f[1-E(e_0,t_0)](1-c)M - \{f[1-E(e_0,t_0)]c+tE(e_0,t_0)\}Y_H - \{(1-f)m[1-E(e_0,t_0)]c+(1-f)mE(e_0,t_0)\}Y_L \tag{4}$$

式（4）中，第一项代表舞弊没有被发现时管理层得到的超额收益；第二项代表舞弊被发现时管理层遭到的惩罚；第三项代表管理层没有舞弊，但是出现了无意错误且错误被发现时管理层遭到的惩罚。对 EU_M 求 f 的一阶导数，当 $\dfrac{\partial \mathrm{EU}_M}{\partial f}=0$ 时，可以解得：

$$E^*(e_0,t_0) = \frac{(1-c)M-cY_H+cmY_L}{(1-c)(M+Y_H-mY_L)} \tag{5}$$

而审计师的期望效用为：

$$\mathrm{EU}_A = S-e_0-f[1-E(e_0,t_0)]cQ_H-(1-f)m[1-E(e_0,t_0)]cQ_L \tag{6}$$

式（6）中，对于审计师而言，第一项为工作收入，第二项为实际审计投入，第三项和第四项代表审计失败被监管机构查出后审计师受到的惩罚。对 EU_A 求 e_0 的一阶导数，当 $\dfrac{\partial \mathrm{EU}_A}{\partial e_0}=0$ 时，可以解得：

$$f^* = \left[1-m\frac{\partial E(e_0,t_0)}{\partial e_0}cQ_L\right] \bigg/ \left[(Q_H-mQ_L)C\frac{\partial E(e_0,t_0)}{\partial e_0}\right] \tag{7}$$

在混合战略纳什均衡中，参与人选择某种纯战略的概率分布不是由自己的支付决定，而是由对手的支付决定。管理层的决策取决于审计师的支付的影响，而审计师的决策取决于管理层的支付的影响。从式（5）和式（7）不难得出，给定 t_0，$\dfrac{\partial E^*(e_0,t_0)}{\partial M}>0$，$\dfrac{\partial E^*(e_0,t_0)}{\partial Y_H}<0$，$\dfrac{\partial E^*(e_0,t_0)}{\partial Y_L}>0$，$\dfrac{\partial f^*}{\partial Q_H}<0$，$\dfrac{\partial f^*}{\partial Q_L}>0$。当管理层舞弊可能得到的收益较高而可能遭受的惩罚较小时，管理层进行舞弊的可能性提高，审计师应投入较多的审计资源执行审计程序。当审计师未能发现舞弊遭的惩罚较高、而未能发现错误遭受的惩罚较小时，审计师将重点关注舞弊风险，管理层舞弊的可能性将会下降。值得注意的是，若管理层无论选择诚实还是舞弊，可能受到的惩罚相差不大，那么管理层将会倾向于选择舞弊。因为，与选择诚实相比，舞弊能够为管理层带来额外的收益，此时审计师无疑应投入更多的审计资源，执行更充分、可靠的审计，以降低审计风险。

4. 主要研究结论

4.1 会计师事务所最优的计划审计投入与审计费用无关

从式（3）可以看出，会计师事务所在制订计划审计投入时，只要每增加一单位审计投入所需的成本，小于减少可能的审计失败带来的处罚，那么事务所就应当增加审计投入。这意味着，在事务所进行初步业务活动、决定是否承接某项业务时，最先需要考虑的是审计风险和审计失败的后果，然后确定需要投入多少审计资源以将审计风险降低到可接受的程度，最后再将审计投入的成本与审计费用对比，确定能否盈利以及是否承接业务。事务所不应根据审计费用的高低而修改审计计划，一旦审计费用下降或审计难度加大导致事务所难以盈利，那么事务所应该果断终止程序，或者出具非标准的审计意见。

4.2 客户管理层更可能选择在固有风险较低的账户上进行舞弊

从式（7）不难得出$\dfrac{\partial f^*}{\partial m}<0$，即管理层在进行舞弊时，会有选择地规避固有风险高的账户。这是因为，固有风险高的账户在审计活动中会被审计师重点关注，审计师将会对其执行更严格的审计程序。如果管理层对审计师常用的审计策略和审计计划了如指掌，便会避免在这些易被重点检查的账户上进行舞弊，转而在审计师认为风险较低、放松检查的领域舞弊。

4.3 审计效率低下会导致客户管理层舞弊概率的增加

如果会计师事务所未能意识到管理层舞弊风险加大，则会错误地减少审计投入，导致审计质量下降。在式(3)中，如果假设管理层舞弊概率f不变，由于$\dfrac{\partial^2 E(e,\ t)}{\partial e\partial t}>0$，$\dfrac{\partial^2 E(e,\ t)}{\partial e^2}<0$，给定满足式(3)的$\dfrac{\partial E(e,\ t)}{\partial e}$，$t$越小时，$e$越小。也即，审计效率$t$越低，计划的审计资源投入$e$越小。这是因为，不考虑其他因素变动时，当审计效率低下，投入的审计资源不能有效地降低财务报表出现错报的概率，不能保证委托人和会计师事务所的利益。对于会计师事务所而言，与其投入大量的审计资源却得不到好的审计效果，倒不如减少审计资源投入以降低成本；对于审计委托人而言，与其支付高额的审计费用却无法保证使用高质量的财务会计信息，倒不如降低审计费用。

但事实上，如果审计师的审计效率低下，那么客户管理层舞弊的风险将加大，将式(7)代入式(3)中，可以发现，在考虑管理层舞弊风险的情形下，审计效率越低，会计师事务所投入的审计资源也应当更多。因此，会计师事务所在制订审计计划时，也应时刻考虑管理层舞弊的风险，否则可能制订错误的审计计划，使得审计效率低下、审计资源投入减少、审计费用降低、舞弊增加、财务报表质量低下，五者之间相互影响与加强，形成一个恶性循环，最终导致各个主体的利益均受到损害。

4.4 加大对客户管理层和审计师的惩处力度能实现更好的监管效果

从式(7)可以得出$\dfrac{\partial f^*}{\partial c}<0$，即舞弊风险随着监管力度的加大而降低。从式(5)可以得出$\dfrac{\partial E^*(e_0,\ t_0)}{\partial c}=\dfrac{-Y_H+mY_L}{(1-c)^2(M+Y_H-mY_L)}$，显然为负数，因而给定$t_0$，$\dfrac{\partial E^*(e_0,\ t_0)}{\partial c}<0$，

即监管力度越大，审计师的实际审计投入越少。这说明监管机制能够带来正的外部性，监管力度加大后，企业改善公司治理及强化内部管理，固有风险和舞弊风险降低，审计师可以减少审计资源的投入。

此外，根据式（5）和式（7）可以看出，$\frac{\partial f^*}{\partial Q_H} < 0$，$\frac{\partial f^*}{\partial Q_L} < 0$，$Q_H - Q_L$ 越大，f^* 越小。这是由于，对审计师的惩处力度越大，审计师在审计时的资源投入越多，发现问题的概率越大，因此客户管理层舞弊的可能性越低。$\frac{\partial E^*(e_0, t_0)}{\partial Y_H} < 0$，$\frac{\partial E^*(e_0, t_0)}{\partial Y_L} > 0$，这意味着，对客户管理层舞弊的处罚力度越大，客户管理层舞弊的可能性越小，审计师需要投入的审计资源也相应减少。而如果在仅发生一般错报时对管理层的处罚力度越大，管理层则越可能表现激进、从事舞弊，因此审计师需要付出更多努力、投入更多审计资源。

外部监管的最终目的，是要以最小的成本提高财务会计信息质量。尽管加大外部监管力度能够有效降低管理层舞弊的概率，但无论是对外部投资者、媒体还是监管部门而言，加大监督调查力度都需要相应付出更高的成本。因此，可以使用合适的惩处措施来激励审计师和公司管理层进行自我约束，例如加大对审计师审计失败的惩罚力度来激励审计师更加尽职地工作，也可以通过加大对公司管理层舞弊的制裁力度来降低管理层舞弊的可能，从而实现在不增加监管成本的同时，最大限度地提高财务会计信息质量。

5. 启示

财务会计信息的有效性受到财务报表质量和独立审计质量的共同影响。本文探讨了微观层面审计师与客户管理层的个体决策对财务报表质量和独立审计质量，进而对财务会计信息有用性的影响机理。本文认为，管理层和审计师在决策之前，均会预期对方行为并相应调整己方策略，双方存在着策略博弈。模型推演也证实，管理层进行舞弊选择时，会根据对审计师所采用的审计程序的预期有针对性地进行规避。这一结论对现代风险导向审计模式的有效应用提出了质疑和挑战。本文在模型中引入并探讨了审计效率对决策主体行为的影响。我们发现，审计效率对财务报表质量的影响是多方面的，若会计师事务所忽视客户管理层的舞弊风险，则低审计效率、低审计投入、低审计费用、高舞弊风险、财务会计信息无效之间往往形成恶性循环。此外，研究还表明，相比提高外部监管的力度，加强财务会计信息无效时对审计师和公司管理层的处罚力度，能够更好地实现降低监管成本、提高财务会计信息有用性的监管目标。

本文的研究结论对审计实践具有以下重要的启示：其一，中国注册会计师协会在修订与完善审计准则时，应强调审计活动的博弈性质，要求审计人员在审计过程中多采用非常规性审计程序、降低审计程序的可预见性；其二，针对当前我国审计诉讼和民事赔偿制度实施难度还很大的法律环境，完善并强化中国证监会的外部行政监管机制，加大对审计师发生审计失败和公司管理层进行舞弊的惩罚力度，能更好地在成本可控的前提下提高财务报告质量和财务会计信息的有用性；其三，会计师事务所应健全内部质量控制体系，重视对审计人员的培训，指导审计人员关注与客户管理层的策略博弈，督导其灵活调整审计程序，以更好地识别和防控客户管理层的报表舞弊风险。

◎ 参考文献

[1] 曹强，陈汉文，胡南薇 . 事务所特征，行为与审计生产效率 [J]. 南开管理评论，2008，2.

[2] 宋衍蘅 . 审计风险，审计定价与相对谈判能力——以受监管部门处罚或调查的公司为例 [J]. 会计研究，2011，2.

[3] 余玉苗，田娟，朱业明 . 审计合谋的一个博弈均衡分析框架 [J]. 管理科学学报，2007，8.

[4] Balsam, S. , Krishnan, J. , and Yang, J. S. . Auditor industry specialization and earnings quality [J]. *Auditing：A Journal of Practice & Theory*, 2003, 2.

[5] Bowlin, K. . Risk-based auditing, strategic prompts, and auditor sensitivity to the strategic risk of fraud [J]. *The Accounting Review*, 2011, 4.

[6] DeAngelo, L. E. . Auditor size and audit quality [J]. *Journal of Accounting and Economics*, 1981, 3.

[7] Francis, J. R. , Maydew, E. L. , and Sparks, H. C. . The role of Big 6 auditors in the credible reporting of accruals [J]. *Auditing：A Journal of Practice & Theory*, 1999, 2.

[8] King, R. R. . An experimental investigation of self-serving biases in an auditing trust game：The effect of group affiliation [J]. *The Accounting Review*, 2002, 2.

[9] Larcker, D. F. , Richardson, S. A. . Fees paid to audit firms, accrual choices, and corporate governance [J]. *Journal of Accounting Research*, 2004, 3.

[10] Low, K. Y. , and Tan, H. T. . Does time constraint lead to poorer audit performance? Effects of forewarning of impending time constraints and instructions [J]. *Auditing：A Journal of Practice & Theory*, 2011, 4.

[11] Myers, J. N. , Myers, L. A. , and Omer, T. C. . Exploring the term of the auditor-client relationship and the quality of earnings：A case for mandatory auditor rotation? [J]. *The Accounting Review*, 2003, 3.

[12] Zhang, I . X. . Economic consequences of the Sarbanes-Oxley Act of 2002 [J]. *Journal of Accounting & Economics*, 2007, 1.

Audit Resources Input，Outside Supervision and Financial Information Usefulness

Liu Guosheng[1]   He Junying[2]   Yu Yumiao[3]

(1, 3 Economics and Management School of Wuhan University, Wuhan, 430072;

2 New China Fund Management Co. , Ltd. , Beijing, 100089)

Abstract：The usefulness of financial information will be influenced by both quality of financial report and audit quality. Individual decisions of managements and auditors are most important factors, and there are mutual effects and strategic games between managements and auditors. This article began on three main "games" that will influence the validity of financial information, and aimed to analysis behavior and mutual effects of participants. We found out that audit pricing, audit efficiency, strategic games between management and auditor, as well as external supervision will impact validity of financial information. Our research results suggested that, firstly, audit firm should perfect quality control system to enhance audit efficiency. Then, auditing standards should demand auditors pay close attention on the strategic games with management, and reduce the predictability of audit procedure. Last but not least, audit firms should be encouraged to grow bigger and stronger, in order to increase bargaining power and keep the independence of audit firms.

Key words: Management fraud; Strategic games; Audit resources input; Financial information usefulness

专业主编：李青原

基于创新绩效的高新技术
企业财务指标体系的改进的实证研究[*]

● 郑春美[1]　李佩[2]

(1，2　武汉大学经济与管理学院　武汉　430072)

【摘　要】本文基于创新活动的经济表现，运用主成分分析的方法构建了适用于我国高新技术企业的财务评价指标体系，并以331家创业板高新技术企业为研究对象，运用该体系对高新技术企业的财务状况进行了评价，结果表明该体系具备一定的合理性，可为信息使用者客观评价高新技术企业财务绩效提供参考。

【关键词】高新技术企业　创新绩效　财务指标　主成分分析

1. 引言

20世纪90年代以来，高新技术企业已经成为推动国家经济增长的重要力量，各国政府对高新技术企业在资金投入和优惠政策方面给予大力扶植。但是，创新具有较强的不确定性，其高风险高回报的特征越来越受到投资者的关注。为了让投资者及时和准确地了解高新技术企业的经营状况、经营成果和经营风险，有必要建立适应其特征的财务报告和评价体系。高新技术企业的最大特征是创新性，需要以技术创新为核心，通过创造出新的资源以及对生产要素的重新组合，获取技术优势和垄断地位[①]。因此，对高新技术企业财务评价指标体系的研究应考虑企业的创新能力。企业的创新绩效是指企业通过推出和实施符合可持续发展要求的创新项目，从而获得的经济、科技、社会等方面的效益和成果[②]，它是企业创新能力的重要体现。因此，高新技术企业的财务评价指标体系应充分考虑对其创新绩效的评价，进而形成能全面体现企业战略经营管理要求的新的评价指标体系。

---

* 基金项目：国家软科学研究计划项目（2013GXS4D133）。

通讯作者：李佩，E-mail：59156236@ qq. com。

① 孔宁宁，张新民，唐杰. 我国高新技术企业战略、资本结构与绩效关系研究［J］. 中国工业经济，2010，9（9）：112-120.

② 向刚，熊觅，李兴宽等. 创新型企业持续创新绩效评价研究［J］. 科技进步与对策，2011，28（8）：119-123.

2. 文献综述

财务指标评价体系一直根据实践的需要而不断完善。早在 1972 年，Pinches、Mingo 和 Caruthers 就运用主成分分析的方法研究了 221 家公司 1951 年、1957 年、1963 年和 1969 年 4 年的财务指标，他们将公司的 48 种财务指标分成了投资回报、资本状况、存货状况、财务杠杆、应收账款、短期流动性、现金状况 7 组。同年，Chen 和 Shimerda 的研究得到类似的结果。到 1983 年，鉴于实务界认识到现金的重要性，Gombola 和 Ketz 认为 Pinches 等的研究中忽略了现金流量指标与公司盈利指标的差异，简单地以净利润加折旧来代替现金流量指标，并且忽略了应收应付项目对现金流量的影响，他们用严格调整后的经营活动营运资本和经营活动现金流量及其他会计数据，设计了 40 个财务指标，通过主成分分析提取了 8 个可以近似代表所有指标的主成分，其中就包括经营活动现金流量指标。

由于资本市场起步较晚，我国学者对财务指标评价的构建大多借鉴了国外学者的研究结果。潘琰、程小可（2000）提出了依据财务指标内部结构关系确定各指标权重的业绩评价方法，评价上市公司的经营绩效。韩兆洲、谢铭杰（2004）提出，公司价值主要由股东回报能力、偿债能力、盈利能力、资产管理能力、成长能力等因素决定，他们选取了 13 个财务指标来构建评估上市公司投资价值的指标体系。乔海燕（2012）关注企业的长期发展能力，从真实性、现金保障性、持续性、成长性、安全性五个方面构建上市公司业绩评价模型，对沪市上市公司进行了业绩评价。刘泽荣、方芳（2013）通过分析创业板市场区别于主板市场的特点，探讨了建立创业板上市公司财务评价指标体系的必要性、选取财务指标的原则、评价体系的基本内容，分析了创业板上市公司财务评价指标体系的可行性和局限性。任晓丹（2014）从反映企业的盈利能力、营运能力、偿债能力、成长能力四个方面针对河北省的制造业上市公司进行了因子分析，对其绩效进行了综合排名。

由于高新技术企业具有高成长性、高风险和高回报等特殊性，对于如何建立其绩效评价体系，不少学者也提出了自己的见解。傅毓维、尹航、杨贵彬（2006）建立了 BP 神经网络和混合 DEA 模型，从投入和产出两个方面构建了高新技术企业经营绩效评价指标体系，并对医药行业 22 家上市公司进行实证检验。卿文洁（2009）从投入和产出两方面构建了高新技术企业财务绩效评价指标体系，并采用 DEA 方法中的 CCR 模型和 BCC 模型对湖南省上市高新技术企业进行了实证研究。许洪贵（2011）建议用经济绩效、科学发展和社会责任三类指标来对高新技术企业进行评价。龚光明、张柳亮（2013）在成长性研究的基础上，构建了包含财务与非财务指标的高新技术企业成长性评价指标体系，并采用灰色关联分析法对高新技术企业的成长性进行了综合评价。李博、唐秉朝（2014）设计了包括盈利能力、营运能力、偿债能力及成长能力 4 个一级指标和 11 个二级指标的企业经营综合绩效评价指标体系，通过改进的因子分析法对我国高新技术行业上市公司经营综合绩效进行了评价。郑春美、陈志军、许玲玲（2014）运用平衡计分卡的思想对原有指标体系进行扩展，在侧重知识资本和智力资本考核的情况下尝试设计可以满足高新技术上市公司绩效评价特殊要求的指标体系。

综上所述，国内外学者基于不同的导向和需要不断完善企业绩效评价体系。但如何合理设置指标并分配权重以突出高新技术企业的创新能力，现有研究并未达成共识，需要进一步探索。本文的目的就在于对我国创业板高新技术企业近年来的财务数据进行分析，在加入反映企业创新绩效的评价指标的情况下构建适用于高新技术企业绩效评价的新的指标体系，并据此对我国高新技术企业的年度财务绩效进行综合评价，增加财务分析的准确性，提高决策效率。

3. 实证分析

3.1 评价体系构建及样本数据选取

创新是指以现有的知识和物质，在特定的环境中，改进或创造新的事物，并获得一定有益效果的行为。按照熊彼特（1912）的界定，创新是指把一种新的生产要素和生产条件的"新结合"引入生产体系。包括：引入一种新产品，引入一种新的生产方法，开辟一个新的市场，获得原材料或半成品的一种新的供应来源或新的组织形式。但无论哪种形式创新，企业都会支付一定的成本和取得一定的效益。我国政府从 2006 年开始大力支持企业创新，每年给予创新企业大量的资金支持和税收优惠。如何对创新的绩效进行科学评价是政府和学术界极为关注的问题。从 2013 年初开始，科技部按照《国务院办公厅关于深化科技体制改革加快国家创新体系建设意见任务分工的通知》的要求，会同国家发展改革委、教育部、财政部、国家统计局等单位，研究制定了《建立国家创新调查制度工作方案》，力求在科学、规范的统计调查基础上，完善对国家创新能力进行全面监测和评价的制度安排。

按照 OECD（1992）的定义，创新的经济表现以创新销售和创新利润的比率来表示。因此，本文以此作为构建创新绩效评价的理论依据。本研究的样本来自在深圳证券交易所上市的创业板高新技术企业，为了尽量避免信息披露不详细、不真实对研究结果造成的影响，本文在选取数据时将重要指标值缺失的样本予以剔除，最终选取了 331 家上市公司 2014 年末的数据为研究对象，研究数据来自国泰安数据库，部分数据通过手工计算整理得出。

在对比各指标的使用频率、考虑数据的可获得性和可比性的情况下，为了衡量高新技术企业的创新绩效，本文加入了反映企业创新产出的指标。本文采用 Oslo Manual（OECD，1992）的定义，创新的经济表现以创新销售和创新利润的比率来表示。创新销售和创新利润的比率被定义为新产品销售收入占总销售收入的百分比和新产品销售利润占总利润的百分比。因此，本文在 18 个常用的绩效评价指标中加入了创新销售占比和创新利润占比，据此构建新的指标体系用于对高新技术企业的绩效评价。选取的各项指标的具体含义见表 1。

变量名	评价指标	具体含义
表1		高新技术企业绩效评价指标
X_1	流动比率	流动比率＝流动资产总额/流动负债
X_2	速动比率	速动比率＝流动比率－存货/流动负债
X_3	现金比率	现金比率＝现金及现金等价物期末余额/流动负债
X_4	现金流量比率	现金流量比率＝经营活动现金流量净额/流动负债
X_5	资产负债率	资产负债率＝负债总额/资产总额
X_6	产权比率	产权比率＝负债总额/股东权益
X_7	资产报酬率	资产报酬率＝（净利润+利息费用+所得税）/平均资产总额
X_8	总资产净利率	总资产收益率＝净利润/平均资产总额
X_9	净资产收益率	净资产收益率＝净利润/平均净资产
X_{10}	营业毛利率	营业毛利率＝（营业收入－营业成本）/营业收入
X_{11}	资本积累率	资本积累率＝（期末股东权益－期初股东权益）/期初股东权益
X_{12}	总资产增长率	总资产增长率＝（期末总资产－期初总资产）/期初总资产
X_{13}	创新销售占比	创新销售占比＝新产品销售收入/总销售收入
X_{14}	创新利润占比	创新利润占比＝新产品销售利润/利润总额
X_{15}	存货周转率	存货周转率＝营业成本/存货平均余额
X_{16}	净利润增长率	净利润增长率＝（本年净利润－上年净利润）/上年净利润
X_{17}	营业收入现金比率	营业收入现金比率＝经营活动产生的现金流量净额/营业收入
X_{18}	现金营运指数	现金营运指数＝1－经营性营运资产净增加/经营所得现金
X_{19}	营运资金比率	营运资金比率＝（流动资产－流动负债）/流动资产
X_{20}	总资产周转率	总资产周转率＝营业收入/平均资产总额

3.2 数据处理

3.2.1 适用性的检验

本文采用 KMO 和 Bartlett 的检验来分析因子分析法的适应性。运用 SPSS 软件对原始数据进行处理，得到的结果表明，本样本数据的 KMO 检验值为 0.733，大于 0.5；Bartlett 球形检验值为 8401.705，且其在 0.05 的水平下显著，适合进行因子分析。

3.2.2 公因子的提取

如表2所示，根据数据处理结果可提取出 7 个公因子，它们反映了前述 20 个指标 80.256% 的信息量，据此认为其可代替原指标。

表2 公因子的提取

	初始特征值			提取平方和载入			旋转平方和载入		
	合计数	方差贡献（%）	累积贡献（%）	合计数	方差贡献（%）	累积贡献（%）	合计数	方差贡献（%）	累积贡献（%）
1	4.931	24.653	24.653	4.931	24.653	24.653	3.804	19.020	19.020
2	3.946	19.731	44.384	3.946	19.731	44.384	3.433	17.165	36.185
3	1.886	9.430	53.814	1.886	9.430	53.814	2.953	14.765	50.950
4	1.678	8.392	62.205	1.678	8.392	62.205	1.761	8.804	59.754
5	1.480	7.402	69.607	1.480	7.402	69.607	1.672	8.362	68.116
6	1.103	5.516	75.122	1.103	5.516	75.122	1.268	6.341	74.457
7	1.027	5.133	80.256	1.027	5.133	80.256	1.160	5.798	80.256
8	0.898	4.489	84.745						
9	0.769	3.845	88.590						
10	0.610	3.051	91.640						
11	0.563	2.814	94.454						
12	0.298	1.489	95.943						
13	0.252	1.261	97.204						
14	0.231	1.156	98.360						
15	0.205	1.026	99.386						
16	0.055	0.277	99.663						
17	0.035	0.177	99.840						
18	0.028	0.138	99.978						
19	0.003	0.016	99.994						
20	0.001	0.006	100.000						

3.2.3 因子命名

在对因子进行命名之前，首先要做的是因子旋转。

因子旋转的目的在于使公因子变量具有命名的可解释性，一般有正交旋转和斜交旋转两种方法。本文使用的是正交旋转的最大方差法。

根据最大方差法对因子载荷矩阵进行旋转后的结果如表3所示。经过旋转，可对每个公因子进行命名解释。

表3 旋转成分矩阵

	主成分						
	1	2	3	4	5	6	7
X_1	−0.060	0.961	0.219	−0.058	0.010	−0.017	−0.015
X_2	−0.054	0.963	0.216	−0.049	0.014	−0.018	−0.014
X_3	−0.060	0.965	0.118	−0.042	0.027	−0.012	0.010
X_4	0.234	0.648	0.257	0.012	0.443	0.063	−0.084
X_5	0.073	−0.244	−0.912	0.104	−0.113	0.036	0.001
X_6	0.084	−0.133	−0.905	0.078	−0.104	0.049	−0.051
X_7	0.974	−0.017	0.013	0.084	0.044	0.020	−0.073
X_8	0.967	0.021	0.137	0.082	0.067	0.004	−0.067
X_9	0.959	−0.004	−0.047	0.078	0.030	−0.008	−0.074
X_{10}	0.368	0.178	0.450	0.086	0.224	0.040	−0.455
X_{11}	0.106	−0.033	−0.029	0.924	−0.006	−0.021	−0.026
X_{12}	0.053	−0.090	−0.257	0.867	−0.003	−0.155	−0.019
X_{13}	0.003	−0.005	0.102	0.178	−0.017	−0.730	−0.046
X_{14}	0.020	−0.018	0.028	0.034	0.017	0.824	−0.036
X_{15}	0.381	0.012	−0.093	0.108	0.056	−0.015	0.596
X_{16}	0.753	−0.130	−0.292	−0.083	−0.065	0.022	0.362
X_{17}	0.130	0.148	0.179	0.103	0.821	0.121	0.004
X_{18}	−0.059	−0.018	−0.012	−0.096	0.843	−0.071	−0.036
X_{19}	0.046	0.271	0.806	−0.148	−0.021	−0.024	0.059
X_{20}	−0.195	0.000	0.223	−0.102	−0.046	0.030	0.657

资产报酬率、总资产净利率、净资产收益率、净利润增长率在第一主成分上有较高载荷,它们均反映了上市公司的盈利能力,因此可将其命名为盈利能力因子 F_1。

流动比率、速动比率、现金比率、现金流量比率在第二主成分上有较高载荷,它们是度量上市公司短期偿债能力的核心指标,因此可将其命名为短期偿债能力因子 F_2。

资产负债率、产权比率、营运资金比率在第三主成分上有较高载荷,这些都属于反映长期偿债能力的指标,故可将其命名为长期偿债能力因子 F_3。

资本积累率、总资产增长率在第四主成分上有较高载荷,这些指标在一定程度上反映了企业的发展能力,故可将其命名为发展能力因子 F_4。

营业收入现金比率、现金营运指数在第五主成分上有较高载荷,这些都属于反映现金流量能力的指标,故可将其命名为现金流量能力因子 F_5。

创新销售占比、创新利润占比在第六主成分上有较高载荷，它们能够在一定程度上反映企业的创新能力，故可将其命名为创新能力因子 F_6。

存货周转率、总资产周转率在第七主成分上有较高载荷，它们是传统财务评价指标体系中评价上市公司营运能力的指标，代表企业经营活动中的资金运作和周转能力，故可将其命名为营运能力因子 F_7。

3.2.4 因子得分

因子得分是将得到的公因子作为因变量进行回归分析、对样本分类和评价，得出每个样本变量所对应的各个公因子的值。它是因子分析的最终体现，通过因子得分可以更直观地对实际问题展开研究。

表4   成分得分系数矩阵

	主成分						
	1	2	3	4	5	6	7
X_1	−0.007	0.319	−0.067	0.002	−0.069	−0.011	0.012
X_2	−0.006	0.320	−0.068	0.007	−0.067	−0.011	0.015
X_3	−0.010	0.337	−0.113	0.003	−0.046	−0.010	0.034
X_4	0.042	0.171	−0.031	0.014	0.209	0.033	−0.015
X_5	0.012	0.068	−0.353	−0.033	0.021	0.005	−0.038
X_6	0.018	0.106	−0.373	−0.051	0.014	0.011	−0.083
X_7	0.262	−0.007	0.017	−0.021	−0.037	−0.001	−0.065
X_8	0.260	−0.015	0.065	−0.009	−0.034	−0.010	−0.053
X_9	0.259	0.008	−0.013	−0.033	−0.039	−0.027	−0.069
X_{10}	0.090	−0.029	0.151	0.036	0.031	0.037	−0.365
X_{11}	−0.036	0.007	0.092	0.577	−0.036	0.094	0.058
X_{12}	−0.045	0.022	−0.016	0.503	0.005	−0.032	0.049
X_{13}	0.009	−0.015	0.033	0.030	0.009	−0.570	−0.031
X_{14}	−0.019	−0.013	0.055	0.122	−0.041	0.678	−0.018
X_{15}	0.088	0.033	−0.015	0.083	0.072	−0.010	0.540
X_{16}	0.212	0.014	−0.096	−0.103	−0.019	−0.017	0.289
X_{17}	−0.021	−0.023	−0.007	0.067	0.510	0.072	0.092
X_{18}	−0.056	−0.059	−0.102	−0.098	0.579	−0.116	0.029
X_{19}	0.030	−0.031	0.312	−0.004	−0.103	0.000	0.072
X_{20}	−0.051	−0.022	0.120	0.038	0.015	0.038	0.586

成分得分系数矩阵表示的是各指标对应公因子 F_1、F_2、F_3、F_4、F_5、F_6 上的具体得分，如表 4 所示，则因子得分函数分别如下：

$$F_1 = 0.262X_7 + 0.260X_8 + 0.259X_9 + 0.212X_{16}$$

$$F_2 = 0.319X_1 + 0.320X_2 + 0.337X_3$$

$$F_3 = -0.353X_5 - 0.373X_6 + 0.312X_{19}$$

$$F_4 = 0.577X_{11} + 0.503X_{12}$$

$$F_5 = 0.209X_4 + 0.510X_{17} + 0.579X_{18}$$

$$F_6 = -0.570X_{13} + 0.678X_{14}$$

$$F_7 = -0.365X_{10} + 0.540X_{15} + 0.289X_{16} + 0.586X_{20}$$

以每个主成分所对应的特征值占所提取主成分特征值之和的比例作为权重计算综合主成分可得到绩效评价综合函数：

$$F(X) = (0.1902F_1 + 0.17165F_2 + 0.14765F_3 + 0.08804F_4 + 0.08362F_5 + 0.06341F_6 + 0.05798F_7) \div 0.80256$$

将各企业财务数据代入即可得到综合得分，通过综合得分即可反映企业的绩效情况，也即初步构建我国创业板高新技术企业绩效评价体系的基本模型。

4. 结果讨论

通过对 7 个主成分的合理解释，并结合创业板高新技术企业在各个主成分的单项得分和综合得分，就可以对各企业的绩效水平进行综合评价。由于篇幅的局限性，这里根据综合得分排名列出前 10 项，并作简单分析，见表 5。

表 5　　　　　　　　　　创业板高新技术企业绩效水平综合值

名称	F_1	F_2	F_3	F_4	F_5	F_6	F_7	综合值 F
北京君正	0.0114	35.3065	−0.0081	−0.0121	2.4739	−0.5466	1.9696	7.9081
国民技术	−0.0045	21.0632	−0.0346	−0.0138	−3.9655	−0.6308	28.6062	6.0996
银之杰	0.0162	26.9652	−0.0179	0.0136	−0.2195	−0.2464	4.7463	6.0698
东软载波	0.1026	23.7565	−0.0342	0.1454	1.1744	−0.5815	4.3776	5.5076
裕兴股份	0.0338	22.6420	−0.0377	0.0326	1.0143	−0.4459	7.0273	5.4254
全通教育	0.2825	6.8384	−0.0768	0.1725	1.0019	0.1984	49.5537	5.2343
南大光电	0.0345	22.5779	−0.0397	0.0501	0.2326	−0.9807	0.9326	4.8494
兆日科技	0.0574	21.5721	−0.0225	−0.0066	0.9417	−0.7727	1.7278	4.7844
潜能恒信	0.0567	20.1946	−0.0273	0.0832	0.6802	−1.3712	4.7051	4.6392
康耐特	0.0522	0.8510	−0.3349	0.1093	0.4742	51.9195	1.4488	4.4010

从综合绩效来看，高居榜首的是北京君正，它以 7.9081 的总分远高于其他公司。原

因在于，一方面，2013 年，可穿戴设备市场逐渐成为业界热点，更多品牌厂商关注该领域，北京君正及时展开了该市场的拓展工作，完成了纳米新产品的投片和量产工作，并将产品成功应用于智能可穿戴设备市场，实现了批量销售，此外，公司还完成了第一代智能手表方案的研发，该产品获得业界普遍认可，市场反应良好，总的来说，创新产品的研发和销售是公司取得良好绩效的主要原因。另一方面，公司以自有资金 4950 万元与深圳鼎锋明道资产管理有限公司共同发起设立深圳市明道汇智投资基金合伙企业，在提高自有资金的利用效率的同时挖掘产业投资和并购机会，增强了公司的可持续发展能力，从另一个侧面改善了公司的财务状况。

从表 5 可以看出，国民技术的排名仅次于北京君正，这同样得益于新产品的推出。公司通过提升技术优势，推出新一代 USBKEY 安全主控芯片，提升了产品性能、降低了产品成本，这使得全年 USBKEY 安全主控芯片销售数量同比增长 48.74%，销售收入同比增长 16.86%，保持了市场份额第一的地位，由此可见，对于高新技术企业来说，创新至关重要。

排名第三的银之杰在 2013 年投资成立了深圳票联金融服务有限公司，开展支票金融服务业务，同时投资成立了北京华道征信有限公司，开展征信服务业务。这两项对外投资，是公司在不改变并继续做好核心业务的前提下开发新业务模式、开拓新业务领域的重要尝试，它们为公司业务提供了新的业绩增长点。此外，公司十分重视研发投入，自公司上市以来，研发新产品、拓宽产品线一直是其首要的战略经营措施，可见高新技术企业要想取得较好的业绩，需要在各个方面尤其是研发新产品、提高创新能力上做出努力。

5. 结语

本文在传统财务评价指标体系的基础上，加入了反映企业创新绩效的指标，构建出适用于我国高新技术企业的财务评价指标体系。将上述研究结论与实际情况对比可以发现，通过本文构建的财务评价指标体系得到的评价结果基本符合实际，企业的评价得分也充分反映了各企业的经营状况，而且用于评价的指标体系与关于公司价值的理论也是比较一致的，说明该指标体系具有一定的有效性，可以用于我国高新技术企业的绩效评价。然而由于经验和能力的限制，本文所构建的评价体系存在着一些局限性，如在对企业获得最终经营成功起着举足轻重作用的无形资产的确认和计量上，在主成分个数的合理确定以及结果分析上都存在一些缺陷，这在以后的研究中应不断地改进和完善。

◎ 参考文献

[1] 傅毓维，尹航，杨贵彬 . 基于混合 DEA 模型的高新技术企业经营业绩评价研究 [J]. 科技管理研究，2006，8.

[2] 龚光明，张柳亮 . 基于 GRA 的高新技术上市公司成长性研究 [J]. 科技进步与对策，2013，7.

[3] 韩兆洲，谢铭杰 . 上市公司投资价值评价模型及其实证分析 [J]. 中央财经大学学

报，2004，11.

[4] 李博，唐秉朝. 基于因子分析的高新技术企业综合绩效评价 [J]. 会计之友，2014，29.

[5] 刘泽荣，方芳. 创业板上市公司财务评价指标体系研究 [J]. 财会通讯，2013，5.

[6] 潘琰，程小可. 上市公司经营业绩的主成分评价方法 [J]. 会计研究，2000，1.

[7] 乔海燕. 基于因子分析的上市公司业绩评价体系的构建——以沪市上市公司为例 [J]. 国际商务财会，2012，5.

[8] 卿文洁. 基于超效率 DEA 模型的高新技术企业财务绩效评价研究——以湖南省上市高新技术企业为例 [J]. 价值工程，2010，8.

[9] 任晓丹. 基于因子分析的制造业上市公司绩效评价研究 [J]. 中国商贸，2014，26.

[10] 许洪贵. 基于科学发展的高新技术企业绩效评价及应用研究 [D]. 北京：北京交通大学，2011.

[11] 郑春美，陈志军，许玲玲. 我国高新技术上市公司绩效评价体系研究 [J]. 武汉理工大学学报 (社会科学版)，2014，27 (1).

[12] George, E. Pinches, Kent A. Mingo, and Caruthers, J. Kent. The stability of financial patterns in industrial organizations [J]. *Journal of Finance*, 1973, 5.

[13] Kung, H. Chen, and Thomas A. Shimerda. An empirical analysis of useful financial ratios [J]. *Financial Management*, 1972, 10 (1).

[14] Michael J. Gombola, J. Edward Ketz. A note on cash flow and classification patterns of financial ratios [J]. *The Accounting Review*, 1983, 1.

The Improvement Research of Financial Index System of China High-tech Enterprises Based on Innovation Performance Evaluation

Zheng Chunmei[1]   Li Pei[2]

(1, 2   Management and Economics School of Wuhan University, Wuhan, 430072)

Abstract：This study uses principal component analysis method to establish the financial evaluation index system applies to high-tech enterprises in China based on the economic performance of innovation, then uses 331 high-tech enterprises listed in the Gem as subjects to evaluate the high-tech enterprises' financial status according to the system, the results show that the system is effective to some extent, and it can provide reference for the users of social information to evaluate the financial performance of high-tech enterprises objectively.

Key words：High-tech enterprises；Innovation performance；Financial ratio；Principal component analysis

专业主编：李青原

生鲜产品供应链最优决策与低碳影响分析[*]

● 杨磊[1]　赵玉姣[2]　纪静娜[3]

（1，2，3　华南理工大学经济与贸易学院　广州　510006）

【摘　要】本文研究了由单零售商、单生产商、单碳排放许可供应商构成的三级生鲜产品供应链系统，基于低碳背景分别考虑到岸价模式和离岸价模式下供应链成员的最优运作策略，得出了两种不同模式下供应链成员的博弈均衡解，并进一步讨论了低碳策略对供应链成员最优决策的影响。研究表明，两种物流模式下，低碳策略对于供应链的最优决策有着不同程度的影响，产品的生产数量和零售商的利润随着碳排放额的增大而增大，批发价格和碳交易价格随着碳排放额的增大而减小，而生产商的利润是关于碳排放额的凹函数，碳供应商的利润则是碳排放额的凸函数。

【关键词】到岸价模式　离岸价模式　生鲜产品供应链　低碳策略

1. 引言

　　随着经济的不断发展，人们的生活质量有所提高，对生鲜产品的需求也越来越大，由于其具有很强的地域性，往往需要通过运输来实现从供应商到消费者之间的流通。例如，南方的水果蔬菜运往北方，从国外进口新鲜优质的水果等。生鲜产品易损坏变质，有关资料显示，在常温系统下，粮油类损坏率为 15%，蔬菜瓜果类损坏率高达 20%～30%，禽蛋类损坏率为 15%①。再加上长时间的运输、物流技术与装备的落后，运输途中也会产生损耗。这些损耗不但降低了农民的收入，也降低了供应链整体的效益。目前有不少学者研究如何在运输途中提高努力水平来减少损耗，Cai 等（2010）认为运输途中采用的努力水平会影响到产品的新鲜程度，从而影响到市场的需求。除此之外，也可以将产品的运输转交给专业的第三方物流企业，其专业的物流技术会大大减少产品的损耗。在本文中，我们假设供应链成员通过采取合理的运输方式、对生鲜产品进行合理的加工，从而降低损坏率。

---

　　* 基金项目：国家自然科学基金项目（71572058）、华南理工大学中央高校基本业务经费项目（2015ZZ057）、广东省软科学项目（2014A070703007，2015A070704008）。

　　通讯作者：杨磊，E-mail：yang@ scut. edu. cn。

　　① 邓琪. 我国生鲜农产品供应链协调探究［J］. 现代农业科学，2011，21：342.

近年来，一些学者致力于研究不同商务模式下供应链的协调与优化问题。Cai 等（2010）研究了由供应链下游分销商负责生鲜产品的运输的供应链的最优决策与优化。这种离岸价商务模式下，运输数量由分销商决定，批发价格在运输之前就已经确定。之后，Cai 等（2013）又研究了物流外包模式下生鲜产品的供应链管理问题。这种商务模式下，供应链成员多了一级，通过设计一些激励机制可以促进供应链成员之间的合作。肖勇波等（2008）研究了到岸价格商务模式下涉及远距离运输的时鲜产品供应链协调问题，分析了分权和集权两种情况下供应链成员的最优决策，文中提出一种"成本分担"机制，通过这种机制可以实现生鲜产品的供应链优化，使得生产商和零售商的利益同时增加。

随着工业现代化的发展，出现了越来越多的生产企业，大规模有害物质的排放对环境和人类构成威胁，二氧化碳排放量日益增加，加剧了全球气候变暖问题，政府不得不加大对生产企业的管制力度，限制生产企业的温室气体排放量，越来越多的生产企业也开始注重低碳环保生产。减少碳排放已经成为一个必然趋势和全球共识[1]。虽然说生鲜产品的加工可以延长其保留的时间，但加工会对环境造成一定的污染，因此在加工过程中，还需要注意尽量减少对环境的损害。总量管制与交易制度[2]是减少全球二氧化碳排放所采取的重要碳减排手段。Choi 等（2013）分析了在快速响应的零售环境下碳税的影响。Yalabik 等（2011）探讨了碳排放法规、消费者需求和企业竞争对制造商减排技术投资的影响。Du 等（2013）分析了低碳环境下供应链的最优决策，考虑了排放依赖型制造商的排放上限，并调查了其对有关排放依赖型供应链的决策和平均分配社会福利的影响。Benjaafar 等（2013）对比了一些简单的低碳政策，如碳税、碳排放约束、碳抵消、碳排放交易，讨论这些低碳策略对成本和排放的影响。生鲜产品供应链的协作与优化可以降低碳排放量。Yang 等（2014）研究了低碳策略对供应链合作的影响，文章研究了 4 种不同的模型：基础模型、碳排放模型、碳排放交易模型和碳税模型，结果表明，并不是所有的低碳政策均能被企业所接受。Gaussin 等（2013）认为碳标签的使用已经能使企业获得利益，尤其是零售商需要测量碳排放单位基础的时候。Hoen 等（2014）研究了在随机需求下碳排放法规对运输模式选择的影响，尽管切换到一个不同的运输模式可以大幅度减排，但实际上大减排取决于监管和非货币因素，如交货时间的变化。Absi 等（2013）考虑了在总量管制与排放交易系统和碳税的规定下，一个二阶报童问题的可能性问题。

已有的文献阐述了不同商务模式对生鲜产品运输的影响、低碳环境下生鲜产品供应链优化问题。现有的文献在考虑运输的货损问题时，只考虑了在运输时提高努力水平，并没有考虑将生鲜产品进行加工增加其保持新鲜的时间和增强耐抗能力，减少运输途中的货损。因此，本文将侧重于通过对进入市场前的生鲜产品进行简单加工，来减少生鲜产品在产品流通过程中的损耗，同时，考虑到政府规定的碳排放标准，我们引入拥有碳排放许可证的供应商，形成包括供应商、生产商和零售商在内的三级供应链。与现有文献不同的

---

① J. E. Carrilloa, A. J. Vakharia, and Wang, R. X.. Environmental implications for online retailing [J]. *European Journal of Operational Research*, 2014, 239: 744-755.

② Burtraw D., Palmer K., and Kahn D.. Allocation of CO_2 emissions allowances in the regional greenhouse gas cap-and-trade program [J]. *Resources for the Future*, 2005, 5 (25): 202-261.

是，文章通过对比两种不同的运输商务模式，分析到岸价模式和离岸价模式下供应链成员的最优决策。

2. 模型描述与符号说明

2.1 问题描述

考虑由单个零售商、单个生产商、单个碳排放许可证供应商组成的三级生鲜产品供应链，生产商需要从碳排放许可证供应商处购买碳排放量。在本文中，我们讨论低碳环境下到岸价和离岸价两种商务模式的产品供应：到岸价模式下，由生产商将生鲜产品运到市场，生产商考虑产品成本、碳排放成本、运输成本、运输过程中的损耗等来决定批发价格和生产数量，零售商根据批发价格决定购买数量和销售价格，供应商根据生产商所需的碳排放量决定销售价格；离岸价模式下，由零售商将生鲜产品从生产商处运往市场，采用推进式批发价合同，零售商处于强势地位，拥有生产能力的决策权，生产商根据零售商的订购数量决定批发价格。

2.2 参数符号

c_m：单位产品生产成本

q：生产商的生产数量

e：单位产品的碳排放量

g：政府规定的碳排放标准

c_e：碳排放许可证供应商的单位成本

p_e：碳交易价格

w：产品的批发价格

$\hat{q}$：到达售地的产品数量，$\hat{q}=qm$

p：产品的零售价格

m：产品的完整性指数，$m \in [0, 1]$

c：单位产品运输成本

$\pi_r^{\,1}$：到岸价模式下零售商的利润

π_r^2：离岸价模式下零售商的利润

π_m^1：到岸价模式下生产商的利润

π_m^2：离岸价模式下生产商的利润

$\pi_s^{\,1}$：到岸价模式下碳排放量供应商的利润

π_s^2：离岸价模式下碳排放量供应商的利润

2.3 模型假设

到岸价模式下产品的市场需求为：

$$D = yp^{-k}\varepsilon \tag{1}$$

其中，y 为市场潜在规模；k 为价格弹性且 $k>1$；ε 为随机变量，$\varepsilon \in (0, +\infty)$，具有递增广义失效率且 $\lim\limits_{x \to \infty} x[1-F(x)]=0$，其分布函数和概率密度函数分别为 $F(x)$ 和 $f(x)$。到岸价模式下，为了保证模型的合理性，产品的市场零售价格需大于或等于其批发价格，批发价格大于或等于生产成本与运输成本之和，即 $p \geqslant w \geqslant c_m + c + p_e \dfrac{eq-g}{q}$。

离岸价模式下，假设需求是随机的且服从均匀分布，需求的分布函数和概率密度函数分别为 $F(x)$ 和 $f(x)$。$g(x)$ 为广义失效率，$g(x)=xh(x)$，其中 $h(x)$ 为失效率，$h(x)=\dfrac{f(x)}{1-F(x)}$，假定需求分布函数有递增广义失效率 $g'(x)>0$。离岸价模式下，市场零售价格为固定的，与需求无关，需保证产品的零售价格大于或等于其批发价格，批发价格大于或等于生产成本之和，即 $p \geqslant w \geqslant c_m + p_e \dfrac{eq-g}{q}$。

两种模式下生产商的碳排放量大于或等于政府所规定的排放量，即 $eq \geqslant g$。

假设两种模式下剩余产品的价值都为 0。

3. 到岸价模式下的最优决策

到岸价模式下，生产商将生鲜产品运到市场，生产商考虑产品成本、碳排放成本、运输成本、运输过程中的损耗等来决定批发价格和生产数量，零售商根据批发价格决定购买数量 $\hat{q}$ 和销售价格 p，供应商根据生产商所需的碳排放量决定销售价格 p_e。

3.1 零售商最优决策

在到岸价模式下，零售商的利润为销售收入与从生产商购买产品的成本的差额，即零售商的利润函数为：

$$\pi_r^{\ 1} = pE\{\min(D, \hat{q})\} - w\hat{q} \tag{2}$$

引入库存因子 $z = \hat{q}/[yp^{-k}]$，可得 $p = [zy]^{1/k}\hat{q}^{-1/k}$，于是，零售商的利润为：

$$\pi_r^1 = [zy]^{1/k}\hat{q}^{1-1/k}\left[1 - \int_0^z (1-x/z)f(x)\,\mathrm{d}x\right] - w\hat{q}$$

由文献可知①，最优库存因子 z^* 由下式唯一确定，即：

$$\int_0^z (k-1)xf(x)\,\mathrm{d}x = z[1-F(z)]$$

因此，零售商的利润为：

$$\pi_r^1 = [zy]^{1/k}\hat{q}^{1-1/k}\left[1 - \int_0^z (1-x/z)f(x)\,\mathrm{d}x\right] - w\hat{q} = \frac{k}{k-1}A_0\hat{q}^{1-1/k} - w\hat{q} \tag{3}$$

---

① 王婧. 考虑期权博弈的生鲜农产品供应链的随机模型研究 [D]. 成都：电子科技大学，2011：69-76.

其中，$A_0 = [zy]^{1/k} \bar{F}(z)$。故：$\dfrac{\partial \pi_r^{\,1}}{\partial \hat{q}} = A_0 \hat{q}^{-1/k} - w$，从而零售商的最优订购数量、最优销售价格和最大利润分别为：$\hat{q}^* = \left(\dfrac{A_0}{w}\right)^k$，$p^* = [z^* y]^{1/k} \hat{q}^{*\,-1/k}$，$\pi_r^{*\,1} = \dfrac{k}{k-1} A_0 \hat{q}^{*\,1-1/k} - w \hat{q}^*$。

3.2 生产商最优决策

由零售商的最优订购数量可求得最优批发价格：$w^* = A_0 \hat{q}^{*\,-1/k}$。到岸价模式下，生产商的利润为销售收入与生产成本、运输成本的差额，即生产商的利润可表示为：

$$
\begin{aligned}
\pi_m^1 &= E\{w\min(qm,\ \hat{q})\} - (c_m + c)q - p_e(eq - g) \\
&= \begin{cases} wqm - (c_m + c)q - p_e(eq - g) & qm \leqslant \hat{q} \\ A_0 w^{1-k} - (c_m + c)q - p_e(eq - g) & qm > \hat{q} \end{cases}
\end{aligned} \tag{4}
$$

当 $qm \leqslant \hat{q} = \left(\dfrac{A_0}{w}\right)^k$ 时 $w \leqslant A_{.0}(qm)^{-1/k}$，$\pi_m^1$ 是关于 w 的增函数，故 w 越大 π_m^1 越大。

当 $qm > \hat{q} = \left(\dfrac{A_0}{w}\right)^k$ 时 $w > A_{.0}(qm)^{-1/k}$，π_m^1 是关于 w 的减函数，故 w 越小 π_m^1 越大。

由上述可知最优批发价格 $w^* = A_{.0}(qm)^{-1/k}$，即零售商的最优订购数量 $\hat{q} = qm$，于是：

$$
\begin{aligned}
\pi_m^{1*} &= w^* \min(qm,\ \hat{q}) - (c_m + c)q - p_e(eq - g) = w^* qm - (c_m + c)q - p_e(eq - g) \\
&= (z^* y)^{1/k} m^{1-1/k} \bar{F}(z^*) q^{1-1/k} - (c_m + c)q - p_e(eq - g) \\
&= A_1 q^{1-1/k} - (c_m + c)q - p_e(eq - g)
\end{aligned} \tag{5}
$$

其中，$A_1 = (z^* y)^{1/k} m^{1-1/k} \bar{F}(z^*)$，即 $A_1 = m^{1-1/k} A_0$。

制造商根据其利润最大化原则来确定最优生产数量，公式（5）对 q 求导可知，$\dfrac{\partial \pi_m^1}{\partial q} = A_1 \dfrac{k-1}{k} q^{-1/k} - (c_m + c) - p_e e$，$\dfrac{\partial^2 \pi_m^1}{\partial q^2} = A_1 \dfrac{1-k}{k^2} q^{-1/k-1} < 0$。故 $\pi_m(q)$ 是关于 q 的凹函数，生产商最优生产数量为：$q^* = \left[A_1 \dfrac{k-1}{k} \dfrac{1}{c_m + c + p_e e}\right]^k$，故生产商的最大利润为 $\pi_m^{1*} = A_1 q^{*\,1-1/k} - (c_m + c)q^* - p_e(eq^* - g)$。

3.3 供应商最优决策

到岸价模式下，供应商的利润函数为：

$$
\pi_s^1 = (p_e - c_e)(eq^* - g) \tag{6}
$$

其中，最优的生产数量为：

$$
q^* = \left(A_1 \dfrac{k-1}{k} \dfrac{1}{c_m + c + p_e e}\right)^k = A_2 \left(\dfrac{1}{c_m + c + p_e e}\right)^k \tag{7}
$$

其中，$A_2 = \left(A_1 \dfrac{k-1}{k}\right)^k$。

公式（7）两边对 p_e 求导：

$$\frac{\partial \pi^1{}_s}{\partial p_e} = eq^* - g + (p_e - c_e)e\frac{\partial q^*}{\partial p_e} = eq^* - g - (p_e - c_e)\frac{ke^2}{c_m + c + p_e e}q^*$$

公式（6）两边对 p_e 求导：

$$\frac{\partial \pi^1{}_s}{\partial p_e} = eq^* - g + (p_e - c_e)e\frac{\partial q^*}{\partial p_e} = eq^* - g - (p_e - c_e)\frac{ke^2}{c_m + c + p_e e}q^*$$

$$\frac{\partial^2 \pi^1{}_s(q)}{\partial p^2{}_e} = e\frac{\partial q^*}{\partial p_e} - \left[\frac{ke^2}{c_m + c + p_e e}q^* + (p_e - c_e)\frac{-k^2 e^3 - ke^3}{(c_m + c + p_e e)^2}q^*\right]$$

$$= \left[\frac{-2ke^2(c_m + c + p_e e) + ke^3(k+1)(p_e - c_e)}{(c_m + c + p_e e)^2}\right]q^*$$

当 $-2(c_m + c + p_e e) + e(k+1)(p_e - c_e) < 0$ 时，即 $p_e < \dfrac{2(c_m + c) + e(k+1)c_e}{e(k+3)}$ 时，$\dfrac{\partial^2 \pi^1{}_s(q)}{\partial p^2{}_e} < 0$。此时，

$\pi^1{}_s$ 是关于 p_e 的拟凹函数，故 $\dfrac{\partial \pi^1{}_s}{\partial p_e} = 0$ 时求得 $p_e{}^*$：

$$p_e{}^* = \frac{(eq - g)(c_m + c) + kc_e e^2 q}{(k-1)e^2 q + eg}$$

4. 离岸价模式下的最优分散决策

集成化供应链能使零售商、生产商、供应商的利润之和最大化，供应链的唯一决策是生产数量，供应链的利润函数为：

$$\pi = pS(\hat{q}) - \frac{c + c_m}{m}\hat{q} - c_e\left(\frac{e}{m}\hat{q} - g\right) = pS(\hat{q}) - \frac{c + c_m + ec_e}{m}\hat{q} + gc_e$$

其中，$S(\hat{q}) = \hat{q} - \int_0^{\hat{q}} F(x)\,\mathrm{d}x$。上式两边对 $\hat{q}$ 求导得：

$$\frac{\partial \pi}{\partial \hat{q}} = p[1 - F(\hat{q})] - \frac{c + c_m + ec_e}{m}, \quad \frac{\partial^2 \pi}{\partial \hat{q}^2} = -pf(\hat{q}) < 0$$

故供应链的利润 π 是关于 $\hat{q}$ 的凹函数，令 $\dfrac{\partial \pi}{\partial \hat{q}} = 0$，有：

$$F(\hat{q}^0) = \frac{pm - (c + c_m + ec_e)}{pm}$$

$$\text{最优生产数量 } q^0 = \frac{\hat{q}^0}{m}$$

4.1 零售商最优决策

采用推进式批发价合同，零售商处于强势地位，拥有生产能力 q 的决策权。在离岸价模式下，零售商的利润为销售收入与从生产商购买产品的成本、运输成本的差额，即零售商的利润函数为：

$$\pi_r^2 = pE[\min\{D, \hat{q}\}] - (w+c)q = pS(\hat{q}) - \frac{w+c}{m}\hat{q} \tag{8}$$

根据零售商利润最大化原则，公式（8）两边对 $\hat{q}$ 求导得：

$$\frac{\partial \pi_r^2}{\partial \hat{q}} = p[1 - F(\hat{q})] - \frac{w+c}{m} \quad \frac{\partial^2 \pi_r^2}{\partial \hat{q}^2} = -pf(\hat{q}) \leqslant 0$$

对于任意给定的批发价都有一个最优 $\hat{q}$ 满足 $F(\hat{q}) = \frac{pm - (w+c)}{pm}$。$F(\hat{q})$ 关于 $\hat{q}$ 递增，w 与 $\hat{q}$ 存在一一对应关系，即 $w = pm[1 - F(\hat{q})] - c$。故零售商的利润函数可以写为：

$$\pi_r^2 = pE[\min\{D, \hat{q}\}] - \frac{w+c}{m}\hat{q} = pS(\hat{q}) - p\hat{q}[1 - F(\hat{q})] = p[1 - F(\hat{q})][j(\hat{q}) - \hat{q}].$$

其中，$j(\hat{q}) = \frac{S(\hat{q})}{1 - F(\hat{q})}$。对上式求导，有：

$$\frac{\partial \pi_r^2}{\partial \hat{q}} = -pf(\hat{q})[j(\hat{q}) - \hat{q}] + pj(\hat{q})f(\hat{q}) = p\hat{q}f(\hat{q}) \geqslant 0$$

因为 $\frac{\partial \pi_r^2}{\partial q} \geqslant 0$，故零售商的利润是关于 $\hat{q}$ 的增函数，也是关于 q 的增函数，并且订购量 $\hat{q}$ 和 q 关于批发价单调递减，所以零售商将希望生产商尽可能降低批发价，从而增加自己的订购量。

4.2 生产商最优决策

离岸价模式下，生产商的利润为销售收入与生产成本的差额，即生产商的利润函数可表示为：

$$\pi_m^2 = (w - c_m)q - p_e(eq - g) = \frac{w - c_m}{m}\hat{q} - p_e\left(\frac{e}{m}\hat{q} - g\right) \tag{9}$$

将 w 代入，得：$\pi_m^2 = p\hat{q}[1 - F(\hat{q})] - \frac{c + c_m + ep_e}{m}\hat{q} + gp_e$，两边对 $\hat{q}$ 求导得：

$$\frac{\partial \pi_m^2}{\partial \hat{q}} = p[1 - F(\hat{q})] - p\hat{q}f(\hat{q}) - \frac{ep_e + c + c_m}{m}, \quad \frac{\partial^2 \pi_m^2}{\partial \hat{q}^2} = -2pf(\hat{q}) < 0。$$

故 π_m^2 是关于 $\hat{q}$ 的凹函数，当 $\frac{\partial \pi_m^2}{\partial \hat{q}} = 0$，求得最大生产数量。令 q^* 为最优生产数量，则 $q^* = \arg\max \pi_m^2\left(\frac{\hat{q}}{m}\right)$，$w^* = pm[1 - F(\hat{q}^*)] - c$。令 $\frac{\partial \pi_m^2}{\partial q} = 0$，得 $p[1 - F(\hat{q})] - p\hat{q}f(\hat{q}) - \frac{ep_e + c + c_m}{m} = 0$，两边求偏导，得 $\frac{\partial \hat{q}}{\partial p_e} = \frac{e}{-2pmf(\hat{q})}$，$\frac{\partial^2 \hat{q}}{\partial p_e^2} = 0$。

4.3 供应商最优决策

供应商的利润函数为：

$$\pi_s^2 = (p_e - c_e)(eq - g) \tag{10}$$

公式（10）两边对 p_e 求导得：

$$\frac{\partial \pi_s^2}{\partial p_e} = \frac{e}{m}\hat{q} - g + \frac{e}{m}(p_e - c_e)\frac{\partial \hat{q}}{\partial p_e} = \frac{e}{m}\hat{q} - g - \frac{e^2(p_e - c_e)}{2pm^2 f(\hat{q})}$$

$$\frac{\partial^2 \pi_s^2}{\partial p_e^2} = -\left(e + \frac{e}{m}\right)\frac{e}{2pmf(\hat{q})} - (p_e - c_e)\frac{e^3[3f'(\hat{q}) + \hat{q}f''(\hat{q})]}{p^2 m^3[2f(\hat{q}) + \hat{q}f'(\hat{q})]^3}$$

$\frac{\partial^2 \pi_s^2}{\partial p_e^2} < 0$，$\pi_s^2$ 是关于 p_e 的凹函数，所以当 $\frac{\partial \pi_s^2}{\partial p_e} = 0$ 时，π_s^2 最大。可得：

$$p_e^* = \frac{pm(e\hat{q} - mg)[2f(\hat{q}) + \hat{q}f'(\hat{q})]}{e^2} + c_e \tag{11}$$

又 $p[1 - F(\hat{q})] - p\hat{q}f(\hat{q}) - \frac{ep_e + c + c_m}{m} = 0$，故：

$$\left(\hat{q} - \frac{mg}{e}\right)[2f(\hat{q}) + \hat{q}f'(\hat{q})] + F(\hat{q}) + \hat{q}f(\hat{q}) - F(\hat{q}^0) = 0 \tag{12}$$

由上式可以求出 $\hat{q}^*$，最优生产数量 $q^* = \frac{\hat{q}^*}{m}$，且 $w^* = pm[1 - F(\hat{q}^*)] - c$。

5. 低碳决策对供应链最优决策的影响

命题 1 q 是关于 g 的单调增函数。

证明：

到岸价模式下，将 $p_e = \frac{(eq - g)(c_m + c) + kc_e e^2 q}{(k-1)e^2 q + eg}$ 代入 $q^* = \left[A_1 \frac{k-1}{k}\frac{1}{c_m + c + p_e e}\right]^k$，得：

$$q^* = \left[A_1 \frac{k-1}{k}\frac{1}{c_m + c + p_e e}\right]^k = \left[A_1 \frac{k-1}{k}\frac{(k-1)eq + g}{ke(c_m + c)q + kc_e e^2 q}\right]^k$$

$$= \left\{A_1 \frac{k-1}{k}\left[\frac{(k-1)}{k(c_m + c) + kc_e e} + \frac{g}{ke(c_m + c)q + kc_e e^2 q}\right]\right\}^k$$

$$= \left[B_0 + \frac{A_1 g}{B_1 q}\right]^k$$

其中，$B_0 = \left[A_1 \frac{k-1}{k}\frac{(k-1)}{k(c_m + c) + kc_e e}\right]$，$B_1 = \frac{k}{k-1}ke(c_m + c) + kc_e e^2$。

对 $q^* = \left[B_0 + \frac{A_1 g}{B_1 q}\right]^k$ 两边 g 求导得：$\frac{\partial q^*}{\partial g} = k\left[B_0 + \frac{A_1 g}{B_1 q}\right]^{k-1}\frac{A_1 B_1 q - A_1 B_1 g \frac{\partial q^*}{\partial g}}{(B_1 q)^2}$。进一步化简

得：$\left\{k\left[B_0 + \frac{A_1 g}{B_1 q}\right]^{k-1}\frac{A_1 B_1 g}{(B_1 q)^2} + 1\right\}\frac{\partial q^*}{\partial g} = k\left[B_0 + \frac{A_1 g}{B_1 q}\right]^{k-1}$，即：$\frac{\partial q^*}{\partial g} = \frac{k\left[B_0 + \frac{A_1 g}{B_1 q}\right]^{k-1}}{k\left[B_0 + \frac{A_1 g}{B_1 q}\right]^{k-1}\frac{A_1 B_1 g}{(B_1 q)^2} + 1} > 0$。

故 q 是关于 g 的单调增函数。

离岸价模式下，对公式（12）求导可得：

$$\{pe[2f(\hat{q})+\hat{q}f'(\hat{q})]+p(\hat{e}q-mg)[2f'(\hat{q})+f'(\hat{q})]-pe[-f(\hat{q})-\hat{q}f'(\hat{q})]\}\frac{\partial\hat{q}}{\partial g}$$

$$=pm[2f(\hat{q})+\hat{q}f'(\hat{q})]$$

因此 $\dfrac{\partial\hat{q}}{\partial g}=\dfrac{pm[2f(\hat{q})+\hat{q}f'(\hat{q})]}{pe[3f(\hat{q})+2\hat{q}f'(\hat{q})]+p(\hat{e}q-mg)[2f'(\hat{q})+f'(\hat{q})]}>0$，故 q 是关于 g 的单调增函数。证毕。

命题 1 表明政府规定的碳排放上限越大，生产商加工的生鲜产品越多。生产商对产品的生产需要消耗碳排放额，政府规定的排放上限越大，生产商需要购买的就越少，故生产的产品也就越多，获得的收益也就越大。

命题 2 p_e 是关于 g 的单调减函数。

证明：

到岸价模式下 $\dfrac{\partial q^*}{\partial g}=\dfrac{\partial q^*}{\partial p_e}\times\dfrac{\partial p_e}{\partial g}>0$，又 $\dfrac{\partial q^*}{\partial p_e}=\dfrac{-ek}{c_m+c+p_e e}q^*<0$，故 $\dfrac{\partial p_e}{\partial g}<0$，即 p_e 是关于 g 的减函数。

离岸价模式下 $\dfrac{\partial q^*}{\partial g}=\dfrac{\partial q^*}{\partial p_e}\times\dfrac{\partial p_e}{\partial g}>0$，又 $\dfrac{\partial\hat{q}^*}{\partial p_e}=\dfrac{e}{-pm[2f(\hat{q})+\hat{q}f'(\hat{q})]}<0$，故 $\dfrac{\partial p_e}{\partial g}<0$，即 p_e 是关于 g 的减函数。证毕。

命题 2 表明政府规定的碳排放上限越大，碳交易价格就越低。随着政府规定的碳排放上限增大，生产商需要购买的碳排放额就减少，碳排放额供大于需，供应商也就会相应地降低价格来促使生产商购买碳排放额，以此来获取利润。

命题 3 w 是关于 g 的单调减函数。

证明：

到岸价模式下，$\dfrac{\partial w^*}{\partial q}=\dfrac{-1}{k}A_0 m^{-1/k}q^{-1/k-1}<0$ 且 $\dfrac{\partial q^*}{\partial g}>0$，$\dfrac{\partial w^*}{\partial g}=\dfrac{\partial w^*}{\partial q^*}\times\dfrac{\partial q^*}{\partial g}<0$，故 w 是关于 g 的单调减函数。

离岸价模式下，$\dfrac{\partial w^*}{\partial\hat{q}^*}=-pmf(\hat{q}^*)<0$ 且 $\dfrac{\partial\hat{q}^*}{\partial g}>0$，$\dfrac{\partial w^*}{\partial g}=\dfrac{\partial w^*}{\partial\hat{q}^*}\times\dfrac{\partial\hat{q}^*}{\partial g}<0$，故 w 是关于 g 的单调减函数。证毕。

命题 3 表明政府规定的碳排放上限越大，生鲜产品的批发价格越低。随着政府规定的碳排放上限增大，生鲜产品的产量会增加。相应地，生产商会适当降低批发价格来促使零售商购买更多的产品；同时，政府规定的碳排放上限增大，生产商单位产品需要购买的碳排放额降低，生产成本也因此降低，从而带动批发价格的降低。

命题 4 π_r 是关于 g 的单调增函数。

证明：

到岸价模式下，$\dfrac{\partial\pi_r^1}{\partial g}=A_1 q^{-1/k}\dfrac{\partial q}{\partial g}-\dfrac{\partial w}{\partial g}q-\dfrac{\partial q}{\partial g}w=(A_1 q^{-1/k}-w)\dfrac{\partial q}{\partial g}-\dfrac{\partial w}{\partial g}q=-\dfrac{\partial w}{\partial g}q$，又 $\dfrac{\partial w^*}{\partial g}<0$，

故 $\dfrac{\partial \pi_r^{\ 1}}{\partial g}>0$。

离岸价模式下，$\dfrac{\partial \pi_r^2}{\partial \hat{q}}=-pf(\hat{q})\left[j(\hat{q})-\hat{q}\right]+pj(\hat{q})f(\hat{q})=\hat{p}qf(\hat{q})\geqslant 0$。又 $\dfrac{\partial \hat{q}^*}{\partial g}>0$，故 $\dfrac{\partial \pi_r^2}{\partial g}>0$。证毕。

命题 4 表明政府规定的碳排放上限越大，零售商获得的利润越多。随着政府规定的碳排放上限的增大，单位产品的批发价格降低，购买的产品增多，同时销售价格也在增加，三者的效应使得零售商的利润增加。

命题 5 π_m 是关于 g 的单调增函数。

证明：

到岸价模式下，$\dfrac{\partial \pi_m^1}{\partial g}=-\dfrac{\partial p_e}{\partial g}(eq-g)+p_e$，因为 $\dfrac{\partial p_e}{\partial g}<0$，又 $eq-g\geqslant 0$，故 $\dfrac{\partial \pi_m^1}{\partial g}\geqslant 0$，即 π_m 是关于 g 的递增函数。

离岸价模式下，$\dfrac{\partial \pi_m^2}{\partial g}=\left\{p\left[1-F(\hat{q})\right]-\hat{q}f(\hat{q})-\dfrac{c+c_m+ep_e}{m}\right\}\dfrac{\partial q}{\partial g}-\left(\dfrac{e}{m}\hat{q}-g\right)\dfrac{\partial p_e}{\partial g}$，因为

$p\left[1-F(\hat{q})\right]-\hat{q}f(\hat{q})-\dfrac{c+c_m+ep_e}{m}=0$，$\dfrac{\partial p_e}{\partial g}<0$，又 $eq-g\geqslant 0$，故 $\dfrac{\partial \pi_m^2}{\partial g}\geqslant 0$，即 π_m 是关于 g 的递增函数。

命题 5 表明政府规定的碳排放上限越大，生产商获得的利润先增大后减少。随着政府规定的碳排放上限的增大，碳交易价格降低，单位产品的成本降低，产品的生产数量增加，从而获得更多利润。

命题 6 π_s 是关于 g 的凸函数。

证明：$\dfrac{\partial \pi_s^{\ 1}}{\partial g}=\dfrac{\partial \pi_s^2}{\partial g}=\dfrac{\partial p_e}{\partial g}(eq^*-g)+(p_e-c_e)\left(e\dfrac{\partial q^*}{\partial g}-1\right)$

当 $g>\dfrac{(p_e-c_e)\left(e\dfrac{\partial q^*}{\partial g}-1\right)}{\dfrac{\partial p_e}{\partial g}}+eq^*$ 时，$\dfrac{\partial \pi_s}{\partial g}>0$；当 $g<\dfrac{(p_e-c_e)\left(e\dfrac{\partial q^*}{\partial g}-1\right)}{\dfrac{\partial p_e}{\partial g}}+eq^*$ 时，$\dfrac{\partial \pi_s}{\partial g}<0$。故

π_s 在 $\left(0,\ \dfrac{(p_e-c_e)\left(e\dfrac{\partial q^*}{\partial g}-1\right)}{\dfrac{\partial p_e}{\partial g}}+eq^*\right]$ 上单调递减，在 $\left(\dfrac{(p_e-c_e)\left(e\dfrac{\partial q^*}{\partial g}-1\right)}{\dfrac{\partial p_e}{\partial g}}+eq^*,\ +\infty\right)$ 单调递增。证毕。

命题 6 表明随着政府规定的碳排放上限增大，供应商的利润先减少再增加。当政府规定的碳排放上限逐渐增大时，碳交易价格逐渐降低，虽然碳交易额在增加，但在前一阶段价格效应大于数量效应，供应商的利润逐渐下降；当降到某一数值时，随着数量的逐渐增大，数量效应大于价格效应，供应商的利润开始上升。因此，对于供应商而言，当该生鲜产品的市场规模不大时，政府规定的碳排放上限越小对供应商越有利；当该生鲜产品的市场规模较大时，可能政府规定的碳排放上限越大对供应商越有利。

6. 数值实例分析

本节将通过一些算例来进一步分析低碳决策对供应链成员、顾客甚至整个产业的影响。令 $k=2$，$c_m=4$，$c=2$，$e=2$，$c_e=2$，$g\in(0,400)$，到岸价模式下，ε 服从均匀分布，其概率密度函数为 $f(x)=\dfrac{1}{800}$，市场规模 $y=200$，离岸价模式下，市场需求服从均匀分布，概率密度函数为 $f(x)=\dfrac{1}{400}$。根据上述假设，可得到不同模式下供应链的均衡解，如图1至图6所示。

由图1可以看出生鲜产品的生产数量随碳排放上限的增大而增大，生产商生产产品需要消耗碳排放额，政府规定的排放上限越大，生产商需要购买的就越少，故而生产的产品也就越多，获得的收益也就越大，产品的增加又会带动价格的上涨。从图1中曲线的走势来看，低碳策略对到岸价模式下的生产数量的影响较小，对到岸价模式下的生产数量的影响较大。由图2可看出政府规定的碳排放上限越大，生鲜产品的批发价格越低，随着政府规定的碳排放上限增大，生鲜产品的产量会增加，相应地生产商会适当降低批发价格来促使零售商购买更多的产品，同时，政府规定的碳排放上限增大，生产商单位产品需要购买的碳排放额降低，生产成本也因此降低，从而带动批发价格降低；同时，我们可以看出，曲线 w_1 的变动幅度更大，也就是说到岸价模式下低碳策略对批发价格的影响更大。

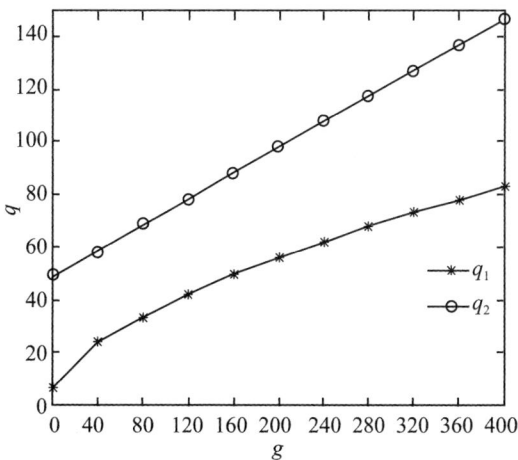

图1 两种模式下 q 与 g 的关系

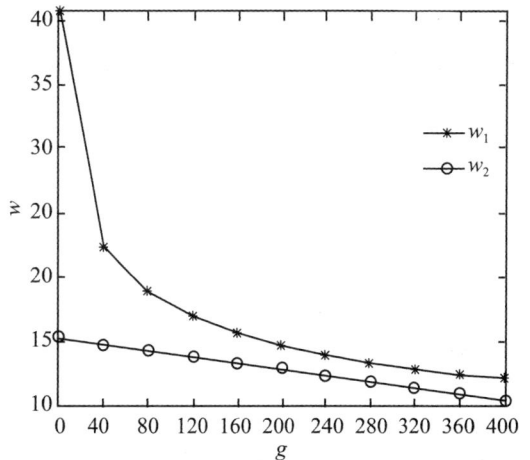

图2 两种模式下 w 与 g 的关系

由图3可以看出政府规定的碳排放上限越大，碳交易价格就越低。随着政府规定的碳排放上限增大，生产商需要购买的碳排放额就减少，碳排放额供大于需，供应商也就会相应地降低价格来促使生产商购买碳排放额，以此来获取利润；同时，到岸价格模式下，碳交易价格随低碳策略的波动更为明显，而离岸价模式下，低碳策略对碳交易价格的影响比较平缓。由图4可以看出零售商的利润随着碳排放上限的增大而增大。对零售商而言，随着政府规定的碳排放上限的增大，单位产品的批发价格降低，购买的产品增多，二者的效应使得零售商的利润增加；同时，由图 4 中曲线的走势可以看出，低碳策略对到岸价模式下零售商利润的影响随碳排放额的增大而减小，而离岸价模式下零售商利润的影响随碳排放额的增大而增大。

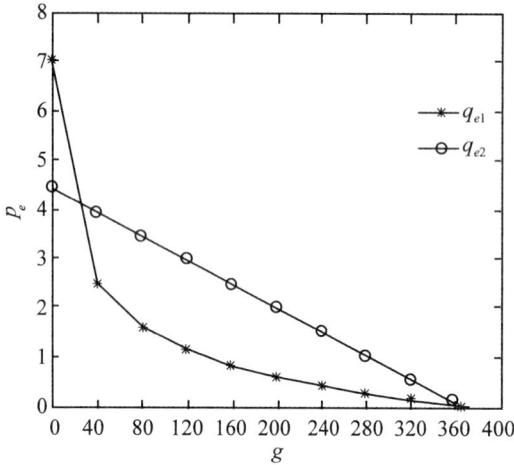

图 3　两种模式下 p_e 与 g 的关系

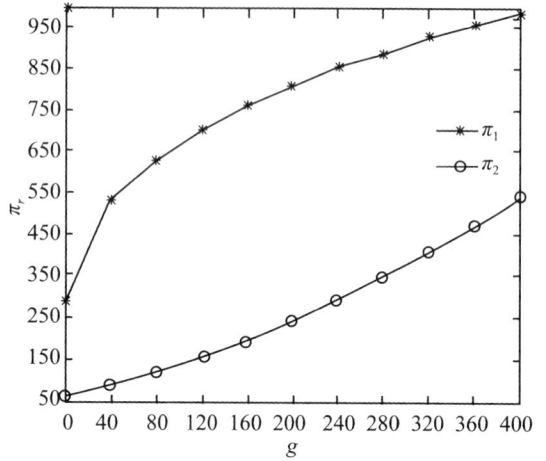

图 4　两种模式下 π_r 与 g 的关系

图 5 和图 6 显示了供应链成员的利润与碳减排上限的关系。随着政府规定的碳排放上限的增大，产品的生产数量增加，从而获得更多利润。当政府规定的碳排放上限逐渐增大时，虽然碳交易额在增加，供应商的利润逐渐下降；当降到某一数值时，随着数量的逐渐增大，数量效应大于价格效应，供应商的利润开始上升。因此，对于供应商而言，应响应政府规定的碳排放上限以提高其利润。

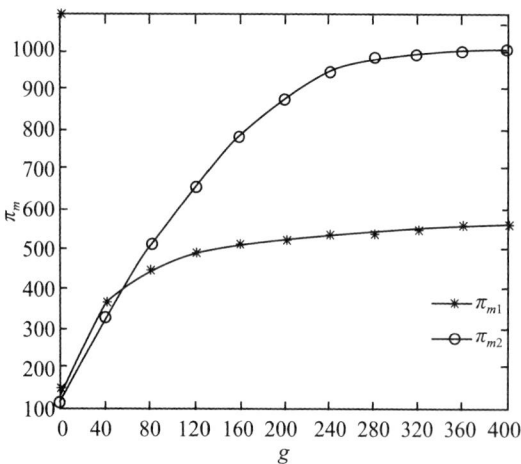

图 5　两种模式下 π_m 与 g 的关系

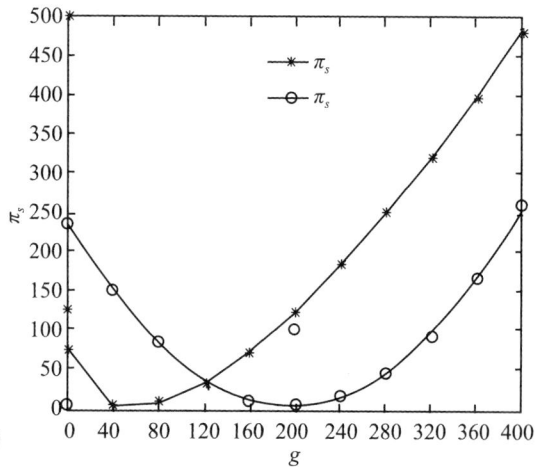

图 6　两种模式下 π_s 与 g 的关系

7. 结论与展望

本文建立了由单个零售商、单个生产商、单个碳排放许可证供应商构成的三级生鲜产品供应链系统，考虑低碳决策、不同物流模式情况下供应链成员的运作策略。结果表明：对于到岸价模式和离岸价模式，低碳策略对于供应链的最优决策有着不同程度的影响，产品的生产数量和零售商的利润随着碳排放额的增大而增大，批发价格和碳交易价格随着碳排放额的增大而减小，而生产商的利润随着碳排放额的增大先增大后减小，碳供应商的利润则随着碳排放额的增大先减小后增大；两种不同模式下，供应链的各个决策对低碳策略的灵敏程度不同，到岸价模式下，供应链的决策对低碳策略变化的反应更加灵敏，因而也存在较大的风险，而离岸价模式下相对来说风险较小。

对于生鲜产品运输过程中易损耗的问题，本文从生产商对其进行加工的角度来进行研究，对此问题有不少学者研究运输途中提高努力水平来减少损耗，除此之外我们也可以将产品的运输转交给专业的第三方物流企业，其专业的物流技术会大大减少产品的损耗。生鲜产品的损耗大大增加了农产品流通的费用，这导致了农产品的价格居高不下，未来的研究应致力于降低产品流通中的损耗。同时，环境问题也不容小觑，生鲜产品的加工固然能保护产品，但会产生碳排放，加工中应采用更为低碳的手段，选择更为专业的运输方式。本文建立模型时没有考虑采用第三方专业的物流企业进行运输，这将是以后的一个研究方向。

◎ 参考文献

[1] 邓琪. 我国生鲜农产品供应链协调探究 [J]. 现代农业科学, 2011, 21.

[2] 王婧. 考虑期权博弈的生鲜农产品供应链的随机模型研究 [D]. 电子科技大学, 2011.

[3] 肖勇波, 陈剑, 徐小林. 到岸价格商务模式下涉及远距离运输的时鲜产品供应链协调 [J]. 系统工程理论与实践, 2008, 28 (2).

[4] Absi, N., Dauzère-Pérès, S., Kedad-Sidhoum, S., Penz, B., and Rapine, C.. Lot sizing with carbon emission constraints [J]. *European Journal of Operations Research*, 2013, 227 (1).

[5] Benjaafar, S., Li, Y., and Daskin, M.. Carbon footprint and the management of supply chains: Insights from simple models [J]. *IEEE Transactions on Automation Science and Engineering*, 2013, 10 (1).

[6] Burtraw D., Palmer K., and Kahn D.. Allocation of CO_2 emissions allowances in the regional greenhouse gas cap-and-trade program [J]. *Resources for the Future*, 2005, 5 (25).

[7] B. Yalabik, and R. J. Fairchild.. Customer, regulatory, and competitive pressure as drivers of environmental innovation [J]. *International Journal of Production Economics*,

2011, 2 (131).

[8] Cai, Q., Chen J., Xiao Y. B., and Yu G.. Fresh-product supply chain management with logistics outsourcing [J]. *Omega*, 2013, 41.

[9] Cai, X. Q., Chen J., Xiao Y. B., and Xu X. L.. Optimization and coordination of fresh product supply chains with freshness keeping efforts [J]. *Production and Operations Management*, 2010, 19 (3).

[10] Choi, T. M.. Local sourcing and fashion quick response system: The impacts of carbon footprint tax [J]. *Transportation Research Part E: Logistics and Transportation Review*, 2013, 55.

[11] Du S., Zhu L., Liang, L., and Ma F.. Emission-dependent supply chain and environment policy making in the 'cap-and-trade' system [J]. *Energy Policy*, 2013, 57.

[12] Gaussin, M., Hu, G., Abolghasem, S., Basu, S., Shankar, M., and Bidanda, B.. Assessing the environmental footprint of manufactured products: A survey of current literature [J]. *International Journal of Production Economics*, 2013, 146 (2).

[13] J. E. Carrilloa, A. J. Vakharia, and Wang, R. X.. Environmental implications for online retailing [J]. *European Journal of Operational Research*, 2014, 239.

[14] K. M. R. Hoen, T. Tan, J. C. Fransoo, and G. J. van Houtum.. Effect of carbon emission regulations on transport mode selection under stochastic demand [J]. *Flexible Service Manufacture Journal*, 2014, 26.

[15] Yang L., Zheng C. S., and Xu M. H.. Comparisons of carbon policies in supply chain coordination [J]. *J System Science and System Engineering*, 2014, 23 (3).

Optimal Decisions and Analysis of Low-carbon Effect in a Fresh Product Supply Chain

Yang Lei[1] Zhao Yujiao [2] Ji Jingna[3]

(1, 2, 3 Economics and Commerce School of South China University of Technology, Guangzhou, 510006)

Abstract: This paper focuses on a three-stage fresh agricultural product supply chain consisting of one supplier, one manufacture and one retailer. We consider the supply chain operational strategy under the condition of low carbon environment and different logistics modes. We also analyze supply chain members' game equilibrium in CIF mode and FOB mode, and discuss the influence of low carbon strategy on optimal operational strategies in the supply chain. The result indicates that in CIF mode and FOB mode, manufacturer's production quantity and retailer's profit increase with the increase of carbon credits, products' wholesale prices and carbon trading price decrease with the increase of carbon credits, manufacturer's profit is a concave function about carbon credits and carbon supplier's profit is a convex function about carbon credits.

Key words: CIF mode; FOB mode; Fresh product supply chain; Low carbon strategy

专业主编：许明辉